KB159852

아이돌이 된 국가

아이돌이 된 국가 | From Cyber-Nationalism to Fandom Nationalism

편저자	류하이룽
글쓴이	귀샤오안 · 류궈창 · 리스민 · 리훙메이 · 먀오웨이산
	양궈빈 · 양샤오팅 · 왕저 · 왕훙저 · 우징 · 저우쿠이
옮긴이	김태연 · 이현정 · 홍주연
펴낸이	조정환
주간	신은주
편집	김정연
디자인	조문영
홍보	김하은
프리뷰	이다은 · 전솔비
초판 인쇄	2022년 6월 20일
초판 발행	2022년 6월 22일
종이	타라유통
인쇄	예원프린팅
라미네이팅	금성산업
제본	바다제책
ISBN	978-89-6195-301-6 93300
도서분류	1. 사회학 2. 언론정보학 3. 미디어연구
	4. 문화연구 5. 커뮤니케이션학 6. 정치학
값	20,000원
펴낸곳	도서출판 갈무리
등록일	1994. 3. 3.
등록번호	제17-0161호
주소	서울 마포구 동교로18길 9-13 2층
전화	02-325-1485
팩스	070-4275-0674

이 저서는 2019년 대한민국 교육부와 한국연구재단의 지원을 받아 수행된 연구이며(NRF-2019S1A-5C2A02082683), 서울시립대학교 도시인문학번역총서 10권으로 출판되었습니다.

From Cyber-Nationalism to Fandom Nationalism
© 2019 selection and editorial matter, Hailong Liu,
individual chapters, the contributors. All Rights Reserved.
Authorised translation from the English language edition published by
Routledge, a member of the Taylor & Francis Group

일러두기

1. 이 책은 Liu Hailong(Eds.). *From Cyber-Nationalism to Fandom Nationalism : The Case of Diba Expedition In China*. Oxon : Routledge, 2019를 완역한 것이다.

2. 중국어 인명을 표기할 때, 영어로 출판된 글의 저자명은 영어로 표기하고, 중국어로 출판된 글의 저자명은 중국어로 표기한다.

3. 중국어 인명의 표기법은 국립국어원의 외래어 표기법에 따라 과거인과 현대인을 구분하여 과거인은 종전의 한자음대로 표기하고, 현대인은 원칙적으로 중국어 표기법에 따라 표기한다.

4. 지명은 원칙적으로 원어표기를 생략하며, 잘 알려지지 않은 경우에만 원어를 병기한다.

5. 단행본, 정기간행물, 신문명, 보고서에는 겹낫표(『』)를, 단행본 속의 장절, 논문, 논설, 기고문 등에는 홑낫표(「」)를 사용하였다.

6. 그림 이름, 영화, 영상, 텔레비전 프로그램 이름, 온라인 문서, 행사 이름, 단체명 등은 꺾쇠(〈〉) 안에 넣는다.

7. 글쓴이 주석과 옮긴이 주석은 같은 일련번호를 가지며, 옮긴이 주석에는 * 표시를 주석 앞에 두었다.

차례

:: 표와 그림 차례

표

그림

2015년, 타이완 출신으로 한국에서 훈련을 받은 연습생 저우쯔위周子瑜는 JYP사의 오디션 프로그램 〈식스틴〉에서 두 각을 나타내면서 걸그룹 〈트와이스〉의 멤버로 데뷔했다. 인기 상승세를 타게 된 〈트와이스〉는 2016년 베이징 위성TV의 글로벌춘절특집쇼와 안후이 위성TV의 춘절특집쇼의 출연 요청을 받았다. 중국 각 성급 위성TV의 춘절특집쇼 무대에 서는 것은 인기스타나 인지도를 높이고자 하는 연예인에게 절호의 기회였다. 〈트와이스〉 멤버 중에서도 특히 쯔위는 뛰어난 외모로 인해 중국 시청자의 주목을 받았다. 중국에서 연예인으로서 그녀의 앞날은 매우 밝아 보였다.

그런데 우연한 사건 하나가 쯔위를 풍랑의 한가운데로 몰아갔다. 2016년 1월 8일, 대륙에서 활동하는 타이완 연예인 황안黃安이 중국의 SNS인 '시나 웨이보'에 쯔위가 '타이완 독립 지지 연예인'(타이완이 중국으로부터 독립해야 한다고 주장하는 연예인)이라고 고발하는 글을 올렸다. 한국의 한 TV 예능프로그램에서 쯔위가 중화민국의 청천백일기를 흔들었을 뿐 아니라, 자신이 중국에서 왔다는 말을 정정하며 타이완에서 왔다고 소개했다는 것이 그 이유였다. 쯔위의 이러한 행동은 대륙 네티즌들의 불만과 반발을 불러일으켰고, 앞서 〈트와이스〉를 섭외했던 두 중국 방송국은 〈트와이스〉 및 쯔위의 출연을 취소했다. 그러나 다른 한편으로, 쯔위는 타이완 매체에서 "타이완의 빛"으로 칭송되었고, 국민당과 민진당의 정치인들이 모두 공개적으로 쯔위에 대한 지지를 표명했다. 쯔위는 한순간에 해협 양안 정치 갈등의 초점이 되어버렸다. 그리고 논란은 더 크게 번져 갔다. JYP사는 1월 14일에 쯔위가 자신을 "타이완 사람"이라고 한 것이 "타이완 독립"을 의미하는 것은 아니라고 해명했고, 쯔위의 프로필상 출신지를 "중국 타이완"으로 수정했다. 쯔위 본인 또한 2016년 1월 15일에 동영상을 통해 대륙의 네티즌에게 사과했다. 그러나 점점 악화하던 인터넷 여론을 잠재우기에는 역부족이었다. 심지어 중국 정부의 국무원 타이완사무판공실國臺辦 대변인까지도 비이성적 충돌을 완화하기 위해 이 일에 대응하지 않을 수 없었다.

그전에도 이와 유사하게 유명 스타가 촉발한 민족주의적 사건들이 있었다. (2001년 자오웨이趙薇가 일본 욱일기 디자인의 의상을 입은 일이 그 예이다.) 그러나 일정한 시간이 지나면 네티즌의 관심이 다른 사건으로 옮겨가면서 서서히 잊히곤 했다. 하지만 이번 사태의 전개는 예상 밖이었다. 며칠 지나지 않아, 쯔위를 공개적으로 지지했던 민진당 주석 차이잉원이 2016년 타이완 총통 대선에서 승리했고, 이것은 "타이완 독립"을 반대하는 대륙의 네티즌들을 더욱 분노하게 했다. 돌이켜보면, 쯔위가 촉발한 대륙 네티즌의 "타이완 독립"에 대한 공격이 타이완 중도파와 청년들의 혐오와 두려움을 초래하여 "타이완 독립"을 지지하는 민진당의 대선 승리를 도왔을 수 있다. 이에 바이두 커뮤니티 중 가장 규모가 큰 '디바'帝吧가 2016년 1월 20일 온라인 행동을 개시했다. 즉, 대륙 네티즌들을 조직하여 페이스북에 원정을 간 것이다. 이들은 차이잉원 및 싼리 뉴스[1], 『빈과일보』[2], 『자유시보』 등의 페이스북 페이지에 대량의 댓글을 올려 원글 아래에 반대 댓글만 보이게 만들었다(속칭 '도배'를 했다). 이는 시각적으로 상대를 '타격'하고 정신승리를 얻는 것을 목적으로 했다. 이 일이 바로 이 책의 저자들이 2016년 안후이사범대학에서 열린 학술대회에서 토론했던 '디바 출정'이다.

한국 독자들에게는 중국의 인터넷 문화가 익숙하지 않을 수 있을 것 같아 '디바'라는 조직 아닌 조직에 대한 설명을 덧붙이고자 한다. 이른바 '디바'라는 것은 바이두 톄바貼吧[3] 게시판에 만들어진 전 축구선수 리이李毅의 팬카페[4]에서 출발했다. 2005년 중국 축구의 성적이 좋지 않았던 데다, 국가대표팀의 리이

---

1. * 타이완의 방송사인 싼리TV(三立電視) 산하의 뉴스 채널이다.
2. * 『빈과일보』(蘋果日報)는 홍콩에서 1995년부터 2021년까지 발행된 신문으로, 2003년부터는 타이완판도 함께 발행했다. 디바 출정의 공격 목표가 된 것은 타이완판 『빈과일보』였다.
3. * 중국의 대표적인 포털사이트인 바이두의 커뮤니티 서비스.
4. * 원래 명칭은 '리이 바(李毅吧)로, '디바'는 리이 바의 별칭인데, 오늘날에는 별칭인 '디바'가 더 널리 쓰인다.

선수가 문제적인 발언과 행동으로 비난을 받은 뒤, (리이가 "나의 볼 키핑 실력은 앙리와 비슷하다"라며 스스로를 추켜세우자 네티즌은 그를 앙리의 별명인 "킹 앙리"King Henry에 빗대어 "리이 대제大帝"라고 비꼬았다. '디바'帝吧라는 명칭은 여기에서 유래한다.) 리이의 팬카페인 '리이 바'는 리이와 중국 축구에 대한 조롱과 불만을 표출하는 공간이 되었고, 일개 스포츠 커뮤니티였던 것이 이제는 중국에서 가장 많은 유저를 보유한 대형 커뮤니티가 되었다(현재 팔로워가 3,360여만 명[5], 게시글이 10억 개에 이른다). 디바 문화는 주로 중하층 계급에 속하는 네티즌의 자조를 바탕으로 하여 독특한 유희와 반어의 하위문화를 형성했다. 지금도 여전히 사용되고 있는 '댜오쓰'屌絲[6]라는 말도 여기서 나왔다. '엄친아'高富帥와 '엄친딸'白富美 옆에 그림자처럼 존재하는 하찮은 존재로서 디바 유저들은 자조적인 면과 세상에 대한 분노라는 면을 모두 가지고 있으며, 종종 중하층 계급이 도덕적으로는 우월하다는 생각에 도취되곤 한다. 그들은 부자들이 전 지구적 무역시스템에 기대어 제한 없이 국익을 팔아넘기고 거액의 재산을 손에 넣을 때 중하층 계급인 '댜오쓰'들은 마땅히 국익을 수호하는 민족주의의 기치를 들어올려야 한다고 생

---

5. * 디바가 속해 있는 바이두 톄바는 한국의 디시인사이드와 비슷한 형태여서, 회원가입 없이 게시물을 읽고 쓸 수 있다. 따라서 회원 수를 측정할 수가 없는데, 대신 팔로잉(關注) 기능이 있어서, 이 커뮤니티의 팔로워 수를 실시간으로 확인할 수 있다.

6. * 재력, 외모, 집안 배경이 보잘것없는 '루저'를 의미한다.

각한다. 이를테면 2010년 6월 9일 디바는 상하이 엑스포 기간에 중국 팬들이 한국 아이돌그룹 〈슈퍼주니어〉에 열광한 나머지 난감한 장면을 초래한 것[7]에 분개하여 이 그룹의 중국 '무뇌팬'을 대상으로 한 '6·9성전'을 일으켰다. 그런데 이전에 있었던 수차례의 출정과는 달리, 2016년 초의 이 '디바 출정'에는 원래이 커뮤니티에 속하지 않았던 다수의 청년들이 동참했다. 이는물론 취업난이 초래한 동아시아 청년들의 보편적 빈곤화의 산물(사회학자 렌쓰廉思가 설명한 '개미족' 현상이 일례이다)이며,동시에 그전까지는 정치에 무관심하다고 여겨졌던 청년들이 매우 독특한 방식으로 정치에 참여하고 정치적 견해를 표현하게되었음을 의미한다.

이 책의 저자들이 함께 고민했던 문제들은 다음과 같다. 어떤 원인으로 인해 정치와 거리를 두고 있던 청년들이 갑자기 정치에 흥미를 가지게 되었을까? 그들은 어떤 방식으로 정치적 견해를 표현하고 인터넷 민족주의 정치운동에 참여했는가? 이러한 민족주의 운동은 과거 중국의 민족주의 운동과 어떤 차이점이 있는가? 이러한 인터넷 민족주의 정치운동의 배경이 된 정

---

7. * 2010년 상하이 엑스포에 설치된 한국관에서 〈슈퍼주니어〉가 공연을 했는데,현장 발부 형식으로 소량의 티켓만을 발행하는 바람에 공연을 보려고 몰려들었던 상하이 현지의 수많은 〈슈퍼주니어〉 팬들이 대부분 입장하지 못하는 상황이 발생하였다. 이에 화가 난 팬들은 현장의 안전요원과 경찰을 상대로 난동을 부렸고, 이 사실이 알려지면서 폭력을 일으킨 '개념 없는 한국 아이돌 팬들'은 중국 네티즌들의 집중적인 비난을 받았다.

치의식과 청년문화는 미래의 중국 정치에 대해 어떤 의미를 가질까?

가장 먼저 든 의문은 왜 쯔위인가라는 것이었다. 그녀가 출연한 한국의 예능프로그램은 중국 대륙에서 방영되지 않았고, 그녀가 흔들었다는 깃발도 자신이 준비한 것이 아니었다고 전해진다. 우리는 인터넷 테크놀로지가 여기서 중요한 역할을 했음을 알 수 있다. SNS는 일반 소비자들을 모두 감시 단말기로 만든다. 이로 인해 원래는 주목받기 어려웠을 일상의 사소한 일들이 어디에나 존재하는 수많은 '감시 카메라'에 포착되고 폭발력을 가질 수 있다. 그 뒤에 일어난 유사한 사건으로 영국 버진 애틀랜틱항공 기내에서 발생한 중국 승객 모욕 사건(2016년), 일본 APA호텔이 난징대학살을 부정하는 우익서적을 객실에 비치한 일(2017년), 양수핑楊舒平이 메릴랜드대 졸업 연설에서 미국과 중국의 공기 질을 비교한 일(2017년) 등을 들 수 있는데, 이 사건들을 이슈화한 것은 모두 일반 네티즌이었다. 2022년 동계올림픽 개막식에 등장한 한복에 대한 한국 네티즌의 문제 제기 역시 마찬가지다.

뉴미디어 테크놀로지의 전방위적 감시는 기존의 정치, 경제, 군사 영역 바깥에서 민중의 민족주의 감정을 촉발할 수 있는 많은 일상적 사건들을 제공했고, 동시에 공감대 형성 및 감정의 숙성을 위한 공간을 제공해 주었다. 이 책의 저자들이 관찰한 바와 같이, 뉴미디어 테크놀로지는 민족주의 행동을 선동,

조직, 추진하는 장소가 되었다. 현실 세계의 시위, 항의, 폭력충돌이 인터넷상의 담론행동으로 대체되었다. 청년 세대에 관해 말하자면, 그들의 정보 습득, 교류, 소비, 오락, 게임, 정치참여 등은 모두 같은 컴퓨터나 핸드폰 단말기에서 완성되며, 테크놀로지가 이런 서로 다른 영역들 사이의 경계를 무너뜨리고 오락의 논리와 정치의 논리를 하나로 만들어버렸다. 따라서 인터넷은 민족주의 운동의 기원, 성장, 조직, 행동에 있어서 필수불가결한 전제조건이 되었다. 과거에 종종 홀시되었던 테크놀로지가 인터넷 민족주의를 이해함에 있어 하나의 중요한 차원이 된 것이다.

　오늘날 중국 인터넷 민족주의의 감정 표현은 19세기 중엽 서구 열강들이 중국을 침략한 이후의 민족주의와도 분명한 차이를 보인다. 근대 중국에서 가장 유명한 풀뿌리 민족주의 운동은 1919년 학생들에 의해 시작되어 전 사회로 확산된 5·4운동이다. 이 사건의 원인은 파리강화회의에서 '전승국' 입장이었던 중국이 뜻밖에도 열강의 침탈 대상이 되었다는 사실이었다. 배신으로 인한 분노, 굴욕, 원한이 5·4운동의 감정적 기조가 되었다. 그러나 디바 출정의 일련의 인터넷 민족주의 운동에서는 이처럼 원한을 기반으로 한 무거운 감정이 훨씬 가벼운 반어, 패러디, 유희 등으로 대체되었다. 심지어 사랑, 미식, 풍경 등이 정보 글 양식의 주요 내용이 되었다. 한편으로는 중국의 국력 상승에 따라 열등감이 자신감으로 대체되었고, 다른 한편으로는 디바 특유의 자조, 유희, 반어 등의 하위문화 코드 또한 일괄적으로 주어지는 댓글 양식에 반영되었다. 또한 저자들은 스타의 팬덤이 대거 디바에 합류한 뒤로 디바의 남성적이고 저속한 표현이 온화하고 다감한 여성적 표현에 의해 중화되었음을 확인할 수 있었다.

인터넷 테크놀로지가 디바 출정에 큰 영향을 미쳤다는 점은 그것의 자발적인 조직 방식에서도 드러난다. 청년 네티즌들은 오랜 기간 인터넷 게임과 팬클럽 활동을 해왔기 때문에 (시나 웨이보 같은) SNS를 활용하여 선동을 하거나 (QQ오픈채팅방 같은) 디지털 통신 도구를 사용하여 조직을 하는 데 익숙하다. 그들은 팬클럽과 마찬가지로 자발적으로 그룹을 나누어 업무를 분담할 수 있다. 일부는 연락을 담당하고, 일부는 이모티콘 제작을 담당하고, 일부는 번역을 담당하고, 일부는 감독을 담당하는 식이다. 전통적인 조직구조는 없지만, 나름의 질서가 있다. 이는 타이완의 태양화운동, 홍콩의 우산시위와 마찬가지로 인터넷 게임 세대가 사회운동의 조직방식과 게임 규칙을 바꾸어버린 것으로, 클레이 셔키가 말한 인터넷매체의 '조직 없는 조직'의 특징을 잘 보여준다.

'소분홍'小粉紅(맑스주의적인 '홍'紅과도 구별되고, 정치적으로 무관심한 '백'白과도 구별된다)이라고 불리는 이 청년들의 참여는 사회운동의 조직 방식을 바꾸어 놓았을 뿐 아니라, 민족주의 사조에서 국가의 형상도 바꾸어 놓았다. 국가는 더는 경애

하는 부모 혹은 숭고한 대상이 아닌, 평등한 관계 속에서 이들의 지지와 사랑을 필요로 하는 아이돌로 바뀌었다. 2011년부터 네티즌 '역광비행'逆光飛行이 웹툰 〈그 해, 그 토끼, 그 일들〉那年那兎那些事兒을 연재하여 널리 인기를 얻었는데, 이 만화는 중화인민공화국 건국 전후의 국내외 군사 및 외교상의 중대 사건들을 그린 것이었다. 이후 이 만화는 동영상으로 만들어졌는데, 여기서 중국은 귀여운 토끼의 형상으로 등장하여 과거 예술 작품에서 보였던 중국 형상에 대한 상상을 와해시켰다. 이후에 진행된 '홍콩 송환법 반대 운동'에 반대하는 인터넷 출정에서는 "아중阿中8 오빠 화이팅"이 참여자들의 구호가 되었다. 인터넷 민족주의는 조직방식, 사유 방식, 감정표현 방식에 있어서 모두 선명한 팬덤 문화의 특징을 지니고 있으며, 그렇기 때문에 이 책은 상술한 바와 같은 새로운 형태의 민족주의를 설명하기 위해 '팬덤 민족주의'라는 개념을 제안하였다. 이 점에 있어서 한국의 독자들은 공감하는 부분이 있을 것이다. 대륙의 엔터테인먼트 문화산업과 팬덤 문화는 한국의 영향을 크게 받았기 때문이다. 팬덤의 조직형식, 감정적 특징 등이 민족주의 운동 속에 체현되어 있다.

어떤 학자는 중국의 민족주의가 위로부터의 주입 교육의 결과라고 주장한다. 이는 냉전 시기의 사회주의 정치선전과 사상

---

8. * 중국을 의미한다.

통제를 근거로 얻은 결론이다. 하지만 자발적인 디바 출정의 경우를 볼 때, 위로부터 아래로의 사상통제라는 틀로는 일련의 팬덤 민족주의 현상을 온전히 설명할 수 없다. 선전교육에서 원인을 찾는 것 말고도, 뉴미디어의 영향, 전 지구적 포퓰리즘의 흥기, 프랜시스 후쿠야마가 말한 전 지구적 정체성 정치 및 그 격정(투모스thymos), 그리고 청년 하위문화의 저항성 등 여러 각도에서 이해해야 한다. 디바 출정 참여자 중 상당수는 해외유학생이었는데, 그들은 1980~1990년대 유학생처럼 서구의 문명과 문화를 우러러보지 않았으며, 서구를 가까이에서 접촉한 결과 오히려 더 강해진 국가 정체성을 가지고 있었다. 세계화가 반드시 전 지구적 관념을 가지고 오는 것은 아니며, 오히려 변증법적인 역방향의 효과를 낳기도 한다. 이사야 벌린Isaiah Berlin이 뒤틀린 목재라고 부른 민족주의가 바로 그 전형적 예이다.

주의해야 할 것은 이 책이 서술하고 있는 팬덤 민족주의가 무에서부터 갑자기 나타난 것이 아니라는 점이다. 그 사회적 배경은 중국 SNS가 흥기한 후 2010년부터 2014년 사이에 등장한 인터넷 시민운동이었다. 많은 시민사회 운동이 새로운 웹2.0 테크놀로지와 모바일 미디어를 사용해 사회적 동원과 행동을 진행했고, 대중은 뉴테크놀로지를 통해 역량을 얻었으며, 자신이 현실을 바꿀 수 있다고 생각하는 정치효능감efficacy이 크게 증가했다. 소분홍의 행동은 이러한 신흥 시민문화의 일부분이라고 볼 수 있다. 그러나 최근 몇 년간 중국이 인터넷 통제를 강화함에 따라, SNS를 통해 연대했던 시민운동이 점차 쇠락했다. 디바 출정 역시 그 사회적 환경과 공간을 상실하여, 최근의 디바 출정은 빈도나 영향력 면에서 많이 약화되었다. 한편으로 팬덤 민족주의는 국가에 의해 흡수되는 추세이다. 엘리자베스 페리가 중국의 초기 노동운동에 관한 연구[9]에서 밝힌 바와 같이, 중국 공산당은 탄생 초기부터 끊임없이 서로 다른 전통에서 나온 정치적 자원을 흡수 및 전용했고, 문화적 위치 조정cultural positioning을 통해 그것을 개조하여 활용했다. 디바 출정의 팬덤 민족주의 운동 모델 또한 사회적 동원과 정치선전의 방식으로서 중국 정부에 의해 활용되었다. 홍콩 송환법 반대 운동을 타깃으로 한 인터넷 출정 활동이 바로 이런 성격을 지니고 있었다.

2021년 이래 중국 정부는 '무질서한 팬클럽 규제' 운동을 시작했다. 해외 아이돌 및 팬덤에 대한 엄격한 조치는 팬클럽 조직의 생태에 부정적 영향을 미쳤을 뿐 아니라 팬덤과 국가 사이의 관계에 일정한 긴장을 초래할 수도 있다. 그러므로 이 책이 연구한 팬덤 민족주의가 중국의 특정한 정치 및 테크놀로지의 조건하에서 나타난 단기적 현상인지, 아니면 더 큰 전 지구적 풀뿌리 정치운동의 중국적 표현인지를 인내심을 가지고 장기적으로 관찰할 필요가 있다.

---

9. Perry, *Anyuan: Mining China's Revolutionary Tradition*, University of California Press, 2012.

지금까지의 배경 설명을 통해서 독자들은 이 책이 다루고 있는 주제가 한국의 엔터테인먼트 문화와 밀접한 관계가 있음을 쉽게 알아챘을 것이다. 한국에서 유래한 이 문화와 그것이 중국에서 현지화된 양상을 나란히 비교해본다면 더욱 흥미로운 이슈들을 발견할 수 있을 것이며, 중국의 문제와 전 지구적 배경 사이의 연계를 더 잘 이해할 수 있을 것이다. 그런 의미에서 저자들은 이 책이 한국의 독자들을 만날 수 있게 된 것에 대해 큰 기대감을 가지고 있다.

우리의 이 작은 책이 세계 지성의 최첨단에 관심을 가지고 있는 갈무리 출판사에서 출판될 수 있어서 저자들 및 엮은이는 대단히 영광스럽게 생각한다. 그리고 김태연, 이현정, 홍주연 세 분의 번역자들이 이 책을 추천하고 번역해주신 데 대해 진심으로 감사드린다. 그들은 중국문화를 전문적으로 연구하고 있고 특히 인터넷 문화에 주목해왔기 때문에, 그들의 '재창작'은 틀림없이 한국 독자들이 이 책을 더 쉽게 이해할 수 있게 해줄 것이라고 믿는다. 아울러, 이 책을 위한 갈무리 출판사 편집진의 헌신적인 노력에도 깊이 감사드린다.

2022년 4월 2일
류하이룽

언젠가부터 우리 언론에 '중국 네티즌'이라는 이들의 존재가 대거 등장하기 시작했다. 우리는 거의 매일 뉴스에서 '중국 네티즌'들을 본다. 뉴스 속에서 보이는 그들은 한국을 혐오하고, 미국을 증오하며, 밑도 끝도 없는 민족주의에 세뇌되어 전 세계를 향해 '광역 도발을 시전하는' 이들이다. 한국인의 입장에서 '중국 네티즌'은 불쾌감과 혐오감을 불러일으키는 존재들이다.

그런데 과연 '중국 네티즌'이란 누구일까? '중국 네티즌'과 '중국인'은 같은 존재인가, 다른 존재인가? 혹은 '중국 네티즌'과 '중국인'은 어떤 점에서 같고, 또 어떤 점에서 다른가? 나아가 '중국 네티즌'을 단일한 주체, 혹은 통합된 주체로 볼 수 있는가? '중국 네티즌'은 모두 다 중화주의에 빠져있는 민족주의자들인가?

중국의 민족주의 네티즌들을 지칭하는 표현으로는 '분노청년', '우마오당' 등의 표현이 주로 소개되어 왔다. '분노청년'(중국어 줄임말로 펀칭憤青)은 1990년대 후반과 2000년대 초반에 걸쳐 중국에서 인터넷 보급률이 높아지면서 중국이 다른 국가들과의 외교 관계 속에서 마찰이 발생했을 때 인터넷을 통해 적극적으로 불만을 개진하는 여론이 확대됨에 따라 생겨난 호칭이다. 이들은 중국과 마찰을 빚은 상대 국가에 대한 비난은 물론, 이 마찰을 해결하는 과정에서 중국 정부가 미온적인 태도를 보이면 중국 정부에 대한 비난마저 서슴지 않는 모습을 보여왔다. 이들은 단지 온라인에서 분노를 표출하는 것에만 그치지 않고, 오프라인에서의 시위와 결합하여 민족주의적 이슈에 강하게 개입하는 모습들을 보여주면서 세계적으로 주목을 받았다. '까르푸 불매운동'이라든가, 2008년 베이징 올림픽 성화 봉송 사태 등은 그들의 존재감을 확실하게 각인시킨 사건들이라고 볼 수 있을 것이다. '우마오당'은 온라인에 중국 정부를 옹호하는 게시물이나 댓글을 하나씩 올릴 때마다 한국 돈으로 채 100원도 되지 않는 '5마오五毛'(5의 중국어 발음이 '우')를 받는다는 '댓글알바'라는 의미에서 붙여진 명칭으로, 중국 내에서도 사이버 민족주의자들을 비하하는 의미로 사용된다. 비슷한 의미로 '수군'水軍이라는 표현도 사용된다.

하지만 최근에는 인터넷 통신 기술의 변화와 더불어 중국 민족주의 네티즌들 사이에서도 소위 세대교체가 이루어지면서 '소분홍'이라는 새로운 집단이 등장하였다. 이들은 모바일 디바이스에 기반하여 주로 SNS를 통해 활동하며, 기존 '분노청년' 세대와는 또 다른 미디어 화법으로 강한 애국심과 민족주의를 표출한다. 소분홍이 어디서 등장하고 어떻게 형성되었는지는 아직 확실히 규명되지 않았다. 한자어로 '작은 분홍'을 뜻하는 이 단어는 어떻게 해서 중국 신세대 민족주의자의 대명사가 되었을까? 일반적인 설명으로는 젊은 여성들이 많이 찾는 웹소설 사이트인 '진장문학성'晉江文學城의 자유게시판이 분홍색을 바탕색으로 하고 있는데, 이 게시판의 유저들이 민족주의적 게시물들을 많이 올려서 소분홍의 근거지가 되었다고 한다. (이 책의 몇몇 저자들도 이 '진장문학성 기원설'을 인용하고 있다.) 하지만 좀 더 상세한 자료에 의하면, 진장문학성 자유게시판에서 유독 민족주의적 성향의 게시물을 많이 올리던 소수의 유저들이 끝내 다른 유저들의 반감을 산 결과, 이 게시판에서 강퇴당한 뒤 따로 커뮤니티를 만들었고, 온라인에서 약간의 논란을 일으키던 와중에, 2016년 초 '디바 출정' 사건을 계기로 거대 커뮤니티인 '디바'와 합쳐지면서 '소분홍'이라는 단어가 널리 사용되기 시작했다고 볼 수 있다.

이 '디바 출정'이라는 사건이 바로 이 책에서 다루고 있는 내용이다. '디바 출정'은 2016년 1월 20일, 중국의 대표적인 포털사이트 바이두百度의 커뮤니티 서비스인 톄바 중 가장 규모가 큰 '리이 바'의 유저들을 중심으로 한 중국 네티즌들이 중국의 악명 높은 방화벽을 뚫고 당시 타이완 총통선거 당선자인 차이잉원 및 타이완의 친독립 성향 언론사들의 페이스북 페이지에 댓글 테러를 벌인 사건을 지칭한다. 이 사건의 계기가 된 것은 한국에서도 크게 화제가 되었던 걸그룹 〈트와이스〉의 쯔위 사건이었다.[1] 이 사건은 마침 진행 중이던 타이완의 총통선

---

1. 사건의 경과는 이 책의 「한국어판 편저자 서문」과 2장에 잘 정리되어 있다.

거와 맞물리면서 첨예한 정치적 사건이 되었고, 결국 타이완 독립파인 민진당의 차이잉원이 승리하자, 대륙의 네티즌들이 타이완 주요 인물과 기관의 페이스북을 상대로 한 사이버 테러를 일으켰다.

2016년 1월 20일 새벽 2시경, 중국의 대표적인 SNS인 시나 웨이보微博에서 "오늘 저녁 7시에 페이스북으로 출정하여 해협 건너편에 있는 타이완 동지들과 우호적인 대화를 나누자"라는 글이 올라왔다. 이 글은 순식간에 웨이보를 통해 공유되었고, 웨이보의 실시간 주요 토픽热门话题에 올랐다. '출정' 준비를 위한 QQ 오픈채팅방이 만들어졌고, 불과 몇 시간 안에 "욕설을 사용하지 말 것", "중국 지도자의 사진은 사용하지 말 것", "일체의 행동은 지휘를 따를 것" 같은 행동 수칙과 각종 주의사항 및 참전 가이드가 배포되었으며, 댓글 테러의 무기로 사용할 이모티콘 제작에 수많은 이들이 자발적으로 달려들었다. 특히 중국에서는 페이스북의 접속을 차단하는 방화벽이 작동하고 있음에도 불구하고, 이들은 버젓이 VPN을 이용해 방화벽을 뚫고, 페이스북 ID를 공유하였는데, 그 누구도 정보통신 관련 법을 위반한 혐의로 처벌받지 않았다.

같은 날 오후 7시, 중국 네티즌들이 페이스북에 대거 접속하였다. 이들은 먼저 7시 15분까지 싼리 뉴스의 페이스북 페이지에, 7시 15분부터 30분까지는 『빈과일보』에, 그 이후는 차이잉원의 페이지에 몰려가 댓글 테러를 자행했다. 이들은 대상이 된 페이스북의 게시물에 온갖 댓글과 이모티콘으로 도배를 함으로써 상대 페이스북의 기능을 마비시켰는데, 직접 참가하지 못하는 네티즌들을 위해 인터넷 방송사에서는 이 과정을 실시간으로 스트리밍 중계하였다.

이 사건은 여러 가지 면에서 기존의 사이버 민족주의와 차별되는 특징을 보였다. 기존의 사이버 민족주의자들은 특정 사이트나 커뮤니티의 게시판을 통해 활동하면서 중국의 외교적 이슈에 대해 서로 토론하고, 의견을 교환하다가 나아가 성명서를 발표하거나 오프라인 시위를 조직하는 방식이 대부분이었다. 하지만 이 사건은 웨이보에 올라온 게시물 하나가 순식간에 온라인에 퍼져 조직을 만들고 실행이 종료되기까지 채 하루가 걸리지 않았다. 지극히 우발적인 듯하면서도, 이 사건이 진행되는 과정은 매우 조직적이었다. 무엇보다 특기할 만한 것은 이 사건이 진행되는 동안 여기에 참가한 이들의 감정적 태도가 분노가 아니라 재미였다는 점이다. 그들은 호기심과 재미로 조직을 편성하고 이모티콘을 제작했으며, 방화벽을 뚫고 페이스북에 접속하여 웃긴 이모티콘과 말장난을 대거 투척하였다. 비록 방화벽을 뚫는 출정에 참가하지는 못했지만, 인터넷 스트리밍 방송으로 이 과정을 시청한 네티즌들 역시 댓글을 달며 함께 즐기는 모습을 연출했다. 분명히 이것은 중국의 민족주의적 네티즌들이 중국의 이익에 반하는 대상을 도발한 사건이지만, 이들의 행동 방식이나 감정구조는 기존의 사이버 민족주의 사건들과 매우 달랐다.

이 책은 바로 이 '디바 출정'에서 나타난 사이버 민족주의의 새로운 양상에 주목하여, 다양한 학술적 관점에서 분석을 시도한 것이다. 저자들은 중국 대륙과 미국에서 활동하는 중국인 학자들로, 대부분 커뮤니케이션학 전공자들이다. 이들은 다양한 방법론과 이론을 적용하여 디바 출정을 통해 드러나는 사이버 민족주의의 새로운 양상을 입체적으로 해석해내고 있다. 1장에서 양궈빈은 디바 출정을 규정하면서, 이것은 남에게 보여지기 위한 것이 아니라, 자기만족을 위한 '셀프 퍼포먼스'라고 보았다. 겉으로는 타이완을 공격하는 모습을 띠고 있지만, 사실 참가자들은 그 누구도 자신들의 공격이 타이완인들에게 어떤 영향력을 발휘할 것이라고는 애초에 기대하지도 않았다는 것이다. 대신 그들에게 중요한 것은 순식간에 조직을 만들고, 행동으로 옮기고, 일사분란하게 재미있는 이모티콘을 만들고, 방화벽을 넘어 페이스북을 점령하는 자신들의 모습 그 자체를 즐기는 것이었다. 3장에서는 디바 출정을 통해 보여진 소분홍의 놀라운 조직력은 그간 중국에서 광범위하게 존재했던 한국 아이돌 팬들의 팬덤 문화에서 유래한 것이라고 본다. 한국 아이돌의 팬덤 활동을 통해 훈련된 각종 디지털 활용과 미디어 리터러시 능력들, 이를테면 VPN 이용하여 다른 나라 사이트에 접속하기, 번역기 활용하기, 순위 경쟁과 스캔들에 대처하기 등의 능력들이 디바 출정에서 가감 없이 발휘되었다는 것이다. 4장의 저자인 왕저는 디바 출정의 참가자들이 세뇌된 민족주의자들이 아닌 능동적 행위자로서, 이들이 사이버 하위문화의 영향을 받아 일종의 감상적이고 유희적인 놀이로서 디바 출정을 즐기는 양상을 분석하였다. 류궈창은 6장에서 콜린스의 상호작용 의례 이론을 활용하여 디바 출정의 정체성 의식과 동기 메커니즘 및 집합행동의 담론 논리를 분석하였다. 디바 출정은 참가자들에게 소속감과 정체성을 경험하게 함으로써 일종의 집합적 열광이 발생하는 장이 되었다는 것이다. 비록 디바 출정은 매우 짧은 시간 동안에 조직되고 종료된, 일종의 플래시몹과 같은 사건이었지만, 여기에 참가한 이들은 이 짧은 과정 속에서 다양한 정체성을 확인하고, 짧지만 강렬한 공동체를 형성하는 과정이었던 것이다. 또한 5장과 7장은 디바 출정의 형식적 특징이라고 할 수 있는 이모티콘 테러를 밈 커뮤니케이션과 비주얼 액티비즘의 각도에서 분석하고 있다. 마지막으로 8장에서 류하이룽은 중국의 사이버 민족주의에 뉴미디어라는 새로운 ICT가 개입한 결과, 팬덤 민족주의라는 새로운 개념이 등장하였음을 논한다. 뉴미디어와 민족주의는 상호순치의 관계로서, 뉴미디어 환경 속에서 성장한 10대와 20대 초반 청년들의 민족주의는 기성세대의 민족주의와는 다른 양상을 띤다. 그들은 자신들에게 가장 익숙한 하위문화를 즐기는 방식 중의 하나인 팬덤의 형식으로 민족주의를 실천하며, 이는 곧 팬덤 민족주의의 등장으로 이어졌다는 것이다.

이상의 논의들은 오늘날 우리가 중국의 민족주의적 네티즌들을 대할 때 많은 시사점을 제공한다. 디바 출정을 통해 등장한 각종 새로운 양상들과 '신기술'들은 오늘날 소분홍들의 보편적인 특징이 되었다. 우리 언론에 등장하는 '중국 네티즌'들의 혐한 또는 다른 나라에 대한 공격적인 발언은 대부분 SNS인 웨이보에서 이루어지고, 때로는 한국을 비롯, 세계적인 스타나 유명인들의 인스타그램에 대거 몰려가 번역기를 돌린 말투의 악플과 이모티콘으로 도배를 하곤 한다. 이러한 특징을 가진 소분홍들의 행동은 종종 다음과 같은 의문을 불러일으키곤 한다. 중국은 외국 대중문화 콘텐츠의 수입이 제한되어 있음에도 어떻게 외국의 연예인과 문화 콘텐츠에 이토록 빨리 반응할 수 있는 걸까? 중국은 해외 SNS가 차단되어 있다는데, 어떻게 인스타그램과 페이스북에 접속해서 댓글 테러를 하는 걸까? 이들의 비슷비슷한 글귀들과 표현방식은 이들이 댓글부대여서일까? 아니면 극도로 획일화된 세뇌 교육의 결과인 걸까? 어째서 이들은 자기 나라에 대해 이토록 충성스러운 것일까? 이러한 질문들에 대한 답으로 소분홍을 21세기의 홍위병에 빗대기도 하고, 1990년대 이후로 강화된 애국주의 교육의 산물이라고 설명하기도 하며, 혹은 중국 정부에 의해 고용되거나 각종 국가적 제도를 통해 동원된 댓글부대로 설명하기도 한다. 하지만 이러한 답들은 소분홍 현상의 극히 일부만을 설명할 수 있을 뿐이다. 이러한 상황에서 이 책에 실린 글들은 중국의 민족주의 네티즌들에 대해 훨씬 풍부한 시각을 제공한다. 이를 통해 우리는 중국의 사이버 공간에서 벌어지는 다양한 주체들의 행동 방식과 감정구조, 이들 간의 통합과 경쟁, 국가와 개인 간의 다층적인 관계 등을 살펴볼 수 있을 것이다.

이 책은 서울시립대학교의 도시인문학연구소가 한국연구재단의 인문사회연구소 지원사업에 선정되어 수행하고 있는 '디지털폴리스의 인문적 비전'이라는 어젠다의 연구 사업의 일환이다. 도시인문학연구소는 급속하게 디지털화되어 가는 도시 속에서 인문적 가치가 원활히 작동하는 이상적 도시 공간인 '디지털폴리스'의 가능성을 모색하면서 현재 우리가 직면하고 있는 디지털 도시 공간의 병리적 현상으로서 '혐오'의 문제에 주목한다. 특히 혐오는 디지털 장치와의 결합을 통해 훨씬 더 가속화되고 광범위하게 퍼지는 현상을 보인다. 중국과의 관계 속에서 혐오의 문제 역시 마찬가지이다. 따라서 이 책은 오늘날 우리의 디지털 공간 속에서 중요한 병리 현상으로 대두되고 있는 혐중의 문제를 다각적으로 고찰할 수 있는 하나의 시사점을 제공할 것이다.

2022년 3월
역자들을 대표하여
김태연

1장

21세기 중국에서 사이버 민족주의의 수행

디바 출정의 사례

양궈빈

양궈빈은 펜실베이니아대학 커뮤니케이션과 사회학 전공 교수이다.

어느 나라이든지 애국자는 있다. 하지만 애국심을 표현하는 방법은 다를 수 있다. 중국에서 애국주의와 민족주의에 의해 일어난 행동의 한 예로 2016년 1월 20일에 사이버 공간에서 발생한 소위 '디바 출정'이라는 사건을 들 수 있다. 이 책에 실린 글들의 연구내용에 의하면 이 '출정'의 주요 구성원들은 1990년대 이후에 출생한 젊은이들이다. 그들 중 상당수는 온라인 게임의 유저이거나 온라인 팬 커뮤니티의 회원이었다. 이 행동이 처음 시작된 주요 플랫폼은 바이두의 온라인 커뮤니티인 '디바'인데, 그 외에도 시나 웨이보, 더우반豆瓣, 톈야클럽天涯, AC펀Acfun, 빌리빌리Bilibili, QQ 오픈채팅방 등 다른 주요 소셜 미디어 플랫폼에서도 행동이 진행되었다. 공격의 목표는 차이잉원의 페이스북 페이지와 몇몇 타이완 신문사의 홈페이지였다. 참가자들의 주요 '무기'는 이모티콘인데, 대개 얼굴 표정 등의 이미지를 과장되고 웃기게 표현하는 것들이다. 가장 인기 있는 이모티콘들은 바이럴 밈이 되어서 온라인에 널리 퍼졌다. 디바 출정의 '전사'들은 목표로 삼은 웹사이트에 이모티콘들을 퍼부어대었다. 이 책의 5장인 궈샤오안郭小安과 양샤오팅楊紹婷의 연구에 따르면, 이때 사용된 이모티콘은 두 가지 종류로, 하나는 시각적인 것이고 하나는 언어적인 것이었다. 언어적인 이모티콘은 기능에 따라 다시 세 가지로 나뉘었는데, 훈계하고 가르치기 위한 것, 흉내 내고 조롱하기 위한 것, 공격하고 위협하기 위한 것이었다. 왕저王喆는 그녀의 논문에서 2016년 1월 20일 00:00부터

2016년 1월 21일 24:00까지 차이잉원의 페이스북 페이지에 총 13,684개의 댓글이 달렸다고 했다. 그중 2천여 개는 '팔영팔치'八榮八耻(여덟 가지 영광과 여덟 가지 치욕)의 내용을 그대로 옮긴 것인데, 대륙에서 대중들의 도덕교육을 위해 사용하는 구호이다. 447개는 고향에 대한 향수를 표현한 것, 276개는 중화인민공화국 국가國歌의 가사, 245개는 조국을 찬미하는 구호였다. 한마디로 이 댓글들은 모두 동일한 내용을 반복적으로 올린 것이었다.

디바 출정의 원인을 분석하면서 이 책의 저자들은 유통과 통신에서 인터넷 하위문화, 상업 문화, 감정표현, 시각적 밈의 영향 등을 강조하였다. 저우쿠이周逵와 먀오웨이산苗偉山은 시각적 밈 분석에 초점을 맞추어, 디바 출정은 시각적 상징의 경합을 통해 이루어진 사이버 민족주의의 한 사례라고 주장한다. 궈샤오안과 양샤오팅은 이 사건의 시각적인 측면에 주목한다. 반면에 리훙메이李紅梅는 디바 출정은 반응적이라는 점에서 중국 역사 속의 민족주의 모델과 같다고 본다. 그것들이 모두 서구 미디어의 중국 비난에 대한 반향으로 나타났기 때문이라는 것이다. 류궈창劉國強은 사회학자 랜들 콜린스(Collins, 2004)의 상호작용 사슬interaction chain 이론을 이용해서 디바 출정은 집합적인 감정의 상호작용을 통해 일어난 퍼포먼스라고 주장한다. 우징吳靖, 리스민李思閔, 왕훙저王洪喆는 참가자들과의 인터뷰를 바탕으로 디바 출정은 일상생활에서 디지털과 포스트모던 상업 문화에 젖어있는 현대 중국 청년들의 정체성 불안과 문화적 습관을 반영한다고 주장하였다. 그들의 주장에 의하면 참가자들은 무식하거나 비이성적이 아닌, 박식한informed 민족주의자들이라는 것이다. 왕저王喆는 디바 출정은 국가를 명목으로 싸우는 온라인 전쟁게임과 같다고 주장하였다. 탈중심적이고 혼란스러운 상황 속에서, 출정을 주도한 것은 주로 강한 집단 감정의 표현이었다. 마지막으로 류하이룽劉海龍은 디바 출정을 팬덤 민족주의의 한 사례로 제시한다. 디바 출정은 민족주의가 디지털 문화 및 상업 문화와 독특하게 결합한 산물이라는 것이다.

종합적으로, 이 책에 실린 글들은 중국 사이버 민족주의의 최신 경향에 대해 새로운 이론적 통찰과 풍부한 실증적 조사를 제공함으로써, 디지털 문화와 인터넷 정치 연구에 중요한 공헌을 한다. 최근 디지털과 온라인 액티비즘에 대해 영어로 발표된 연구는 조직 형태와 구조의 변화를 중시하는 경향을 보이는데, 반면에 행위자의 동기, 미디어 실천의 의미, 온라인 서사와 스타일 형식, 그것의 문화적 자원과 레퍼토리에 대한 분석은 빈약한 편이다. 이 책에 실린 글들은 바로 이 간극을 메꾸는 역할을 하고 있다.

이 장에서는 이 책에 실린 글들과 관련해 디바 출정의 몇 가지 특징을 추가로 짚어봄으로써, 현대 중국의 사이버 민족주의의 새로운 속성들을 살펴보는 데 도움이 되고자 한다.

셀프 퍼포먼스

디바 출정은 보통 사이버 민족주의의 한 사례로 간주된다. 그런데 그 말이 과연 무슨 뜻일까? 사이버 민족주의라는 개념 하나로 모든 것이 다 설명된다는 것인가? 아니면 또 다른 방식으로 설명될 수 있는 여지가 있다는 뜻인가? 왕저는 이 책의 4장에서 '감정 게임'이라는 표현을 사용하는데, 이는 매우 시사하는 바가 크다. 게임은 쇼이고, 퍼포먼스이다. 극적이고 선정적인 시각적 밈으로 인해 '출정'은 명백히 대중을 상대로 한 퍼포먼스의 성격을 띠지만, 기실 이는 타이완에 있는 가상의 관객들을 위한 퍼포먼스라기보다는 자체적인 셀프 퍼포먼스이다.

궈샤오안과 양샤오팅이 주장하듯, 만일 '출정'의 목적이 말 그대로 그들의 목표물들을 응징하고 가르치기 위한 것이라면 그것이 목표로 하는 관객들에게 미치는 영향, 특히 타이완인들의 반응이 관심의 대상이 될 것이다. 하지만 '출정'에 관한 중국 매체와 소셜 미디어 플랫폼의 보도는 그 효과에 대해서는 거의 다루지 않는다. 중국 매체가 인터뷰한 이들은 거의 타이완인들의 반응에 대해 언급하지 않았다. 대신, 참가자들은 자신들의 자아 이미지self-image에만 집착하고 있었다. 그들은 자기들의 이 모티콘 밈에 대해서, 이 밈들이 어떻게 만들어졌으며, 어떻게 유통되었는지에 관해 이야기하기를 즐겼다. 중국 매체들 역시 '출정'의 정교한 조직에 대해 ─ 참가자들이 어떻게 자료, 번역, 실행 계획, 홍보, 무기, 구호 등을 전담하는 팀들을 꾸렸는지 ― 주로 논했다. 우리에게 남은 인상이란 참가자들이 스스로를 진짜 전쟁에 참가하는 것처럼 상상했고, 그것을 계획하는 과정에서 직접 자신이 군사작전을 수행하는 것처럼 상상했다는 것이다.

흥미로운 것은, 온라인에서 그들이 제작했던 그 수많은 이모티콘 밈들이 원래 목표였던 타이완의 웹사이트에 모두 포스팅되었다는 증거는 찾아볼 수 없는 대신, 그 이모티콘들이 주로 중국 대륙의 웹사이트에서 발견된다는 점이다. 차이잉원의 페이스북 페이지가 '출정'의 주요 목표였기에 우리는 그 페이지가 수많은 이모티콘 밈으로 도배가 되었을 것이라고 생각하게 마련이다. 하지만 왕저가 그녀의 글에서 밝혔듯이, 차이잉원의 페이스북 페이지는 출정이 시작되기도 전에 이미지 올리기 기능이 비활성화되어 있었다. 따라서 중국의 사이버 전사들이 그녀의 페이스북 페이지에 포스팅한 것들은 시각적 이미지가 아니라 대부분 문자로 된 댓글들이었다. 디바 출정이 진짜 목표로 삼은 관객은 꼭 타이완인들이 아닐 수도 있다. 오히려 진정한 관객은 중화인민공화국의 네티즌들과 참가자 본인들이었다. 다시 말해, 디바 출정의 주요 동기는 타이완해협 반대편의 웹사이트를 도배하는 것이 아니라, 자기 자랑, 자기 미화, 셀프 퍼포먼스를 전시하는 것이었다. 출정 직후 며칠 동안 시나 웨이보에서 유행했던 해시태그인 "나는 이 나라를 깊이 사랑한다"를 통해 그 증거를 찾아볼 수 있다. 이 해시태그가 달린 글 중의 하나는 다음과 같다.

내일이면 나는 중국을 떠나 다른 나라로 간다. 오늘은 종일 기분이 우울했고, 뭔지 모를 그런 느낌에 빠져 있었다. 그러다가 지난 이틀 동안 잊고 있었던 #D8fb[1] 출정이 생각나, 저녁 9시부터 지금까지 이 해시태그 글들을 읽고 있는 중이다. 출정 전사들의 활약과 그 감동적인 시들과 문구들을 읽다 보니 문득 드는 생각이…이런 원초적인 힘을 더 이상 내 몸속에 가두어 두고만 있을 수는 없을 것 같다!! (2016년 1월 23일, 시나 웨이보)

이 글을 쓴 유저가 "출정 전사들의 활약과 그 감동적인 시들과 문구들"에서 큰 감동을 받았다고 한 부분이 주목할 만하다. 이러한 예시들을 통해 알 수 있듯이, 디바 출정의 구호와 밈들의 효과란 다름 아니라 참가자 자신들, 그리고 함께 중화인민공화국에 있는 동료 네티즌들을 감동시키는 것이었다. 이것이 바로 디바 출정이 셀프 퍼포먼스로 여겨지는 이유이다. 물론, 모든 정치는 퍼포먼스적인 성격을 지닌다(Alexander, Giesen & Mast, 2006). 그런데 디바 출정이 셀프 퍼포먼스 사건이었다고 한다면, 그것은 과연 어떤 의미를 가지는 것일까? 이 문제에 답하기 위해서는 중국 인터넷 문화의 초기 역사 및 그것이 사회 변화와

---

1. * 디바 출정을 뜻하는 해시태그.

어떻게 연관되었는지를 살펴보아야 할 것이다.

탈주술화과 재주술화

중국의 인터넷 문화는 1990년대 중반에 시작되었다. 당시 중국 사회는 전례 없는 탈주술화의 과정을 겪고 있었다. 시장경제로의 급속한 전환과 상업 문화의 흥성으로 인해 중국 사회의 도덕적 지향은 급격히 개인주의로 기울었다. 인류학자인 옌윈샹(Yan, 2009)은 중국 사회의 개인화에 대한 연구를 통해 이러한 사실을 주장한 바 있다. 1990년대 말, 삶의 물질적 조건이 눈에 띄게 향상되자, 사람들은 인생의 의미와 개인의 행복이라는 문제를 재발견하기 시작하였다. 이것을 재발견이라고 하는 이유는, 바로 20년 전인 1980년대에 이미 판샤오潘曉의 편지(Yang, 2009)라고 알려진, 한 잡지 편집자에게 보내진 편지가 도화선이 되어 전국적인 차원에서 인생의 의미에 대한 논쟁이 진행된 바 있기 때문이다. 그 질문은 1990년대 후반에 다시 공론장에 등장한다. 1980년대에는 토론의 주제가 대개 마오 시대의 엄격한 집체적 삶이 개인에게 어떤 해악을 끼쳤는가에 집중되었다. 반면에 1990년대에는 개인과 집단의 정체성에 있어 개인화가 어떠한 결과를 가져왔는지에 대한 질문이 대두되었다. 1980년대의 논쟁은 극심한 집체생활에 대한 탈주술화 과정을 반영한 반면, 1990년대 후반에는 과도한 개인주의에 대한 탈주술화 과정을 반영하였다.

이러한 맥락에서 인터넷의 발달은 특별한 사회적·문화적 의미를 가진다. 인터넷은 상상력의 작업(Appadurai, 1996)과 새로운 사회적 상상의 계발(Taylor, 2004)을 위한 공간을 제공하였다. 당시 인터넷의 급진적인 새로움은 그것에 특별한 기술적 아우라 혹은 카리스마를 부여했다. 많은 이들에게 그것은 탈주술화된 세계 속에서 의미를 발견하거나 재주술화가 이루어지는 공간이 되었다. 1990년대 후반, BBS 게시판 형태의 포럼과 온라인 커뮤니티가 크게 유행하면서 수많은 적극적 참여자들을 온라인 대화에 끌어들였다. 당시 온라인 담론에서 인터넷의 주된 이미지는 다음의 세 가지였다. 집, 자유, 그리고 무협 세계의 낭만적인 영웅주의(Yang, 2009, p. 156). 당시 중국의 사이버 공간에서 일어난 숱한 논쟁적인 사건들은 대부분 자유, 연대, 그리고 공동체에 대한 열망을 반영했다. 인터넷이 재주술화의 장소를 제공했다는 것은 바로 이런 의미에서였다.

셀프 퍼포먼스로서 디바 출정은 영웅이 사라지고 탈주술화된 세계에서 장엄함과 영웅주의를 갈구하는 집단적 열망을 반영한다. 유머러스하고 우스꽝스러운 구호와 밈들의 범람 속에서 가장 눈에 띄는, 그러면서 단연 가장 많이 사용된 '출정'의 이미지는 낭만적인 영웅주의에 대한 열망을 드러낸다. 예를 들어 디바 출정에 사용된 인터넷 밈 중 하나는 '너 자신을 위해 출정하라'이다. 로버트 피셔의 인기 소설 『마음의 녹슨 갑옷』*The*

Knight in Rusty Armor 2에서 인용한 이 이미지는 고독하지만 용감한 전사가 자아를 찾아 나선다는 내용 – 디바 출정의 의미에 부합하는 메타포 – 을 담고 있다. 할리우드 영화 〈300〉에서 스파르타쿠스가 치열한 전투 중에 절규하는 모습을 담은 이미지는 더욱 분명하게 용감함과 영웅주의를 표현하며, 디바 출정이 그 참가자들에게 가지는 상징적 의미를 잘 보여주는 또 다른 예이다.

민족주의의 사회적 기능 중 하나는 개인의 정체성과 소속감에 강력한 감정적 근거를 제공한다는 것이다. 베네딕트 앤더슨이 1991년에 발표한 연구는 종교가 쇠퇴하던 시기에 민족주의가 발생했음을 논한다. 신앙과 주술화의 체계로서 종교의 쇠퇴는 재주술화의 형태인 민족주의의 발흥에 길을 내주었다. 디바 출정과 같은 유형의 사이버 민족주의는 강렬한 감정적 경험 및 집단 정체성과 연대감을 상상할 수 있는 계기를 제공했다는 점에서 앤더슨이 연구한 민족주의와 유사하다.

퍼포먼스의 스타일

디바 출정을 셀프 퍼포먼스의 사건으로 분석하기 위해서는 그 스타일을 분석할 필요가 있다. 극적인 퍼포먼스는 스타일을

---

2. 로버트 피셔, 『마음의 녹슨 갑옷』, 박종평 옮김, 골든에이지, 2009. 이 책의 중국어 번역본 제목은 『자신을 위한 출정』(爲自己出征)이다.

가진다. 극적인 퍼포먼스 행위로서 온라인 액티비즘 또한 정치적 스타일을 가진다(Yang, 2009 ; Yang & Wang, 2016).

스타일은 미디어로 포화된 현대 정치에서 두드러지는 특징이다. 펠스(Pels, 2003)는 스타일이란 "사물을 말하고, 행동하고, 보고, 전시하고, 다루는 방법의 이질적인 조합으로서, 그것들은 내용과 양식, 메시지와 포장, 논쟁과 의식을 즉각 결합하는 상징적인 전체로 통합된다"(p. 45)고 정의한다. 모핏과 토미는 현대 포퓰리즘에 대한 연구를 통해 정치적 실천에 있어서 미디어의 중심성을 강조하면서 "정치인들은 반쯤 연예인이 되었고, 시위와 같은 정치적 행사는 종종 참신한 스타일적 특징으로 인해 주목을 받는다"고 한다. 그들은 정치적 스타일이란 "정치 관계를 형성하기 위해 사용되는 퍼포먼스의 레퍼토리"(Moffitt & Tormey, 2013, p. 7)라고 정의한다.

스타일이라는 개념은 사회운동 이론의 레퍼토리 개념과 비슷하면서도 다르다. 정치적 스타일은 다양한 사례에 걸쳐 공통적으로 나타나는 행동 패턴을 식별한다는 의미에서 논쟁의 레퍼토리와 유사하다. 그러나 정치적 스타일은 외적인 용모, 어조, 심미적 특징, 행동 방식을 강조하는 반면(Ankersmit, 1997 ; Hebdige, 1979), 틸리(Tilly, 1995)가 사용한 레퍼토리의 개념은 주로 활동가들이 선택하고 고를 수 있는 전술의 조합을 말한다. 문학적 스타일이 비슷한 작가나 같은 '유파'의 개별 작품들을 하나로 통합하듯이 정치적 스타일은 정치적 전술들의 조합을 하나로 통합하는 것이다.

최근 연구에서 양과 왕은 중국의 온라인 액티비즘의 정치적 스타일을 이른바 유희적, 전복적, 대립적, 합의적이라는 네 가지 특징으로 식별하였다.

합의적 스타일의 경우, 활동가들은 사회 변화를 이루기 위해 정부 당국과 협력한다. 유희적 스타일의 경우, 네티즌들은 온라인 유머, 농담, 패러디, 만화, 그리고 다른 유희적 활동들을 통해 논쟁적인 활동에 참여한다. 대립적 스타일은 정치 체제에 도전하는 것은 아니지만, 직접 행동을 통해 개별 공무원이나 기관을 대상으로 한다. 마지막으로, 전복적 스타일은 중국 정치 체제의 합법성에 직접적으로 도전하는 담론을 만들어낸다. 이 네 가지 스타일은 서로 배타적이지 않으며 한 가지 요소가 다른 요소에서 혼합될 수 있다. (Yang & Wang, 2016, p. 193)

전반적으로 이 책의 저자들이 스타일을 그들의 분석적 개념으로 사용하지는 않지만, 디바 출정의 시각적, 상징적 특징에 대한 그들의 상세하고도 실증적인 분석은 출정의 스타일적 특징과 관련해 통찰력 있는 시각을 제공한다. 그중 저우쿠이와 먀오웨이산, 류하이룽, 궈샤오안과 양샤오팅, 왕저는 유희적이고 현란한 표현방식에 주목한다. 궈샤오안과 양샤오팅은 동원에서의 합의적 성격을 강조한다. 나아가 류하이룽은 하위문화 스타일에 약간의 전복적 색채가 있음을 지적한다. 이들은 디바 출정이 다양한 정치적 스타일을 혼합한 모습을 보이면서도, 대개는 유희적인 스타일이 주도적임을 시사한다. 이 유희적 스타일이야말로 중국의 초기 민족주의 유행과 가장 뚜렷하게 구별되는 점이다. 쉬우의 2007년 연구에서 열거된 사이버 민족주의의 사례를 상기하면, 1997~1999년 '인도네시아 반중폭동 반대' 시위나 1999~2011년 중·미 사이버전쟁, 2001~2003년 온·오프라인에서 전개된 반일 시위 등에서 주도적이었던 시위 스타일은 유희가 아니라 분노와 우울이었다.

문화적 기술과 사이버 민족주의

21세기의 디바 출정에서는 왜 유희적인 정치적 스타일이 주류가 되었을까? 그것은 소비주의에 인터넷 놀이와 장난이 결합된 현대 문화와 밀접한 관련을 가진다. 이것은 이 책의 대부분의 글에서 명백하게 드러나는 주제로, 특히 왕저, 류하이룽, 우징, 리스민, 왕훙저의 글에서 주로 다루고 있다. 따라서 여기에서는 이 문제에 더 이상 천착하지 않겠다. 대신 디바 출정의 독특한 스타일을 이해하기 위해 그것의 극적인 레퍼토리와 그것을 연기하는 '배우'라는 문화적 기술cultural skill에 대한 분석이 필요하다는 점을 추가로 논의하고자 한다.

틸리(Tilly, 1995, p. 41)는 사회적 저항의 행동 양식들을 지칭하기 위해 연극과 공연의 개념을 차용해 '분쟁의 레퍼토리'repertoire of contention라는 개념을 만들었다. 그의 말에 따르면, 분쟁의 레퍼토리는 "사람들이 공동의 관심사에 따라 함께 행동하는 방식"을 가리킨다. 그러나 사람들이 어떻게 함께 행동하느냐는 그들이 활용 가능한 문화적 자원 및 그들의 문화적 기술과 아비투스에 따라 달라진다. 만약 오늘날의 인터넷 문화가 사이버 민족주의자들의 아비투스라고 한다면, 그들의 문화적 기술은 무엇인가? 또 문화적 기술이란 무엇을 의미하는가?

사회학자 플리그스타인과 맥아담(Fligstein & McAdam, 2011)은 집단행동 동원에서 사회적 기술이 갖는 중요성을 강조한다. 그들은 사회적 기술을 "사람과 환경을 읽고, 행동 방침의 프레임을 짜고, 이러한 행동의 '프레임'을 위해 군중을 동원하는 인지적 능력"으로 정의한다(p. 7). 그러나 온라인에서는 사회적 기술보다 문화적 기술이 더 중요하다. 인터넷상의 행동과 상호작용에 참여하고 관여하는 능력은, 다른 조건이 동일하다고 했을 때, 언어 능력, 수사적 독창성, 미디어 리터러시, 컴퓨터 지식, 인터넷 용어와 신조어나 에티켓에 대한 숙련도, 새로운 네트워크 플랫폼과 기능(예를 들어, 트위터와 인스타그램) 및 소프트웨어와 디지털 기기(예를 들어, 아이폰, 디지털카메라, 기록 장치)의 사용 역량에 따라 달라진다. 이것들은 사회적 기술이 아니라 문화적 기술이다. 유명한 컴퓨터 괴짜nerd나 해커들은 대개 대중문화에서 사회적 기술이 부족한 사람으로 그려지지만, 인터넷을 사용하는(혹은 해킹하는) 문화적 능력에 있어서는 남달리 유능하다. 중국의 디지털 공간에서 문화적 기술은 검열과 웹사이트 차단을 극복하기 위해 우회 소프트웨어를 사용하는 기술도 포함할 수 있다.

문화적 기술은 특정한 문화적, 사회적 환경에서 배양되는 동시에 환경의 제약을 받는다. 예를 들어, 1990년대 후반의 인터넷 문화는 BBS 포럼으로 알려진 온라인 게시판에서 사람들이 상호작용할 수 있는 일련의 기술들을 만들어냈다. 따라서 당시에는 BBS 포럼 특유의 상호작용 방식(언어적 형태와 이모티콘 형태를 포함)이 있었다. 이를테면, 시각 자료와 동영상은 BBS 포럼과 사이버 민족주의의 초기 사례에서 흔한 것이 아니었다. 잭 추에 따르면, "주된 커뮤니케이션 방식은 텍스트였는데, 대개는 인터넷 속도에 한계가 있었기 때문이다."(Qiu, 2015, p. 148)

21세기 중국의 청년문화는 1990년대와는 크게 다르다(de Kloet & Fung, 2016). '소분홍'이라고 불리는 디바 출정의 주요 참가자는 1990년대생이거나 밀레니얼 세대이다. 이들은 중국의 디지털 네이티브들로서, 온라인 게임과 팬 커뮤니티, 소셜 미디어 등 디지털 문화가 몸에 밴 세대들이다. 1990년대 사이버 민족주의의 언어가 1999년 '강국포럼'의 온라인 시위(Yang, 2003; Wu, 2007)처럼 진지하고 도발적인 항변 위주였다면, 디바 출정에서 드러난 장난스러운 스타일의 언어와 상징은 21세기의 새로운 인터넷 문화를 반영한다. 디바 출정의 주요 참가자들이

'소분홍'이라는 사실 자체만으로도 매우 시사적이다. '작은 분홍'이라는 뜻의 '소분홍'이라는 명칭은 출정에 동원된 온라인 커뮤니티 중 하나가 분홍색을 배경색으로 하기 때문이다. 해당 웹사이트는 인기 온라인 문학 커뮤니티인 '진장문학성'으로, 인기 웹소설이자 TV 드라마로 더욱 유명한 「보보경심」步步驚心이 만들어진 커뮤니티이다(Guo, 2015). 우징, 리스민, 왕훙저가 언급했듯이, 진장문학성 같은 온라인 팬 커뮤니티에서 팬들은 종종 자신들이 좋아하는 아이돌을 위해 편을 나누어 온라인 '전쟁'을 벌이곤 한다. 8장에서 류하이룽은 디바 출정이 어떤 의미에서는 인터넷 팬들의 아이돌 전쟁과 그들의 전투 기술을 민족주의의 영역에 이식한 것이라는 점을 재확인한다.

사이버 민족주의의 정치적 기회

디바 출정의 독특한 스타일을 이해하기 위해서는 추가적인 조건에 대한 분석이 필요하다. 디바 출정이 대규모의 온라인 동원에 성공한 것은 단지 조직화에 능숙하거나 감성적으로 어필했기 때문만은 아니다. 그것의 정치 — 민족주의와 애국심 — 가 중국의 정치 환경 속에서 합법성을 인정받았기 때문이다. 물론 합법성을 가졌다 하더라도 중국에서 대립적인 스타일은 상대적으로 불리하다.

정치적 기회는 보통 논쟁적인 정치 못지않게 사이버 민족주의에서도 중요하다(McAdam, 1982). 중국에서 다른 형태의 대중 시위는 제압당할 가능성이 높은 반면, 민족주의 시위만은 가능한 중요한 이유는 다른 나라와 마찬가지로 민족주의가 합법적인 이념이기 때문이다. 온라인 액티비즘의 특정 형태로서 사이버 민족주의는 중국의 온라인 액티비즘 역사에서 가장 흔한 이슈 중 하나이다(Wu, 2007 ; Yang, 2009). 디바 출정이 대변하는 것은 예외가 아니라 규범이다. 그것은 중국 내 민족주의의 본질에 대해 우리가 예상하는 바와 완전히 일치한다. 사실, 최근 몇 년간 중국 온라인 액티비즘의 양상을 조사하는 과정에서 디바 출정은 약간 불편한 의문을 야기하곤 했다. 왜냐하면 그것이 발생한 시점이 마침 정부 당국이 온라인 액티비즘을 강하게 규제하던 시기였기 때문이다.

중국에서 논쟁적 온라인 액티비즘이 시작된 것은 1990년대 후반부터이다. 중국에서는 검열을 통해 논쟁적이고 거친 웹을 규제하려는 노력을 지금까지도 진행하고 있지만, 대부분은 실패로 돌아갔다(Herold & Marolt, 2011). 온라인 시위는 검열의 강화에도 불구하고, 심지어 때로는 검열의 강화로 인해 발생했다. 그러나 2013년 이후, 상황이 눈에 띄게 바뀌었다. 인터넷에서의 시위 행위는 지속적으로 발생했지만, 빈도에 있어서는 예전에 비해 줄어들었다. 중국 인터넷 연구 및 모니터링 기관의 조사에 따르면 전체 온라인 사건의 숫자는 감소한 반면, '긍정적인' 민심에 호응하는 온라인 사건은 그 수가 증가했다. 여기에서 말하는 '긍정적인'이란 정부의 의제를 지지한다는 의미이다(『인민일보 온라인』, 2015 ; Xie, 2015). 논쟁적인 온라인 액티비즘이 감소하는 와중에 디바 출정이 발생했다는 것이 그 예이다. 이는 '출정'이 관방의 정치적 의제와 같은 선상에 있을지도 모른다는 점을 시사한다. 그런 의미에서, 그것은 대중들의 시위 행위가 아니라 당-국가에 대한 지지 행위이다. 『인민일보』와 같은 중요 관방 언론에서 '출정' 참가자들에게 찬사를 쏟아낸 것만 보아도, 디바 출정은 명백히 어느 정도 관방의 지원을 받았음을 알 수 있다. 디바 출정이 일어난 직후, 관방 언론들이 노골적으로 긍정적인 기사를 내보냈는데, 이는 관방이 지지하고 있다는 명백한 징조이기 때문이다. 간단히 말해서, 디바 출정을 분석함에 있어서, 그것이 온라인 집단행동의 성공사례로서 ─ 주도면밀한 온라인 조직력, 광범위한 동원력, 그리고 가시적인 사회적 영향 ─ 무엇을 성취했는지 인식해야 하며, 또한 그것은 전체적으로 논쟁적인 성격의 사건이 아니라 '합의 동원'의 사례였다는 점을 인정해야 한다(McCarthy & Wolfson, 1992).

디바 출정이 실제로 관방의 의제에 따른 것이라고 했을 때, 다음과 같은 질문을 추가로 제기할 수 있다. 그것은 온라인에서 대중들의 의사 표현에 어떤 영향을 끼쳤을까? 디바 참가자들은 출정에 관여한 커뮤니티 중 하나의 게시판 바탕색이 분홍이라고 해서 '소분홍'이라고도 한다. 소분홍은 대중매체에서 마오쩌둥의 홍위병에 비교되면서 '온라인 폭도'라고 불린다. 비록 이러한 비교에 문제의 소지가 있지만(어쨌든 '분홍'이 '홍색'은 아니므로), 소분홍이 홍위병의 행동을 연상시키는 점이 있기는 하다. 바로 온라인상에서 다른 의견, 이를테면 디바나 민족주의적 담론에 비판적인 의견들을 막아버리는 성향이다. 디바의 담론은 이른바 '부정적인 에너지'를 용인하지 못한다. 이런 점에서 디바 출정은 온라인 발언권에 대해 개방 대신 규제를 가하고, 이를 억제하며 관리하고자 하는 중국 정부의 노력을 반대하지 않으며, 오히려 지지하는 입장이다.

온라인의 발언권을 규제하고자 하는 최근 중국 정부의 노력은 억압적이 아니라 생산적이라는 특징을 보인다. 즉, 검열이라는 억압적인 수단으로는 소기의 결과를 얻지 못하자, 대신 생산적인 접근법을 취하는 것이다. 이러한 생산적인 접근법에서 나타나는 새로운 방법으로는 먼저, 정부의 의제를 지지하는 사회세력을 동원하는 것, '부정적인 에너지'에 대항하고 이를 약화시키는 방법으로 소위 '긍정적인 에너지'를 생산하는 것, 비판적인 온라인 담론을 약화시키기 위해 시민의식과 문명 담론을 사용하는 것 등이 있다. 일반적으로 소분홍과 사이버 민족주의자들은 정부가 후원하는 온라인 여론의 측정 기준과 분류방식에 의하면 '부정적' 에너지보다는 '긍정적' 에너지를 생산할 가능성이 더 높다. 그렇다고 디바 출정이 관주도 민족주의official nationalism(Anderson, 1991)의 한 형식이라는 말은 아니다. 그것은 관주도가 아니라, 대중이 중심이 된 행위이다. 하지만 그것은 대중 민족주의popular nationalism가 관주도 민족주의와 양가 관계에 있음을 시사한다.

제국의 담론

리훙메이의 글에서 알 수 있듯이, 중국의 민족주의는 선제적이거나 공격적이지 않고, 대응적인 모습을 보인다. 중국에서 발생하는 민족주의적 사건들은 대개 외부의 위협이나 중국을 낙인찍는 것에 대한 반응으로 일어나기 때문에 대응적이라는 것이다. 이러한 종류의 대응적 행동은 중국의 국가 이미지가 손상된 것에 대한 정당한 반응이라는 의미를 내포한다.

그러나 디바 출정 중에 만들어진 담론들에서 몇 가지 흥미로운 양면성도 찾아볼 수 있다. 그중 하나는 구호와 이모티콘을 영어로 번역하는 과정에서 나타나는 코스모폴리탄적인 태도에 관한 것이다. 출정을 조직한 이들은 자신들의 구호를 외국어로 번역하기 위해 번역팀을 꾸렸다. 「향수」라는 노래의 가사 중에 "떠도는 아들아, 아직도 고향 땅의 향기를 기억하는구나"遊子, 你可記得土地的芳香라는 부분은 여러 개의 언어로 번역되어 이모티콘 무기로 사용되었다. 사회주의 도덕에 대한 중국 정부의 구호인 '팔영팔치'는 영어로 번역되어, 차이잉원의 페이스북에 중국어 버전과 영어 버전이 함께 게시되었다. 이 '팔영팔치' 중 첫 번째 항목은 "조국을 사랑하는 것은 영예, 조국에 해를 끼치는 것은 수치"이다. "먼저 덕을 쌓은 다음에 사람이 된다"先成德再成人는 유교의 가르침은 "먼저 독일로 간 다음에 어른이 된다"로 잘못 번역되었다. 명백한 구글 번역기의 오류이다.

영어로 번역된 이 구호들은 독해가 가능한지 여부는 차치하고라도, 대개가 자화자찬하는 내용들이다. 최악의 경우에는 제국의 영광을 과시하고 싶어 안달이 난 속내를 드러내 보이기도 한다. 앞에 인용한 구호들에 사용된 어휘와 어조는 청나라 조공 체계에서 사용되던 '멀리서 온 이들을 환대한다'懷柔遠人라는 표현을 연상시킨다. '멀리서 온 이들을 환대하다'는 조공 체계에서 정해진 의식에 따라 외국인을 대접하는 것을 의미한다. 이러한 대접을 받은 조공국은 청나라 황제 앞에서 (청나라 황제에게 큰절을 올리는 등의 방식으로) 자신들의 조공국으로서의 지위를 인정하곤 하였다(Hevia, 1995 ; Esherick, 1998). 의례는 상징적 우월성을 유지하는 방법이었다. 물론 이 글에서 디바 출정이 제국주의자들의 모험이었다고 주장하는 것은 아니다. 이 글의 요점은 비록 그것이 아름다운 풍경과 음식을 보여주면서 애국적 정서를 표방하는 '시민' 운동임을 내세웠지만, 그것이 사용한 언어와 이미지는 과거 제국 특유의 담론의 흔적을 감추지 못했다는 것이다. 이것이 사실이라면, 현대 사이버 민족주의의 사례로서 디바 출정은 민족주의의 관점뿐만 아니라 제국의 관점에서도 비판적으로 검토되어야 할 것이다.

2장

중국 민족주의의 역사적 이해

리훙메이

리훙메이는
마이애미대학(오하이오주)
전략커뮤니케이션 전공 부교수이다.

서론

　2015년 11월 21일, JYP 소속 케이팝 그룹 〈트와이스〉의 타이완 출신 가수 쯔위가 중화민국(타이완)의 깃발을 들고 있는 모습이 한국의 텔레비전에서 방영되었다. 타이완 독립 반대 입장으로 잘 알려진, 대륙에서 활동하는 타이완 출신 가수 황안 黃安은 이 일을 자신의 시나 웨이보 계정을 통해 알렸다. 타이완에서는 이 일이 언론에서 보도되고 인터넷상에서도 토론이 이루어진 반면, 중국 대륙의 네티즌들은 별다른 관심을 보이지 않았다. 이후 쯔위의 팬이 그 깃발은 한국 기획사가 준비한 것이었다고 해명하자, 황안은 자신의 웨이보 게시물을 삭제했다. 2016년 1월, 베이징TV와 안후이TV가 〈트와이스〉(쯔위와 3명의 일본인 멤버를 포함한)를 춘절특집쇼에 초청했다는 소문이 돌았다. 2016년 1월 8일, 황안은 또다시 웨이보에 글을 올려 쯔위가 한국에서 중화민국 깃발을 들었던 일을 비판했다. 이 글에서 그는 자신이 이 일을 처음 폭로했던 사실을 언급하고, 해당 게시물을 삭제했던 이유도 설명했다. 그는 또 타이완 독립 성향의 싼리TV가 이 일을 이용해 쯔위를 타이완 독립의 상징으로 만들고 있다고 비판했다. 그는 독자들에게 자신의 메시지를 널리 공유할 것을 요청하고, 쯔위가 만약 자신의 비판에 동의하지 않는다면 중국인으로서의 정체성을 공개적으로 인정하라고 요구했다.

황안의 웨이보 글은 1만 5천 회 이상 공유되었다. 중국 최대 온라인 커뮤니티인 '톈야'의 네티즌들이 이 이슈에 뛰어들었고, 많은 이들이 쯔위와 안후이TV를 강하게 비판했다. 그 후 쯔위가 화웨이 스마트폰 Y6의 광고모델이라는 사실이 알려졌다. 대중의 압력하에 화웨이는 광고 계약을 취소했고, 안후이TV는 프로그램에서 〈트와이스〉를 뺐다. 베이징TV는 원래의 초청을 공식적으로 인정하지 않은 채 조용히 〈트와이스〉를 프로그램에서 삭제했다.

1월 13일, 〈트와이스〉의 소속사 JYP는 공식 입장을 내어 "쯔위는 아직 나이가 어리고 경험이 부족해 자신의 정치적 견해를 형성하지 못했"다고 설명했다. 그러나 중국의 네티즌들은 이 공식 입장이 진실하지 못하다고 느꼈으며, 이는 JYP의 다른 연예인들에게 악영향을 미쳤다.[1] 1월 14일에는 JYP의 시가총액이 600만 달러 이상 하락했다. JYP는 즉시 공개 사과를 통해 쯔위는 하나의 중국 원칙을 지지하고 존중하며 그녀의 고향 타이완에 대한 애정이 타이완 독립에 대한 지지를 의미하는 것은 아니라고 해명했다. 또한 JYP는 쯔위의 온라인 프로필에서 "국적 타이완"을 "출생지 타이완"으로 바꾸었으며, 이후 다시 "중국 타이완"으로 수정했다.

---

1. 그 일례로, 한 JYP 소속 홍콩 연예인이 어떤 프로그램에서 중국인으로서의 정체성을 직접적으로 인정하지 않았다는 사실이 네티즌들의 주목을 받은 뒤 그의 후난TV 예능프로그램 〈천천향상〉(天天向上) 출연이 무산되었다.

그러나 이러한 조치가 쯔위와 JYP에 대한 비판을 누그러뜨리지는 못했다. 1월 15일, JYP의 CEO가 쯔위의 사과 동영상을 회사 웹사이트와 유튜브, 그리고 웨이보에 올렸다. 영상에서 쯔위는 대본을 든 채 카메라를 향해 고개를 숙였고, 다음과 같이 사과했다.

제가 더 일찍 사과를 드려야 했지만, 지금의 상황에 어떻게 대처해야 할지 몰라 여러분 앞에 직접 나설 용기를 내지 못했습니다. 중국은 오직 하나입니다. 해협 양안은 일체입니다. 저는 언제나 저 자신이 중국인이라는 사실에 자부심을 느끼고 있습니다. 저는 중국인으로서 해외 활동을 하던 중, 부적절한 언행으로 소속사와 양안 네티즌의 마음에 상처를 주었습니다. 너무나 죄송하고 후회스럽습니다. 저는 중국 활동을 중단하고 진지하게 반성하기로 결정했습니다. 거듭 모든 분들께 사과드립니다.

이 사과는 타이완의 인권단체[2]로부터 거센 비판을 받았다 (『이니시움 미디어』端傳媒, 2016년 1월 16일). 타이완 및 대륙의 미디어들은 사건 경과를 보도했다. 이 사건이 타이완 대선 투표일 직

---

2. * 여기에서는 타이완의 인권단체라고 했지만, 인용된 원 기사에는 한국의 인권단체 '사단법인 한국다문화센터'로 되어 있다.

전에 발생했기 때문에 대선 후보들, 정치인들, 그리고 기타 단체들도 적극적으로 논의에 뛰어들었고, 이에 따라 이 사건의 정치적, 문화적, 사회적 의미가 확대되었다.

논란이 이렇게 전개되자, 바이두 '디바' ─ 2004년에 만들어진 중국의 인터넷 커뮤니티로 2천만 명 이상의 유저가 가입되어 있다 ─ 는 이용자들에게 방화벽을 우회해서 『빈과일보』, 싼리TV, 그리고 대선 후보 차이잉원의 페이스북 페이지를 점령하도록 선동했다. 행동은 2016년 1월 20일 오후 7시에 일제히 시작되었다. "디바가 출정하면 풀 한 포기도 안 남는다"라는 구호 아래, 참가자들은 3시간 이내에 차이잉원의 페이스북 페이지에 2만 6천 건 이상의 게시물을 올렸다. '디바 출정'은 즉각 웨이보, 위챗, QQ, 바이두 게시판 및 여타 소셜 미디어 플랫폼의 트렌드가 되었다. 이튿날 오후 5시까지 시나 웨이보의 '디바 페이스북 출정' 해시태그는 6.1억 뷰에 도달했다. 어떤 이들은 이 행동을 "노골적인 민족주의"라고 했고, 또 어떤 이들은 파워, 애국심, 합리적 정치참여를 보여주는 방식이라고 보았다.

이 사건에서 드러난 온라인 민족주의를 어떻게 이해해야 할까? 온라인 민족주의와 다른 형태의 민족주의의 관계는 무엇인가? 이 챕터는 민족주의에 대한 이해를 중국의 역사, 사회, 지정학의 폭넓은 맥락 속에 위치시키고자 한다. 먼저 19세기 이래 중국과 서구 모더니티의 만남에서 비롯된 중국 민족주의를 논의할 것이다. 다음으로 최근에 등장하고 있는 민족주의 및 그 다양한 양상들을 분석하고, 이어서 디바의 출정을 타이완의 국민 정체성 모색 문제와 관련지어 살펴볼 것이다.

중국 민족주의의 역사

민족주의의 단일한 정의는 존재하지 않는다. 일반적으로 사람들은 민족주의가 자신을 민족과 동일시하는 하나의 방식이라고 본다. 민족주의는 소속감, 집단정체성, 민족에 대한 충성심 등을 포함할 수 있다(He & Guo, 2000). 많은 이론이 민족, 민족국가, 민족주의를 구별해왔다(예를 들어 Gellner, 1983; Giddens, 1985; Anderson, 1991; Duara, 1993). '민족'은 동일한 기원, 조상, 언어, 종교, 혹은 지역 등을 공유하는 사람들로 정의할 수 있다. 민족은 꼭 국가를 이루지는 않는다는 점에서 민족국가와는 구별된다. 여러 국가에 걸쳐 있는 민족들도 있고, 국가가 없는 민족들도 있다. 어떤 학자들은(예를 들어 Gellner, 1964, 1983; Anderson, 1991; Duara, 1993, 1997) 위의 세 가지 개념의 가상적 측면을 강조하고, 민족주의가 민족국가의 형성보다 앞선다는 점을 강조한다.[3] 예를 들어, 앤더슨(Anderson, 1991)은 민족이 "상상된 정

---

3. * 저자는 "가상적(imaginary) 측면"이라고 표현했지만, 여기서 언급된 이론가들이 말하고자 한 것은(물론 각각의 구체적인 입론에는 차이가 있다), 민족, 민족국가, 민족주의가 상상 세계에서만 존재하는 허상이라는 것이 아니라, 특정 역사적 시기에 상상되어(imagined) 형성되었다는 것이라는 점에 유의할 필요가 있다. 또한 저자는 이 이론가들이 민족주의가 민족국가의 형성에 선행

치적 공동체이며, 본질적으로 한정적이고 주권적인 것으로 상상된다"고 정의한다. 소통적 실천이 민족, 민족국가, 민족주의의 건설을 뒷받침한다. 미디어와 매스커뮤니케이션은 공통의 경험을 만들어내고, 공유된 정동과 경험을 설계한다. 특히 앤더슨(Anderson, 1991)은 인쇄 매체가 서구의 민족주의 및 민족국가의 형성에 있어서 중요한 역할을 했다고 주장한다. 오늘날에는 TV, 라디오, 잡지, 광고, 인터넷 등을 포함한 모든 대중매체가 공통성에 대한 상상을 만들어내는 데 필수적이다.

중국의 민족주의를 이해하기 위해서는 중국이 자신의 정체성을 이해하는 방식, 그리고 중국과 외부(특히 서구) 사이의 역동적인 관계를 이해해야 한다. 중국의 역사는 유럽과 다르고 민족주의는 19세기 말에 중국이 서구 식민주의에 직면한 다음에야 중국에 수입되었지만(Pusey, 1983), 현대 중국은 서구의 민족과 유사한 방식으로, 즉 교과서, 미디어 프로그램, 관방 및 민간의 담론 등을 통해 상상된 문화적 공통성과 혈연관계를 기반으로 건설되어왔다.

제1차 아편전쟁(1839~1842) 이후 중국의 식민 역사는 중국의 자기 인식과 중국에 대한 세계의 인식을 형성해왔다. 청의 군사적 패배는 영토의 할양, 배상금 지급, 개항, 외국인에 대한

했음을 강조했다고 요약하는데, 이 요약이 유효하려면 각 이론의 상이한 맥락 속에서 그 의미가 설명되어야 한다.

치외법권 보장 등을 초래했다. 중국의 거듭된 패배는 중국의 지식인들로 하여금 구국의 길을 모색하게 했다. 그중에서 양무운동(1860년대~1890년대)은 청대에 있었던 가장 체계적인 노력을 대표한다. 그러나 중국의 이러한 노력은 대체로 실패했고, 이는 1894~1895년의 청일전쟁에서의 패배로 드러났다. 이 실패는 "전례 없는 근심, 좌절, 분노의 민족 정서"를 만들었고(Pusey, 1983, p.5), 중국이 무기뿐 아니라 정치적 제도, 문화, 문명에서도 열등하다는 고통스러운 결론을 안겨주었다. 퓨지(Pusey, 1983)에 의하면, "이것은 '우리 조상들에 대한 믿음'의 상실이었고, 이는 19세기 서구인들이 다윈 이후에 '우리 조상들이 지켜온 믿음'의 상실로 인해 받은 충격보다 더 큰 충격으로 다가왔다."(p. 201) 그 결과로, 수세대의 중국 지식인들은 서구 문화를 전면적으로 수용할 것을 주장했다.

중국이 서구 모더니티와의 만남에서 겪은 이러한 트라우마는 열등감을 낳았다. 그러나 이 열등감의 근저에는 중국의 빛나는 역사와 문명에 기반한 우월감도 있었다(Li, 2016). 핵심적인 질문은 어떻게 서구로부터 배워서 중국을 강하게 만들 것인가였다. 이렇게 중국은 서구 및 자신의 역사에 대해 양면적인 태도를 가지고 있다. 그리스(Gries, 2005)는 20세기 중국의 관방 민족주의는 승리의 서사와 희생자 서사가 혼합된 것이라고 본다. 이 두 가지 서사가 함께 민족의식을 형성하고, 이 민족의식이 중국의 과거, 현재, 미래를 해석하는 기준이 된다.

중화인민공화국 건국 이후 중국공산당은 서구 열강으로부터 중국 민족을 구한 구원자로서 자신의 역할을 지속적으로 강조하고 강화해왔으며, 중국을 제국주의에 대한 승자로 묘사해왔다. 이러한 승자 서사의 이면에는 서구를 침략자로 묘사하는 희생자 서사가 동시에 자리 잡고 있다. 공산당은 종종 이 대중적 원한을 이용하여 권력을 강화하고 정치적 의제를 추진해왔다. 1960년대의 반자본주의 운동에서부터 최근의 다양한 반응적 민족주의 운동들이 이에 해당한다.

개혁기 중국에서 부상한 민족주의

1989년의 천안문 민주화운동(6·4운동)은 중국의 정치, 사회, 문화를 크게 바꾸어놓았다. 1980년대의 중국이 정치적으로 더 개방적이었고, 지식인들이 문화대혁명(1966~1976)을 비판하고 자유와 민주 등의 서구적 개념을 모색할 자유를 더 많이 누렸다고 한다면, 1990년대는 민족주의와 전통의 부활로 더 기울어져 있었다(Li, 2016).

민주화운동 이후 중국 정부는 자신들의 통치를 정당화하기 위해 경제 성장에 의존했다. 경제는 점점 더 자유화되었지만, 정부는 여전히 엄격한 정치적 통제를 유지했다. 경제 영역에서는 신자유주의가 핵심 정책으로 도입되어 규제 완화, 사유화, 시장경제 발전 등으로 이어졌다(Harvey, 2005 ; Wang, 2003).

그러나 전 지구적 자본주의와의 경제적 통합과 함께, 공산당은 새롭게 취득한 부와 기술적 수단―다양한 신기술 및 만리방화벽 등―을 활용하여 통제를 강화하고 정치적 참여를 억제하고자 했다. 이데올로기적 선전 이외에도 정부는 애국심 고취와 전통 문화 부흥을 위한 다양한 프로그램을 추진했고, 이는 문화적 세계화라는 흐름 속에서 예외주의, 민족주의, 자존심을 촉발시켰다.

다음의 두 사례(1980년대 사례와 1990년대 사례)는 중국이 자기 자신과 서구를 각각 어떻게 바라보았는가의 문제에 있어서 1980년대와 1990년대의 차이를 극명하게 보여준다. 〈하상〉河殤은 1988년 CCTV에서 방영되어 폭발적 인기를 얻었던 프로그램이다. 쑤샤오캉蘇曉康과 다른 이들이 함께 제작한 이 다큐멘터리는 중국의 문화와 전통을 강하게 비판하는 한편 서구 문명을 칭송했다. 퇴폐, 무능, 미신, 먼 과거를 상징하는 중국의 '황토 문명'을 "젊음, 모험, 에너지, 힘, 기술, 모더니티"(Chen, 1995, p. 31)를 대표하는 서구의 '푸른 해양 문명'과 대비시켰다. 황하, 만리장성, 용과 같은 문화적 상징물들은 낙후성을 의미하는 것으로 재해석되었다. 이 사례는 1980년대 지식 엘리트들의 중국 전통에 대한 강한 비판적 태도를 보여준다.

그러나 1990년대 이후로 중국 문화와 전통을 향한 거대한 방향 전환이 일어난다. 『No라고 말할 수 있는 중국』中國可以說不이라는 베스트셀러가 그 한 사례이다(宋强 외, 1996). 다섯 명의 저자가 한 달 만에 엮은 이 책은 이전에 잡지나 신문에 실렸던 많은 자료를 포함하였으며, 400만 부의 판매량을 기록했다. 이 책은 감정과 직관에 호소하는 포퓰리즘적 언어를 사용했다. 민족주의를 고취하며, 미국의 국내 인종차별과 세계 패권주의를 비판하고, 중국인들의 맹목적인 미국 추종을 비난했다. 그 밖에도 미국에 맞선 쿠바의 용기를 칭찬하고, 일본이 과거 중국을 침략하고도 전쟁배상금을 지급하지 않은 것을 비판하는 등의 내용을 담고 있다.

〈하상〉과 『No라고 말할 수 있는 중국』은 중국의 전통, 정치, 미래에 대한 1980년대와 1990년대의 상반된 시각을 대표한다. 〈하상〉이 서구 문명과 정치적 민주주의를 받아들이기를 희망하며 신문화운동(1915~1919) 시기 지식인들의 전통을 계승했다면, 『No라고 말할 수 있는 중국』은 정부와 입장을 같이하며 국제사회에서 중국의 발언권을 높이기 위해 문화적·정치적 자주성을 강화하는 방안으로 민족주의를 지지했다.

실제로, 1989년 천안문 사건의 트라우마적 경험으로 인해 많은 엘리트들은 정치로부터 비즈니스와 돈벌이로 눈을 돌렸다. 동시에, 신좌파라 불리는 일군의 지식인들이 등장하여 자본주의를 비판하고 마오쩌둥식 사회주의와 집단주의의 일면을 긍정적으로 평가했다. 이들은 점점 증가하는 중국 내의 불평등 문제를 지적하며 정부가 경제 성장과 분배에 더 적극적으로 개입할 것을 요구했다. 이들은 종종 정부와 같은 입장에서 민족

주의, 사회주의, 중국 전통 등을 옹호했다.[4]

게다가 1990년대 러시아와 중부 및 동부 유럽에서 공산당의 집권이 막을 내리자, 중국의 미래에 대한 엘리트의 불안이 더욱 깊어졌다. 중국공산당은 경제 성장을 지속해나가는 동시에 집권의 정당성을 강화하고 맑스주의와 민족주의를 확립하는 데 많은 역량을 투입했다. 예를 들어, 당시 국가주석이었던 장쩌민은 2000년의 한 연설에서 동유럽의 변화와 소련의 해체는 전 세계 사회주의의 심각한 좌절이라고 하면서 중국이 사회주의 및 중국특색사회주의의 길에 대한 신념을 더 강화할 것을 촉구했다(江澤民, 2000).

---

4. 그러나 신좌파 또한 그들의 견해가 공산당의 이익과 다를 때는 탄압을 받았다. 전형적인 예가 바로 '오유지향'(烏有之鄉) 사이트의 부침이다. '오유지향'은 2003년에 개설되어 문화대혁명과 마오쩌둥 사상을 지지한 정치적 웹사이트였다. 이 사이트는 민족주의, 마오쩌둥, 문화대혁명에 관한 글들을 게시했을 뿐 아니라, 오프라인 활동도 조직했다. 이 논란 많은 웹사이트는 2012년에 폐쇄되었다. '마오쩌둥기치망'(毛澤東旗幟網), '마오쩌둥망'(毛澤東網), '사월망'(四月網), '홍색중국망'(紅色中國網)과 같은 다른 사이트들도 비슷한 운명을 맞았다. 이러한 예들은 마오와 사회주의에 대한 정부의 태도가 모호하다는 점을 보여준다. 한편으로 중화인민공화국 건국의 아버지인 마오는 공산당의 정통성을 상징하지만, 다른 한편으로 현재 중국의 정책들은 건국 초기에 채택되었던 정책들과 완전히 다르기 때문이다. 따라서 공산당은 선택적으로만 사회적 정의, 평등, 기타 권리들을 포함한 이상들을 적용하려고 한다. 또 다른 예로는 2008~2012년에 충칭시 서기였던 보시라이(薄熙來)가 추진했던 '창홍타흑'(唱紅打黑) 운동을 들 수 있다. 많은 이들이 공산당을 찬양하고 부패를 타도하고자 한 이 운동에 참여하고 이를 지지했지만, 관방 미디어와 일부 지식인 및 관료는 비판을 하기도 했다. 결과적으로 이 운동은 2012년에 진압되었고 보시라이는 수감되었다.

중국이 경제적, 정치적, 문화적으로 전 지구적 질서에 더 깊이 편입되고 국력이 상승함에 따라 미국과의 충돌 또한 증가했다. 예를 들어, 1993년에 미국은 중국의 컨테이너선이 이란으로 불법 화학무기를 수송했다는 혐의를 제기했다. 그러나 이어진 조사에서 미국-사우디아라비아 조사팀은 어떠한 화학무기도 발견하지 못했다. 그럼에도 미국은 중국의 손실에 대해 사과하거나 보상하기를 거부했다. 이 일은 중국의 민족주의자들을 분노하게 했고, 그들은 이 사건을 "중국 해군의 치욕"이라고 불렀다. 많은 중국인들은 중국의 2000년 올림픽 유치 실패를 미국의 개입과 중국의 인권 문제에 대한 미국의 '부당한' 비난의 결과라고 보았다. 따라서 1990년대 이후 중국 미디어의 공통된 주제는 미국이 중국의 발전을 견제하려 한다는 것이었다. 타이완, 티베트, 천안문을 둘러싼 중국의 인권 및 주권 이슈에 대한 미중 양국의 상반된 관점은 양국의 관계를 더욱 악화시켰다. 2016년 이후 미중 관계는 양국 간의 무역전쟁이 주도했다. 이처럼 지정학, 이데올로기의 차이, 국익 등이 중국의 민족주의를 강화해왔다.

이렇게 강화되고 있는 중국 민족주의는 다음과 같은 특징을 보여준다. 첫째, 일본과 미국이 그 주요 표적이다. 중국은 2차 세계대전 당시 일본이 중국을 침략했다는 이유로 일본에 적대적이다. 많은 중국인들은 일본이 과거의 침략행위에 대해 적절한 반성이나 배상을 하지 않았다고 본다. 구체적으로는, 일본이 중국에 대해 공식적으로 사과한 적이 없으며, 역사 교과서 개정이나 전범에 대한 참배 등을 통해 역사를 왜곡하고 있다고 비판하고 있다. 또한, 댜오위다오(센카쿠 열도)를 둘러싼 중일 간의 영토분쟁은 중국에서 지속적으로 민족주의적 반응을 불러일으키고 있다. 그런데 미국은 이 분쟁과 복잡한 관계에 놓여 있다. 2차 세계대전 이후 미국은 류큐 제도를 지배하였는데, 1971년[5] 그 일부인 오키나와를 반환하면서 댜오위다오도 함께 일본에 반환했기 때문이다. 그 밖에도, 미일 간의 안보 협력과 미-타이완 관계가 종종 중국의 민족주의자들을 불안하게 만들고 있다. 중국은 이 당사자들 간의 어떠한 군사적 활동과 교류도 모두 중국을 겨냥한 것이라고 보는 경향이 있다. 중국과 미국 양국은 1980년대에 소련에 맞서면서 잠시 밀월 관계에 있기도 했지만, 1989년 천안문 사건 이후 더 많은 갈등을 겪었다. 중국의 경제적 지위가 상승하면서 중국과 미국은 많은 영역에서 직접 경쟁하게 되었고, 양국의 관계는 '전략적 협력자'라기보다는 '협력하는 적'frenemy에 더 가깝게 되었다.

둘째, 중국 정부는 민족주의에 대해 소극적인 지지를 하면서도, 민족주의가 양날의 검이기 때문에 그에 대해 모호한 태도를 취해오고 있다. 민족주의 운동이 일어나기 시작할 때 중국 정부는 그것을 용인하거나 암암리에 고무한다. 그러나 운동

---

5. * 실제로 반환한 것은 1972년이다.

이 통제하기 어려운 상황에 이르면 정부는 그것을 진압하거나 적극적 참가자 혹은 지도자를 체포하기 시작한다.[6] 이러한 정부의 대응 방식은 민족주의가 중국공산당의 통치를 위협할 수 있다는 두려움에서 비롯된다. 민족주의 운동이 국내 이슈 비판으로 돌아선 사례들이 다수 있었기 때문이다.

셋째, 1990년대 이후의 민족주의는 경제적, 문화적 세계화에 대한 중국의 반응이라고 할 수 있다(Zhang, 2001). 서구로부터 유입된 정보와 언론 보도를 통해 중국인들이 중국과 서구의 격차를 인지하게 되었지만, 중국공산당은 중국이 맹목적으로 서구를 모방해서는 안 된다는 입장을 강력하게 선전해왔다. 국제 문제에서 중국이 겪었던 다양한 좌절, 중국의 급속한 경제성장, 그리고 더 중요하게는 2008년의 전 지구적 금융위기가 중국인이 더 강하게 국민 정체성을 확신하도록 만들었다. 특히 중국의 경제적 번영의 혜택을 입은 젊은 세대들은 대체로 중국에 대해 긍정적인 관점을 가지고 있다.

---

6. 예를 들어 2005년[* 원문에서는 첫 번째 시위의 연도를 2015년이라고 하였으나 실제로는 2005년의 일이어서 바로잡았다.] 중국에서는 대규모의 반일 시위가 일어났다. 후소샤(扶桑社) 발행 역사 교과서가 과거 일본의 침략행위를 은폐하려 한 것과, 일본이 유엔 안전보장이사회의 상임이사국이 되려고 시도한 것이 그 이유였다. 중국 정부는 처음에는 시위를 허가했지만, 이후에는 수십 명의 시위지도자를 체포했다. 2012년에는 중국인들이 댜오위다오를 사버리겠다는 일본 정부의 발표에 항의하는 시위가 일어났다. 중국 정부는 처음에는 시위를 암묵적으로 용인했으나, 시위가 통제하기 어려운 상황에 이르자 시위지도자들을 체포했다.

또한, 중국의 경제개혁은 날로 확대되고 있는 중산층에게 많은 이익을 가져다주었다. 서구의 정치인이나 미디어가 기대하는 바와 반대로, 중국의 중산층은 더 많은 민주주의와 정치적 자유를 추구하기보다는 보수적이고 기성 질서를 지지하는 경향이 강하다(Chen & Dickson, 2010).

중국의 정보 통제 또한 민족주의의 성장에 기여한다. 일본 및 서구에 대한 중국인의 관점은 국가와 중국공산당이 통제하는 미디어에 의해 형성된다. 중국인이 어느 정도로 관방 담론을 신뢰하는지는 그들이 그 출처를 신뢰하는지 여부와 그들이 대안적인 정보에 접근이 가능한지 여부에 달려있다. 중국이 과거 제국주의 열강에 의해 고통을 겪었다는 서사가 교과서, TV 프로그램, 영화 등에서 지속적으로 부각되고 있음을 고려할 때, 민족주의가 중국인이 외부 세계를 바라보는 렌즈라는 사실은 놀랍지 않다.

소비자 민족주의

소비자 민족주의 또한 중국 민족주의의 중요한 요소가 되었다(Li, 2008, 2009 ; Wang, 2005, 2006). 소비자 민족주의는 국산품을 사거나 외제품을 거부하는 등의 행동으로 표현된다. 왕(Wang, 2005)은 소비자 민족주의를 "소비 과정에서 개인에게 집단적 국민 정체성을 불러일으켜 외국의 상품을 선호하거나 거부하게 하는 것"이라고 정의한다(p. 225). 실제로 중국 소비자들이 전 지구적 판매자들에게 용이나 사자와 같은 중국의 문화적 상징을 더 존중할 것을 요구하거나 중국 소비자들을 선진국 소비자들과 동일하게 대해줄 것을 요구한 다양한 사례들을 찾아볼 수 있다(Li, 2009, 2016).

중국의 소비자 민족주의는 대체로 상업주의와 정치의 결합을 의미하며, 또한 지정학과 문화 정체성의 수행이기도 하다. 나아가, 소비자 민족주의는 전통적 미디어의 쇠퇴 및 새로운 커뮤니케이션 테크놀로지의 중요도 상승과 관련되어 있다. 새로운 커뮤니케이션 테크놀로지는 소비자–시민이 문화 생산, 유통, 소비에 참여할 수 있게 한다. 그러나 이러한 민족주의를 국수주의로 볼 수는 없다. 그 이유는 (1) 중국이 경제적 세계화로 혜택을 보고 있음이 분명하며, 민족주의는 주로 중국이 세계화 과정에서 받는 부당한 대우와 관련되어 있기 때문이고, 또 (2) 민족주의가 종종 기업들의 마케팅 수단이 되기 때문이다. 예를 들어, 중국의 많은 광고는 다양한 시기에 다양한 감정을 만족시키기 위해 민족주의뿐 아니라 세계주의도 동시에 판매한다(Li, 2006, 2008, 2016). 또한 중국 기업만 상품 판매를 위해 민족주의를 활용하는 것이 아니며, 다국적기업들도 같은 전략을 사용한다. 2008년 베이징 올림픽 기간에 중국 기업과 다국적기업이 모두 민족주의 마케팅 전략을 구사했던 사례가 이 점을 매우 잘 보여준다.

디바 사건의 경우 소비문화의 영향이 분명히 존재한다. 먼저, 당시에 사용된 많은 표현과 이미지가 대중문화와 유명 인물에 기반을 두고 있었다. 예를 들어, 황쯔타오黃子韜(당시 22세의 아이돌로, 논란 많고 호불호가 갈리는 것으로 유명하다)나 얼캉爾康(드라마 〈황제의 딸〉에서 저우제周傑가 연기한 청나라 귀족)과 같은 유명인의 관습적 이미지가 중국 네티즌들의 문화적 우월감, 장난기, 정체성, 감정 등을 표현하기 위해 널리 활용되었다. 네티즌들은 이러한 이미지의 유명도를 이용하여 온라인 미디어 생산과 문화 교환에 참여했다. 이 유명인들이 인성 면에서 결함이 있다는 바로 그 이유 때문에 네티즌들은 자유롭게 의미를 추가할 수 있었다. 이 결함 있는 유명인들은 일반인들과 지속적인 접점이 있다고 여겨졌다. 더구나 그런 이미지들이 디바 출정 이전에 이미 온라인 이모티콘으로 사용된 바 있었기 때문에 재생산하고 유행시키고 이해하기가 용이했다. 새로운 소프트웨어와 기술로 인해 이 이미지들은 손쉽게 모방되고 유통되고 변형되고 재포장되어 새로운 의미를 만들어낼 수 있었다. 영화와 TV 프로그램에서 비롯된 이미지들이 운동 과정에서 새로운 용도에 맞게 편집되었다. 자주 사용된 방식은 이미지에 해당 인물의 발언을 삽입하여 유머, 중국의 문화적 우월성, 다양성 등을 표현하는 것이었다. 유명도가 새로운 온라인 화폐가 된 상황에서 황쯔타오와 저우제는 디바 출정의 승자라고 일컬어진다.

상업적 이미지와 교류는 정치적 목적으로 활용되기도 한다.

예를 들어, 한 네티즌은 중국 지도와 함께 "타오바오를 이용하려면 얌전히 타이완을 '성(省)'으로 선택할 수밖에 없다"[7]라는 글귀를 써서 올렸다. 타오바오의 전 지구적 확장이 정치적 의의를 가지게 된 것이다. 또 다른 사례로, 앞에서 언급한 것처럼, 네티즌들은 중국 최대의 통신회사인 화웨이를 압박하여 쯔위와의 광고 계약을 취소하도록 했다. 네티즌들은 경제적 성공에 기반하여 커진 중국의 정치적 파워를 인지하고 있었던 것이다.

네티즌들은 중국 요리나 풍경을 담은 이미지들을 수집하여 타이완인들이 대륙으로 여행을 오도록 홍보했다. 물질적 유대와 이미지가 양안(대륙과 타이완)을 더 가깝게 해줄 것을 기대한 것이다. 이러한 전략은 '상상된 공동체'를 건설하고 정치적 경계를 뛰어넘는 것을 목표로 했다. 반대로, 중국의 경제, 물질적 발전, 생활 수준 등에 대한 오해의 사례들은 조롱을 받았다. 온라인에서 널리 유통된 일화 하나는 타이완의 어느 교수가 대륙인들이 가난해서 차예단[8]을 사 먹을 수 없다고 했다는 것이었

---

7. * 타오바오(淘寶)는 '알리바바'에서 운영하는 중국의 대표적인 인터넷 쇼핑몰이다. 그런데 타이완에서 타오바오를 이용할 경우, 배송지를 입력할 때 타이완이 중화인민공화국 행정구역인 '성'으로 표기되어 있는 항목 중에서 선택해야 한다. 대륙에서는 타이완을 중국의 23개 성 중의 하나로 규정하고 있기 때문이다.

8. * 차예단(茶葉蛋)은 찻잎과 각종 향신료를 넣고 삶은 계란으로, 중국에서 1~2위안의 가격에 쉽게 사 먹을 수 있는 식품이다. 다만 고급 찻잎을 사용할 경우 가격은 크게 높아질 수 있다. 2011년 타이완의 가오즈빈(高志斌)이라는 교수가 타이완의 한 방송에 출연하여 대다수의 중국 인민은 차예단을 사 먹을 수 없을 정도로 가난하다고 발언한 것이 대륙에 알려져, 이후 수년간 이에 대한

다. 이처럼 대륙에 대한 지식이 부족한 타이완인들을 조롱하는 온라인 패러디물들이 만들어졌다.

타이완의 정체성 문제

디바 출정은 타이완의 정체성 모색이라는 맥락에서도 이해되어야 한다. 정체성 문제는 타이완의 국내 정치에서 가장 논쟁적인 이슈였고, 이는 양안 관계나 지역 및 전 지구적 안정에도 영향을 미친다(Schubert & Damm, 2011a). 정체성이 문제가 된 것은 1947년의 2·28 사건으로 거슬러 올라갈 수 있다. 2·28 사건은 부패한 국민당 정권이 타이완인들의 시위를 유혈진압한 사건이다(Jacobs, 2005). 1949년에 공산당에 패배한 국민당이 타이완으로 건너갔을 때, 약 100만 명의 대륙인들이 타이완으로 이주했다. 첫 몇십 년 동안 대륙인들이 주요 직책들을 장악했고 현지 엘리트는 소외되었다. 국민당은 중국 민족주의를 지지하고, 중화민국이 중국 문화의 유일한 계승자일 뿐 아니라 중국을 대표하는 유일한 합법 정부임을 주장하는 정책을 채택했다(Schubert & Damm, 2011b). 비록 국민당은 타이완, 펑후, 진먼, 마쭈 등지만을 통치했지만, 대륙이 여전히 자신들의 관할 하에 있다고 보았고 해외 화교들을 중화민국의 동포로 간주했

대륙 네티즌의 조롱이 이어졌다.

다(Damm, 2011). 1971년, 중화인민공화국이 중화민국을 대체하여 유엔 및 유엔 안전보장이사회에서 중국을 대표하는 유일한 합법 정부가 되었다. 이후 많은 국가들이 중화인민공화국을 승인하고 타이완과 외교 관계를 단절했다. 1979년에는 미국과 중화인민공화국이 정식 외교 관계를 수립했다. 하나의 중국 원칙에 따라 모든 국가는 중국과의 외교를 위해 중화인민공화국과 중화민국 중에서 선택해야만 했다. 중화인민공화국의 영향력이 증가함에 따라 중화민국은 국제무대에서 점점 더 주변화되었다.

1987년에 타이완의 계엄령이 해제된 후 국민당 정부는 타이완 출신 엘리트를 당 지도층으로 포섭하고자 많은 노력을 기울였다. 타이완의 민주화는 '본토화' ─ 지방화, 현지화, 타이완화를 의미한다 ─ 에 대한 탐색을 수반했다(Jacobs, 2005). 이에 따라 중국 중심적 정치가 점차 타이완 중심적 정치로 대체되었다(Wang, 2005). 그 중심에는 '타이완 고유의 정체성'에 대한 탐색이 있었고, 타이완인이 이 정체성의 성격과 내용을 결정할 자주권을 가져야 했다(Makeham & Hsiau, 2005). 타이완 의식을 만들어내기 위한 다양한 정부 정책들이 도입되었다. 여기에는 타이완 역사와 교과서 다시 쓰기, 토착적인 문화·언어·교육·연구에 대한 새로운 관심 등이 포함되었다(Heylen, 2011 ; Schubert & Braig, 2011).

일반적으로 대륙과의 관계에 대한 타이완인의 입장은 세 가지로 분류된다. 통일파, 현상유지파, 독립파가 그것이다. 국민당은 대체로 대륙 중국과 언젠가 통일을 할 것을 상정했지만, 국민당 소속이었던 리덩후이는 총통 재임 기간인 1988~2000년 사이에 타이완의 중국색을 지우기 위한 다양한 조치를 취했다. 민진당이 출범한 이후에는 독립이냐 통일이냐의 문제가 정당들이 자신의 정체성을 구성하고 다른 정당으로부터 차별화하기 위한 주요 이슈가 되었다. 2000년에 민진당 지도자 천수이볜이 총통으로 선출되었고, 그 이후 타이완의 정체성을 강화하기 위한 더 많은 조치들이 취해졌다. 그 결과 더 많은 타이완인들이 독립 혹은 현상 유지를 지지하게 되었다. 대륙 중국과의 경제 통합을 추구해왔던 국민당도 통일 지향으로부터 더 중도적인 입장으로 선회했다. 특히 선거기간에는 표를 얻기 위해 더욱더 그렇게 했다(Wu, 2011).

경제적 통합에도 불구하고, 지정학, 정치 시스템의 차이, 본토화 등의 다양한 요인들로 인해 타이완은 국민 정체성 면에서 대륙 중국으로부터 더 멀어지고 있다. 타이완 인구의 90% 이상이 한족임에도 불구하고 점점 더 많은 이들이 중국이 아닌 타이완에 소속감을 느끼고 있다. 예를 들어 국립정치대학이 2014년도에 발표한 조사 결과에 의하면, 응답자의 23.8%가 독립 쪽으로 기울었거나 독립을 지지했다. 또한 60.4%가 자신이 타이완인이라고 응답했고, 32.7%가 타이완인이면서 동시에 중국인이라고 응답했으며, 3.5%만이 중국인이라고 응답했다(嚴思祺, 2014). 타이완 독립에 대한 지지와 타이완에 대한 소속감이 유례없는 수준에 도달한 것이다. 이 조사 결과는 남색연맹(현상 유지 혹은 궁극적인 통일을 지지하는 세력)과 녹색연맹(독립을 지지하는 세력) 간의 확연한 분리를 보여주었다. 심지어 대륙 출신들 — 부모 혹은 본인이 대륙에서 태어난 이들 — 조차도 태도를 바꾸어 타이완 정체성을 인정하는 경우가 많아졌다(Corcuff, 2011).

타이완의 독립 추구는 중국과의 심각한 갈등을 초래했다. 중국은 타이완을 홍콩이나 마카오처럼 자치 정도가 높은 하나의 지방정부/성으로 간주하기 때문이다. 더구나, 많은 중국인은 경제발전이 자연스럽게 타이완을 대륙과 가깝게 해줄 것이라는 잘못된 믿음을 가지고 있다. 많은 중국인이 볼 때 중국은 공산당에 맞서지만 않는다면 경제적 혹은 그 밖의 자유를 누릴 수 있는 살기 좋은 곳이다. 중국의 중산층 청년세대는 일반적으로 정권을 지지하고 강한 민족적 자부심을 드러낸다. 또한, 1990년대 이후 중국에서는 신자유주의가 널리 받아들여졌고, 사람들은 경제 논리로 정치, 문화, 사회 이슈들을 바라보게 되었다. 자부심 넘치는 중국 민족주의자들 중에는 타이완이 중국 정체성을 결여한 이유가 오해 때문이거나 엘리트, 미디어, 정치인, 기회주의자들의 조작 때문이라는 잘못된 인식을 가진 이들이 많다. 디바 출정이 일어난 것은 바로 이러한 배경하에서였다.

온라인 민족주의와 디바 출정

인터넷은 민족주의를 생산하고 유통하는 데 있어서 중요한 역할을 한다. 2016년 6월, 중국 네티즌은 7.1억 명－이 중 5.2억 명은 도시 거주자이고 1.9억 명은 농촌 거주자이다－에 달했으며, 6억 5,600만 명은 휴대폰을 통해 인터넷에 접속했다. 인터넷 사용자 중 53%는 남성, 47%는 여성이었고, 이는 전체 중국 인구의 성별 비례와 일치했다. 대부분의 인터넷 사용자는 젊은 세대였다. 10~39세가 전체의 75%를 차지했고, 그중에서도 20~29세가 전체의 30%를 차지했으며, 대다수는 학생, 자영업자, 프리랜서였다(CNNIC, 2016). 디바 출정의 경우, 중국 네티즌뿐 아니라 많은 해외 중국 유학생들이 참여했다. 유학생들은 개인적인 경험과 검열되지 않은 언론 보도를 통해 타이완인에 대해 더 잘 알 수 있었다. 그들은 많은 타이완인이 대륙 중국인들과 동질감을 느끼지 않는다는 사실을 점차 깨달으면서 놀라기도 하고 실망하기도 했다. 따라서 디바 출정은 유학생들에게 이역만리에서 자신의 중국 정체성을 다시 확인할 기회를 제공했다.

인터넷은 민족주의를 조직하고 선동하고 안내하고 형성하는 데 있어서 핵심적인 역할을 한다. 예를 들어 2005년에 수만 명의 시위자가 중국의 여러 도시에 집결하여 일본이 유엔 안전보장이사회의 이사국이 되는 것에 반대하는 시위를 벌였는데, 이 시위들은 인터넷, 휴대폰, 문자 등을 통해 조직되었다(Gries,

2005;Shirk, 2007). 인터넷과 휴대폰이 이미 중국 네티즌의 삶의 일부가 되었기 때문에, 이러한 커뮤니케이션 테크놀로지가 시위 조직, 정보 전파, 담론 형성, 정체성 생산에서 핵심적인 역할을 하고 있는 것이다. 웨이보나 위챗과 같은 소셜 미디어와 다양한 온라인 커뮤니티는 민족주의 담론과 정체성을 생산하는 데 필수적이다. 극단적인 견해는 온라인에서 더 크게 확대되며, 이것이 주류로 오인되면서 큰 영향을 미치게 된다(Wu, 2005).

디바 출정은 과거의 민족주의적 운동과 여러 면에서 공통점을 가지고 있다. 첫째, 민족주의자들은 중국의 영토와 주권에 대해 큰 관심을 가지고 있다. 타이완, 티베트, 댜오위다오, 남중국해 등의 이슈들은 쉽게 민족주의적 반응을 불러일으킨다. 「일본과 미국 간의 상호 협력 및 안전 보장 조약」(1960년 1월에 체결), 「타이완 관계법」(1979년 1월에 제정)[9], 최근의 「환태평양 경제 동반자 협정」TPP, 그리고 태평양 지역에 대한 미국의 관심 등은 모두 중국의 국익에 대한 위협으로 간주된다. 타이완인들이 함께 중국의 국익을 지지해주기를 기대하는 한편으로, 중국 민족주의자들은 타이완에서 벌어지는 탈중국화 운동에 대해 실망하고 환멸을 느끼게 된다. 그렇기 때문에 이들은 종종 타이완이 중국을 견제하려는 미국의 꼭두각시 노릇을 하고 있다고

---

9. * 실제로 미국의 지미 카터 대통령이 이 법안에 서명하여 제정한 것은 1979년 4월이고, 1979년 1월부터 소급 적용되었다.

본다.

둘째, 디바 출정 당시 네티즌들은 '문화적 정체성', 감정적 연계, 집단적 행동을 강조했다. 행동은 면밀하게 계획되고 조직되었다. 바이두 커뮤니티(톄바) 중 가장 활발했던 디바는 이미 여러 차례의 집단행동을 조직했고, 자신들만의 규칙과 실천방식을 만들었다. 과거의 경험은 이 운동을 더욱 효과적으로 만들었다. 이 출정의 특징은, 전체운영그룹 아래에 여섯 개의 소부대를 만들었다는 점이다. 선봉대, 정보부대(타이완 독립 관련 표현 및 이미지 수집 담당), 선전조직부대(신규 이용자 모집 담당), 무기장비부대(타이완 독립에 반대하는 구호와 이미지 생산 담당), 대외교류부대(해외 중국인 및 번역 담당자), 전쟁터 청소 분과(페이스북 '좋아요'와 댓글 담당) 등이 그것이다. 또한 "교양 있는 언어"를 사용하고, "성적/외설적 이미지"를 사용하지 않으며, "타이완 독립과 싸우되 타이완 인민과 싸우지 않는다"는 것을 원칙으로 삼았다. 사용자들이 활용하고 편집할 수 있도록 양식도 배포했다. 이러한 집단적인 행동은 타이완 독립 지지자들을 상징적으로 압도했을 뿐 아니라, 참여자들에게 자기를 표현하고 정체성을 강화할 수 있는 일정한 공간을 제공했다. 참여자들은 비폭력과 이성을 강조했고, 폭력적인 표현을 사용하고 비이성적으로 행동하는 이들로부터 자신을 차별화하고자 했다. 이들은 처음에는 '출정', '성전'聖戰과 같은 전투적인 언어와 이미지를 사용했지만, 이후에는 더 친근한 상호작용과 감정적 교류를 추구했다. 민족주의자들은 남성일 것이라는 선입견과 달리 수많은 젊은 여성들이 이 운동에 참여했으며, 이것이 이들이 '소분홍'이라는 이름을 얻게 된 이유이다. 또한, 일부 학자들은 디바 출정을 온라인 하위문화와 팬덤 경제로부터 유래한 민족주의의 제3의 물결로 간주하기도 했다(王洪喆 외, 2016).

더구나, 디바 출정 참여자들은 자신의 민족적 자부심과 탈중국 움직임에 대한 반대 입장을 드러내고자 했으며, 이를 위해 규율 있는 행동을 고취하고 대륙에 대한 향수를 불러일으키며 영토, 문화, 민족으로서 대륙 중국의 매력을 어필하고자 했다. 1월 20일 오후 7~8시 사이에, 차이잉원의 페이스북 페이지에서 몇 가지 공통된 양식의 사용빈도가 최고 수준에 도달했다. 예를 들어, 후진타오의 '팔영팔치'를 차용하여 중국인이 "나라를 사랑하고 나라에 해를 끼쳐서는 안 되며, 인민을 위해 복무하고 인민을 배신해서는 안 된다"는 메시지를 전달했다. 이런 가치는 모든 중국인이 지켜야 한다는 것이었다. 또 대륙 출신 타이완 작가 위광중余光中의 시「향수」鄕愁를 게시하며 타이완의 애국자들이 "집으로 돌아와야 한다"고 촉구했다. 그들은 나아가 중국 시인 원이둬聞一多가 미국 유학 중이던 1920년대에 쓴 애국적인 시「일곱 아들의 노래」七子之歌를 사용했다. 여기서 일곱 아들이란 당시 열강들의 식민지가 된 일곱 개의 지역 ─ 홍콩, 마카오, 타이완 등 ─ 을 가리킨다. 이들은 가부장적 태도로 "일곱 번째 아들은 악의 정령에 미혹되었을 뿐"이라고 하면서 중국에서 벗어난다는 것은 모두 일시적이고 환상에 불과함을 암시했다. 또 다른 양식으로는 중화인민공화국의 국가인 〈의용군 행진곡〉과 애국적 노래 〈조국의 송가〉歌唱祖國, 그리고 출정을 위해 별도로 만들어진 구호들이 있었다. 대륙의 네티즌들은 타이완과 대륙이 평화적이고 조화롭게 공존하기를 바라면서도 동시에 타이완에 대해 가부장적 태도를 드러냈다. 그들은 홍기, 국가國歌, 관광지 등 중화인민공화국의 상징들을 앞세우며 아버지-아들 관계를 구축했고, 타이완을 변두리 지역으로 대했다. 그들은 중국 여러 성의 미식과 아름다운 풍경을 담은 이미지들을 타이완과 나란히 배치함으로써 타이완이 중국의 한 성이라는 관방의 입장을 재확인했다. 흥미롭게도 이들은 비정치적인 이미지를 활용함으로써 자신의 행동을 정치화하면서 동시에 탈정치화했다.

셋째, 중국에서 일어난 여타 민족주의 사건들과 유사하게, 디바 사건 역시 피동적인 반응이었다. 많은 중국 네티즌들은 쯔위와 JYP가 초기에 해당 이슈를 처리하면서 보인 태도가 중국을 무시하는 것이라고 생각하여 대화에 참전했다. 게다가, 관방 미디어와 네티즌 참여는 서로를 강화시켰다. 중국 미디어는 일반적으로 중국 네티즌의 입장을 지지하면서 쯔위와 JYP의 사과를 승리로 간주했다. 예를 들어, 1월 15일 4,300만 명의 팔로워를 가진 『인민일보』의 웨이보 계정은 다음과 같이 썼다.

어수룩한 척하며 넘기려 하는 한국 기획사의 행태를 보며, 중국 팬들은 아이돌보다 국가가 우선이라고 말했다. 비록 쯔위와 한국 기획사가 모두 사과를 했지만 그들의 대중적 이미지는 쉽게 회복되지 않을 것이다. 사실 팬들은 연예를 정치화하기를 원하지 않는다…당신들이 어떠한 홍보전략을 쓴다 해도 하나의 중국 원칙은 도전받지 않고 굳건할 것이다. 나라를 사랑하는 모든 마음은 조심스럽게 다루어져야 한다. (『스톰 미디어』[10], 2016년 1월 16일)

『인민일보』 산하 타블로이드 신문 『환구시보』도 웨이보에서 네티즌을 지지하며 "우리의 애국심은 '일시적인 정서'에 그치지 않는다…그것은 중국 네티즌의 마음속에 존재하며 중국을 따라 번영의 길을 갈 굳은 신념이다"라고 썼다. 또 『환구시보』 사설은 "타이완 독립 세력에 맞서서 중국 네티즌들이 완전한 승리를 거두었다"라고 했다. 같은 사설은 쯔위가 13억 애국자들의 양보 불가한 마지노선에 도전하는 도구로 사용되었다고 주장하면서, 쯔위를 향해 분리주의자들을 두려워하지 말고 "중화의 밝은 빛"이 되라는 격려를 보냈다(『ET today』, 2016년 1월 16일). 이 구절은 분명히 타이완 미디어에서 만든 "타이완의 빛"이라는

---

10. *『스톰 미디어』(風傳媒)는 타이완의 뉴스 미디어이다. 1월 15일에 『인민일보』의 웨이보 계정에 올라온 해당 내용을 1월 16일 자 기사로 다루었다.

문구를 겨냥한 것이었다. 국무원타이완사무판공실 대변인도 애국자들은 정치세력들이 이 사건으로 양안 인민들을 갈라놓으려 한다는 사실을 알아야 한다고 경고했다.

쯔위가 사과를 한 뒤 타이완의 일부 미디어와 네티즌은 분노를 표출했다. 예를 들어, 『싼리신문망』[11]과 『자유시보』는 이를 IS의 인질들이 참수를 당하기 전 대본에 따라 진술을 하도록 강요당하는 것과 비교했다(『자유시보』, 2016년 1월 16일 ; 『싼리신문망』, 2016년 1월 15일). 나아가 『싼리신문망』은 JYP가 "런민비人民幣[12]를 위해 무릎을 꿇었다"고 비판했다. 『자유시보』는 "이것은 지난 8년간의 양안 관계가 최고였다고 주장하는 마잉주 정부의 수치의 기둥이다"라고 논평했다. 민진당은 이 사건을 정치화하고 국민당을 비판하여 정치적 이익을 얻으려 했다.

넷째, 디바 출정은 대륙과 타이완 양쪽 모두에 존재하는 정체성 이슈에 대한 불안을 상징한다. 논쟁은 디바 출정 이전부터 시작되었다. 예를 들어, 대륙 배우 린겅신林更新은 "너무 갑작스럽게 사과를 하는 바람에 (쯔위는) 대본을 외울 시간도 부족했던 것 같다"는 발언을 했다는 이유로 공격을 받았다. 타이완의 많은 네티즌은 이를 "상처에 모욕을 끼얹은 것"이라고 보았고, 그의 페이스북 페이지에 비난하는 글을 올렸다. 심지어 어떤 이

---

11. * 『싼리신문망』은 싼리TV 산하 싼리 뉴스 채널의 인터넷 사이트로 출발하여 현재 뉴미디어 사업의 하나로 운영되고 있다.
12. * 중국 화폐.

는 린정신을 타이완 시장에서 퇴출시켜야 한다고 주장했다. 이에 대한 반응으로, 대륙의 네티즌들은 린정신의 페이스북 페이지를 방문해 지지를 표명했다. 많은 이들은 타이완이 중국의 일부분임을 특별히 강조했다. 또 타이완 배우 뤄즈샹羅志祥도 "우리는 모두 중국인"이라고 썼다가 타이완의 네티즌으로부터 공격을 받았다. 정체성 이슈는 대륙과 타이완의 네티즌들에게 매우 논쟁적인 이슈임이 분명하며, 앞서 언급했듯 일반 타이완인들에게도 그러하다.

이 논란은 타이완 대선 투표일 전에 발생했기 때문에 큰 주목을 받았다. 선거를 앞두고 국민당이 정체성 이슈와 관련하여 더 중도적 입장으로 옮겨가고 있는 상황에서(Wu, 2011), 마잉주는 양안 간의 감정이 깨져서는 안 되며, 타이완인들이 국기에 대해 느끼는 감정이 다쳐서도 안 되며, "진심으로 중화민국을 끌어안는 사람은 타이완 독립을 지지하지 않는다"라고 강조했다(BBC 중문 웹사이트, 2016년 1월 16일). 분명 마잉주는 유권자들을 불쾌하게 하지 않는 것과 하나의 중국 원칙에 도전하지 않는 것 사이에서 아슬아슬한 줄타기를 했다. 다른 한편으로, 독립 지향적인 민진당의 지도자 차이잉원은 투표 바로 전날 "국기를 드는 것은 모두의 권리"라고 말했다. 차이잉원은 1996년 총통 직선제가 도입된 이래 최대의 득표율 차(25.08%)로 총통에 당선되었다. 선거 후 기자회견에서 차이잉원은 쯔위 사건이 "지지 정당과 상관없이 타이완인들이 보편적으로 가지고 있던 불만을 건드렸다"고 말했다(儲百亮·王霜舟, 2016년 1월 17일). 차이잉원의 강경한 입장이 그녀의 승리에 도움이 되었고, 쯔위 사건이 적어도 50만 표를 끌어왔다고 평가된다. 이는 민족주의가 꼭 대륙의 네티즌들이 생각하는 중국의 국익에 도움이 되는 것은 아님을 보여준다. 그럼에도 불구하고, 중국의 일부 관방 미디어나 네티즌들은 민족주의의 분출을 환영하였고, 이 사건이 타이완 독립에 대한 중국의 상징적인 집단적 힘을 보여주었다고 느꼈다. 일부 참여자들은 "타이완 독립파가 존재하는 한 디바는 죽지 않는다. 사람이 있는 곳이라면 디바가 있다"라고 자랑스럽게 선언했다.

다섯째, 디바 출정은 정치와 오락의 융합을 의미한다. 디지털 시대의 기술이 중국 네티즌들이 다양한 온라인 패러디를 생산하여 권위에 저항할 수 있게 해주었고, 야유와 조롱을 통해 자신들의 정체성을 확인하고 공유할 수 있게 해주었다(Li, 2011b). 중국의 참여자들은 이모티콘(관습적인 이미지, 가사, 시, 단어)을 통해 자신의 중국인 정체성을 표현했다. 디바 출정에서 많은 이들은 자신의 행동이 역사적 의의를 지닌다고 (잘못) 생각했다. 그들은 성숙한 태도를 강조했을 뿐 아니라 자신들의 참여의 역사적 역할을 지나치게 과장했다. 그들은 자신을 거대 역사 서사 속에 위치시키고 자신들이 만드는 역사가 다른 문화 운동과 같은 정도의 의의가 있을 것이라고 생각했다. 예를 들어 널리 유통된 한 게시물에서는 수십 년 뒤 역사책에 실릴

'문화운동들'을 상상하여 다음과 같이 열거했다 : "양무운동(1861~1895년), 변법(1898년), 신해혁명(1911년), 신문화운동(1910년대~1920년대), 그리고 페이스북 이모티콘 전쟁".

마지막으로, 인터넷은 민족 정체성 수행을 위한 장이 되었다. 해외 유학생들이 대거 참여한 덕분에 이모티콘은 여러 언어로 번역되었다. 이는 참여자들이 자신들의 정체성 수행의 초국가적이고 다언어적인 성격을 알고 있었음을 암시한다. 이 해외 유학생들이 정체성 구축의 유동성을 상징할 수도 있지만, 이들 중 일부는 흥미롭게도 민족주의적 관점을 고수했다. 외국 생활을 하면서 더 애국자가 되었다고 하는 해외 중국인들의 고백은 흔히 들을 수 있다. 민족주의자들은 그러한 해외 중국인들의 상상적 정체성을 이용하여 자신들의 주장을 정당화하고자 했다. 디바 출정의 경우, 참여자들은 그러한 민족주의를 중국 내의 민족주의자들뿐 아니라 다른 문화와 장소에 있는 이들에게도 보여주고자 했다.

해외 유학생들은 때로 오해, 인종차별, 부당한 대우를 경험하기 때문에, 날로 부강해지는 중국과 다른 나라들 사이의 관계를 바라볼 때 민족주의라는 렌즈에 의존하는 경향이 있다. 또한, 풍부한 시청각 미디어 자료 및 역사적 자료들이 있기에 참여자들은 쉽게 기존의 이미지들을 활용하고 편집하고 조합할 수 있었다. 디바 출정은 중국의 영상 및 시각 자료를 활용해 타이완 독립 지지자들을 압도하고 그들의 인터넷 화면을 점령했다. 참여자들은 전략적으로 이미지에 "타이완 독립 반대 목적으로만 사용"이라는 스탬프를 추가하여 반대편에 의해 다시 사용되지 않도록 했다. 또한, 이 참여자들은 자신들이 스스로를 위해 출정하였고 자주적으로 의사 결정을 하였음을 강조하면서 중국 정부의 권위에 의해 이용당하지 않았음을 드러내고자 했다.

이 사건이 양측이 소통하고 생각을 교류할 수 있는 제한된 플랫폼을 제공한 것도 사실이다. 물론 때로는 온건했지만 때로는 과열되기도 했다. 중국의 미디어 검열로 인해 참여자들은 만리방화벽을 우회하는 방법을 배워야 했다. 그러나 사건이 진정된 후 대륙의 중국인들은 양안 간의 소통을 가로막은 만리방화벽 뒤로 후퇴했다. 따라서 이 단기간의 교류는 일시적 효과를 가져오는 데 그쳤다.

물론, 타이완의 네티즌들은 같지 않았다는 점도 주목할 필요가 있다. 이 운동에 대해 어떤 이들은 수용적이었고, 어떤 이들은 적대적이었다. 예를 들어 일부 타이완인들은 대륙 중국인들과의 교류를 환영하고 향후 대륙을 방문하기를 희망했다. 그러나 다른 많은 타이완인들은 대륙 중국인들의 과민반응을 비웃었고, "강대국 국민이 유리 멘탈을 가지고 있다"며 조롱했다.

결론

이 장에서는 중국 민족주의와 인터넷 민족주의를 거시적인 관점에서 이해하고자 했다. 이 장은 중국 민족주의가 역사적 맥락 속에서, 또 전 지구적 지정학의 맥락 속에서 이해되어야 한다고 주장한다. 역사적 산물로서 중국 민족주의는 중국의 반식민지 역사와 관련되어 있다.

민족주의는 통제의 기제가 될 수 있다. 민족주의는 민족의 응집력을 만드는 데 필수적이었을 뿐 아니라, 공산당의 지배를 유지하는 데도 활용되었다. 어떻게 보면 민족주의는 사람들의 불만을 해소해주는 안전밸브의 역할을 한 측면도 있다. 이러한 기제는 현재의 정치 질서를 유지하고 사회적 긴장을 완화하는 데 도움을 준다. 바우만은 민족주의란 엘리트가 대중을 통제하는 도구라고 주장한다. 그는 민족주의는 다음과 같은 특징을 가지고 있다고 지적한다. "소속감은 유일한 권리이고, 충성심은 최상의 의무이며, 존엄은 집단적 영광 속에 있고, 개인의 이익은 집단의 복리의 일부이다"(Bauman, 1995, p. 147).

인터넷은 대중이 자신들의 의견을 표출하고 사회적·정치적 활동에 참여하는 제한된 공간으로서, 필연적으로 사회의 지배적 가치를 반영하게 된다. 그러나 인터넷이 차이를 실제보다 크게 확대한다는 사실과 온라인 여론이 실제 대중의 여론을 그대로 반영하지는 못한다는 사실에 주의해야 한다. 다시 말해, 온라인 민족주의는 중국 민족주의 전체를 반영하지 않는다. 인터넷이 민족주의의 특수한 측면을 만들어내기는 했지만, 온라인 민족주의는 더 넓은 사회적·역사적 맥락 속에서 이해되어야 한다. 온라인 민족주의는 소비주의와 전 지구적 지정학의 영향을 받는 일종의 정치적 수행이다. 그러한 수행은 선택적인 역사적 기억에 뿌리를 두고 있을 뿐 아니라, 중국과 중국인이 마땅히 어떤 담론권력을 가져야 한다는 중국 민족주의자들의 믿음에도 기반을 두고 있다. 이처럼 온라인 민족주의는 지역과 세계의 역량들, 정치와 경제, 관방 및 대중의 민족주의를 결합하고 있다.

3장

팬에서 '소분홍'으로

뉴미디어 상업문화 속에서 국가정체성의 생산과 동원 메커니즘

우징
리스민
왕훙저

우징은 베이징대학
언론커뮤니케이션 학부 교수이고,
리스민은 베이징대학
언론커뮤니케이션 학부 박사과정생이며,
왕훙저는 베이징대학
언론커뮤니케이션 학부 조교수이다.

서론

2016년 초 '디바 페이스북 출정' 사건은 이른바 중국 인터넷 민족주의의 형태와 세력을 대하던 여론에 큰 충격을 안겨주었다. 이러한 민족주의자들의 동력은 '남중국해 문제', '자오웨이 사건', '호튼 사건', '사드 분쟁' 등 각종 뉴스를 통해서도 확산되었다.[1] 특히 사드 분쟁 이후 중국 내 한국 대중문화의 팬들은 "국가보다 더 중요한 아이돌은 없다"고 주장하며, 대중문화 팬들은 비정치적이고 민족주의나 국제 관계에 관심이 없다는 기존 관념을 깨뜨렸다. 디바 출정의 여파로 일어난 이 모든 사건들로

---

1. 남중국해 사건은 남중국해 중재안으로 인해 불거진 인터넷 민족주의 담론을 지칭한다. 논쟁이 진행되는 동안 중국의 팝스타들 또한 웨이보 등 소셜 미디어 계정에 애국적인 내용의 게시물을 올렸고, 일부 팬들은 아무 말도 하지 않는 스타들을 비난하였다. http://ent.sina.com.en/s/m/2016-07-12/doc-ifktwihq0128958.shtml.

자오웨이는 유명 영화배우이자 감독으로, 그의 신작에 타이완 독립의 지지파로 알려진 타이완 배우를 캐스팅하였다. 이를 놓고 소셜 미디어에서 논쟁이 일어난 와중에 〈중국 공산주의 청년단〉 공식 웨이보를 통해 자오웨이를 비난한 글이 올라왔다가 바로 삭제되었는데, 이는 그녀의 소속사에 의해 조치가 취해진 것으로 추정된다. https://www.zhihu.com/question/48459238, https://zhuanlan.zhihu.eom/p/21624605.

호튼은 호주의 수영 챔피언으로 리우 올림픽 당시 중국 선수 쑨양을 '약쟁이 사기꾼'이라고 공격해 중국 소셜 미디어에서 논란을 일으킨 바 있다. https://www.zhihu.com/question/49334640

THAAD 사태로 한국과 중국 사이에 긴장이 고조되면서, 정부와 민간 차원에서 한국 제품과 문화산업에 대한 불매운동을 시작한다는 소식도 들려왔다. https://bit.ly/3N2WBfe

인해 인터넷 민족주의 현상 및 젊은 인터넷 애국주의자들을 다소 경멸적으로 부르던 '소분홍'이라는 칭호가 전면에 부각되었다. 이에 디바 출정은 신세대 애국자들의 정치동원 사상과 형식을 분석하고 이해하는 중요한 사례가 되었다.

엘리트주의적 관점에서 가장 일반적인 해석 틀은 보통 '비합리적'이고 '광적'이라는 꼬리표와 '사이버 의화단'이라는 이미지를 차용하여 젊은 네티즌들을 이성이 아닌 감성에 호소하는 디지털 시대의 집단으로 묘사하는 것이다(Zou, 2016 ; Shi, 2016). 단순한 대중 사회mass society라는 해석 틀을 넘어 정치·도덕적 관점에서 애국 청년의 행동과 동기부여 메커니즘을 개념화하려는 의견도 있다. 주로 해외에 거주하는 중국인 논객 중 일부는 중국 청년들의 인터넷 애국 액티비즘을 러시아 청년조직 '나시'에 비유하기도 한다. 〈공산주의 청년단〉 같은 관영 기구들이 러시아의 사회운동을 따라 하고 있다고 믿는 것이다. 중국 주류 매체의 논평가들 역시 '소분홍' 액티비즘을 전 지구적 차원에서 부상하고 있는 보수와 포퓰리즘의 일환으로 간주하며, 〈공산주의 청년단〉이 '소분홍'을 지지하는 것 또한 보수 정당이나 인물의 부상과 관련이 있다고 본다(白信, 2016). 『인민일보』의 정치평론가는 디바 출정에 참가한 '소분홍'을 도널드 트럼프의 지지자에 견주기도 하였다. 물론 그는 중국 청년 세대의 새로운 우익화 경향은 정치적 정체성에 있어서 미국의 백인 포퓰리스트와 다르다고 주장한다. 다만 이 둘을 연결하는 것은 민족주의의 '기질'에 있어서의 유사성이다. 이것이야말로 전 세계 청년들 사이에서 부상하고 있는 보수적 문화의 구성요소라고 할 수 있다(洪愷, 2016).

흥미롭게도 위에서 인용한 논객들은 이데올로기적으로는 양극단에 속하면서도, 인터넷 애국주의 단체의 포퓰리즘, 보수주의, 비합리성을 대변하는 '소분홍'과 디바 출정을 분석할 때는 동일한 프레임과 가치 판단을 공유한다. 그러나 그중 어느 것도 그들의 기발해 보이는 행동 이면의 스타일과 문화적 배경에 대한 심도 있는 이해를 위해, 그들의 일상생활에서의 소비 행위 및 삶의 경험과 감정의 구조에 대해 더 깊이 탐구하지는 않는다. 다시 말해, 중국에서 서로 다른 세대와 사회문화적 집단에 속한 네티즌 사이에서 변화하고 있는 인터넷 관행에 대한 실증적 연구 없이, 다만 형식적이고 추상적으로 러시아나 미국의 보수 운동과의 유사성만을 부각하여 결론을 도출하는 것은 유효한 학술적 분석이 될 수 없다. 이 인터넷 애국 단체의 부상을 분석하기 위해 이 글의 필자들은 역사적 방법뿐만 아니라 민족지적 방법을 사용하여 이들의 진화 및 액티비즘의 형태와 유형을 이해하고자 한다. 우리는 특히 소비와 정치참여 간의 연관성을 이해하기 위해 '팬덤'과 청년 하위문화 연구를 포함하고자 한다.

방법과 문제 제기

일반적으로 하위문화 연구의 가장 고전적인 연구 방법은 민족지적 관찰과 하위문화 집단과의 인터뷰이다. 인터넷 커뮤니케이션과 가상 커뮤니티라는 조건으로 인해, 전통적인 민족지를 통해 수집할 수 없는 데이터와 정보는 보다 유연한 '게릴라 민족지'라는 도구를 사용하여 접근해야 한다(Yang, 2003). 브레인스토밍부터 커뮤니케이션과 참여에 이르기까지 디바 출정의 전 과정은 탈중개화, 익명화 등 전형적인 인터넷 '플래시몹'의 특성을 드러낸다(Etling, Faris & Palfrey, 2010). 따라서 우리는 언론보도 추적, 오프라인 인맥 동원, 소셜 미디어 계정 팔로잉 등 다양한 방법으로 참가자를 찾아내고 인터뷰 대상자를 모집하였다.

'디바 출정'이 사이버 공간에서 일어났기 때문에 우리는 소셜 미디어를 통해 연락하면 기꺼이 우리와 대화할 수 있는 이들을 쉽게 찾으리라고 생각했다. 그러나 우리의 생각은 틀렸다. 젊은 네티즌들은 우리의 예상과 달리 낯선 이들의 질문에 대답하는 것을 상당히 조심스러워했고 꺼려 했다. 우리가 할 수 있는 것이라고는 오프라인의 인간관계를 동원해 연결된 이들과의 대면 인터뷰뿐이었다. 결국 우리는 온라인에서 활발하게 활동 중인 주요 참가자들의 소셜 미디어 활동을 관찰하는 것으로 전략을 바꿨다.

'외부자들'에게 공개적인 발언을 꺼리는 것, 특히 '현실' 사회에서의 인간관계 없이 사이버 공간에서 낯선 이들이 불쑥 나타나 디바 출정에 관해 질문하려고 할 때 응답을 거부하는 것은 이 집단에 속한 이들이 얼마나 이 일을 심각하게 여기고 있으며, 어느 정도의 미디어 리터러시를 갖추고 있는지를 시사한다. 이들은 주류 사회와 엘리트들이 자신들의 활동에 대해 상반된 가치판단을 내리고 있다는 사실을 인지하고 있으며, 이와 관련된 위험에 대해 신중하고 사생활 보호와 관련해 높은 수준의 인식과 기술을 가지고 있다. 이는 오프라인 인터뷰와 온라인에서의 민족지적 관찰을 통해 거듭 검증되었다. 그들은 높은 수준의 디지털 미디어 리터러시를 가지고 있음을 알 수 있었는데, 이는 이 우발적인 사건의 이면에 숨겨진 사회사를 이해하기 위해서는 출정 기간에 그들이 보인 활동에만 주목할 것이 아니라, 이들 참가자들의 일상생활에 대해 더 많이 이해해야 한다는 점을 상기시킨다. 인터뷰에 응한 대부분의 사람들은 그들이 실명으로 활동하는 소셜 미디어 커뮤니티에서는 출정에 참여했다는 사실을 말하지 않았고 앞으로도 말하지 않을 것이라고 밝혔다. 웨이보에서 이 사건을 주도한, '자오르톈233호'趙日天233號라는 아이디의 유저는 다음과 같이 참가자들에게 개인정보 보호의 중요성을 일깨워주는 공지를 올렸다.

@趙日天233號 : 여러분, 디바는 우리의 공식 페이스북 계정 외에는 어떤 계정으로도 활동하지 않습니다! 개인행동 시에는 디바 명의를 사용하면 안 됩니다! 자기 개인 정보 잘 챙기세요. 함부로 친구를 추가하거나 사진 올리지 마세요! 이미 몇 명은 개

인정보가 털려서 웨이보에 돌아다니고 있어요. 누구의 짓인지는 다들 알고 있을 거고요. 페북에서는 그냥 문화교류나 대륙의 아름다운 풍경 같은 것만 공유하고, 반드시 본인의 개인정보는 꼭 숨기세요.

필자들은 오프라인에서 누증채집 방법을 진행하였는데, 이를 위해 참가자들과 접촉을 시도하는 과정에서 어려움이 있었다. 이것은 한편으로 디바 출정이 서로 모르는 관계의 사람들 사이에서 고도로 조직화된 행동이었음을 보여준다. 언론 보도에 따르면 그들은 여러 개의 QQ 오픈채팅방과 거기서 파생된 채팅방을 개설하였고, 정보 수집, 이모티콘 제작, 전쟁터 청소 등 매우 명확하게 업무를 분담했지만, 실제 참가자들은 QQ 오픈채팅방에 속해 있지 않았고, 함께 싸운 '동지들'은 대부분 실생활에서는 익명의 사람들이었다.[2] 이러한 상황은 이 사건에 대해 많은 것을 시사한다. 겉보기에는 잘 조직된 행동의 결과처럼 보이지만, 집단행동의 전체 과정에서 나타난 자발성이야말로 언론 보도와 우리의 연구 결과에서 눈에 띄는 점이다. 디바 참가자들의 성향과 문화적 가치에는 구조적이고 세대적인 무언가가 있다. 그리고 이 점이 바로 본 연구를 통해 탐구하고자 하는

2. 인터뷰에 응한 사람들 중 한 명인 R20160327은 친구가 보내준 캡처 이미지를 본 후에야 그 친구 역시 출정에 참여했다는 사실을 알 수 있었다고 말했다.

바이다.

이 사건의 전 과정을 살펴보면, 초기에 이것이 더 광범위한 공적 영역으로 확산되는 과정에서 한국 대중문화의 팬들이 중요한 역할을 했음을 발견할 수 있다. 한국의 9인조 걸그룹 〈트와이스〉의 멤버인 저우쯔위가 한 영상에서 타이완 국기를 흔드는 장면이 있었는데, 타이완 독립을 지지하는 성향의 TV 방송국인 싼리 뉴스가 그것을 크게 보도하였다. 이 일련의 사건들이 발생한 것은 2015년 11월로, 중국 본토 팬들의 꾸준한 항의가 있기는 했지만, 그렇다고 대중들 사이에서 큰 사건으로 비화하지는 않았다. 그러나 이 그룹이 소속된 한국의 JYP사는 저우쯔위의 국적과 관련해 모호한 입장을 취하면서 홍보 실수를 범한 데에 이어, 나아가 중국 팬들의 눈에는 "불성실한" 사과문을 발표한다. 그 결과 중국 팬클럽들은 〈트와이스〉뿐만 아니라 JYP사 전체에 대한 보이콧을 선언하기 시작했다.[3] 중국 TV 방송국들도 뒤따라 한국 연예인들과의 계약을 줄줄이 취소했다. 이 모든 상황은 소셜 미디어에서 독립 성향의 타이완 언론과 중국 본토 팬들 사이의 갈등을 악화시켰다. 팬들이 웨이보에 격렬한 비난의 글을 올리면, 더 많은 대중들은 그것을 보고 분개했으며, 이는 결국 타이완에서 독립파 지도자인 차이잉원이 당

---

3. 바이두의 '저우쯔위바'는 토론 게시판을 폐쇄한다는 공지를 올렸고, 이 공지의 클릭 수는 72만 회를 넘었다. http://weibo.com/p/1001603930905445051071

선된 후 디바 출정으로 이어졌다.

디바 출정에 참가한 이들의 일상적인 소셜 미디어 사용 양상을 관찰하는 과정에서, 우리는 그들이 정치적인 것과는 전혀 연계되어 있지 않다는 점을 발견했다. 그들의 웨이보 계정은 대중문화와 스타에 대한 토론으로 가득 차 있다. 리더인 @趙日天233號의 계정은 게임과 온라인 소설에 관한 개인 계정일 뿐이었으나, 웨이보 토픽 관리자에 자원하여 선정되면서 1월 20일부터는 공식적인 '디바공식 대외연락계정'으로 바뀌었다.[4] 우리는 #디바출정FB#라는 태그를 따라 다른 참가자들의 웨이보 게시물을 추적했고, 소셜 미디어에 공개된 그들의 모습은 전형적인 '팬'이라는 것을 알 수 있었다. 웨이보 계정 @金聃齡[5]은 직접 자신을 한국 연예인의 팬이라고 소개했고, 그녀의 계정은 팬덤과 관련된 활동들로 가득 차 있다. 그러나 디바 출정이 시작되면서 그녀는 이 이슈와 관련된 게시물을 팔로우하고 공유하기 시작했다. 디바 출정이 진행되는 동안, 그녀는 적극적으로 이와 관련된 토론에 참가하거나, 페이스북의 게시물을 웨이보로 퍼 나르는 등의 활동에 참여했다. 리우 올림픽 기간에는 적극적으로 중국 선수들의 성적과 관련한 뉴스와 댓글을 올리기도

---

4. 전 과정에 대한 @趙日天233號 본인의 서술은 다음을 참조. http://weibo.com/ttarticle/p/show?id=2309403986428244711663

5. 웨이보 계정. http://weibo.com/u/3707461853?is_all=1&stat_date=201601&page=4#fieedtop

했다. 한국 대중문화의 팬이면서 중국의 열렬한 애국자라는 두 개의 정체성이 매끄럽게 혼재한다는 사실은 몇몇 기자들의 관찰을 통해서도 확인된다.

온라인 데이터를 통해 본 '디바 출정' 참가자들이 전통적 관념을 초월한 모종의 민족주의적 특징을 드러낸다면, 오프라인 인터뷰는 우리 연구의 문제의식을 더욱 명확하게 만들었다. 인터뷰를 통해 우리는 주류 사회를 놀라게 한 '출정' 참가자들의 조직적이고 체계적이며 합리적인 방식이 팬덤 활동과 관련된 오랜 숙련과 경험의 결과라는 것을 알게 되었다. 능력과 영향력을 갖추고 리더 역할을 맡은 이들이야말로 팬덤 활동을 통해 미디어 리터러시media literacy와 인터넷 액티비즘에 관해 잘 훈련된 사람들이었다.

이 글의 연구 틀에서는 다른 하위문화의 팬들에 비해 한국 대중문화 팬들이 유난히 눈에 띈다. 주된 이유는 한국 문화산업이 가장 정교하게 아이돌과 미디어 제품의 생산과정에 팬덤을 결합시키기 때문이다. 하지만 이는 한국 문화나 한국 정치 자체와는 완전히 무관하다.

따라서 우리 연구의 문제의식이 명확해짐에 따라, 이 연구의 목표는 디바 출정이라는 사건 자체에 대한 전체적이고 상세한 보고서를 작성하는 것이 아니게 되었다. 대신 이전에는 주류 연구의 시각에 들어오지 않았으나, 그럼에도 불구하고 매우 중요한, 디바 출정의 주동자와 참여자에 대해 이해하고자 한다. 우리는 그들의 개인사, 동기, 감정구조 및 정체성 형성과정을 국가의 역사와 개인의 인생 경험과의 관계 속에서 이해해야만 한다.

중국의 인터넷 민족주의는 이미 꽤 길고 복잡한 역사를 가지고 있다(Wu, 2007). 따라서 현재의 사건에 대한 상황 분석 이전에, 우리는 세대 차이, 정치적 상황의 변화, 그리고 미디어 환경과 같은 중요한 문제들을 규명하기 위해 중국 인터넷 민족주의의 역사적 배경을 간단히 다시 검토할 필요가 있다.

중국 인터넷 민족주의의 재역사화

현대 중국 민족주의는 그간 '당과 엘리트 구성주의'Party and elite constructionism라는 오랜 포괄적 전통 속에서 이해되어 왔다(Zhao, 2000). 중국의 정치 문화 엘리트들이 정치적 조작을 목적으로 대중들에게 의도적으로 민족주의적 감정을 불러일으킨다는 것이다. 그러나 민족주의를 이해하는 데 있어 이 프레임은 문제를 '당 선전' 또는 '합리주의 대 감성주의'로 지나치게 단순화시킨다. 또한 중국에서 인터넷 민족주의의 부상 및 그것이 사회 통치와 외교 정책의 수립에서 어떤 역할을 하는지를 설명하지 못한다. 그리스(Gries, 2004, p. 133)는 현대 중국의 민족주의를 이해하고자 한다면 연구자들이 당 선전으로부터 눈길을 돌려 대중의 일상생활과 감정구조에 주목해야 한다고 지적한다. 마오쩌둥 시대에는 당, 인민혁명, 국가가 하나라는 인식이 강했지만, 오늘날 대중 민족주의자들은 '조국'이나 '중화민족' 같은 개념에 더 관심을 기울인다. 반서구적 수사 표현은 대중 민족주의나 국가 민족주의나 비슷하기 때문에, 주류의 분석은 그것들이 하향식 선전의 결과이며 정치적 공범이라고 믿는 경향이 있다. 그러나 이것은 상황을 심각하게 오해한 것이다. 오늘날 중국에서 대중과 시민사회의 민족주의는 애국심이나 민족주의를 강조함에 있어 국가가 독점권을 행사하는 것에 도전하고 있다. 시민사회는 국가 정치, 특히 애국심과 정부의 정당성을 정의하고 해석하는 데서 점점 더 큰 역할을 하고 있다. 그 결과, 당-국가는 대중의 요구에 부응하기 위해 외교 정책을 재검토해야 하는 입장이 되었다(Gries, 2004).

또한, '당 선전 테제'는 감정적인 민족주의자와 합리적인 대중, 혹은 열정과 이성 간의 이분법을 전제로 한다. 즉, 열정이 강할수록 비판력과 추론력은 약해진다는 전제이다. 그러나 중국 인터넷 민족주의자들의 가장 기본적인 감정구조가 바로 열정과 이성의 공존이다. 민다홍은 중국 내 인터넷 여론에 대한 경험적, 양적 연구를 통해 중국의 인터넷 여론에는 두 가지 특징이 공존하고 있다는 중요한 결론을 도출한 바 있다. '외부' 세계를 겨냥할 때는 민족주의적이고, 국내 문제를 논의할 때는 '비판적 현실주의'를 택한다는 사실이다. 즉, 온라인의 '애국자들'은 동시에 중국 사회에 대한 적극적인 비판자이기도 하다는 말이다.[6] 따라서 그는 중국의 인터넷 문화에 관한 중요한 연구과제 중 하나는 '인터넷 민족주의와 비판적 현실주의의 관계, 그리고 이 현상의 다른 요인과 징후를 연구하는 것"이어야 한다고 주장한다(関大洪, 2009).

그러므로 우리는 중국 인터넷 민족주의 진화의 역사적 논리를 재구성하기 위해 '대중 민족주의'와 '비판적 현실주의'를 개념적 프리즘으로 사용한다. 이 과정은 세대적 특징, 동원 형태 및 기간에 따라 대략 두 개의 물결로 나눌 수 있다.

인터넷 중심 대중 민족주의 : 제1의 물결 (1998~2005)

인터넷 민족주의는 기본적으로 중국에 인터넷이 도입되면서 더불어 생겨났다. 온라인상에서 민족주의가 동원된 가장 이른 사례는 1998년 5월 인도네시아 폭동으로 거슬러 올라간다. 폭동이 진행되면서 중국계 화교들에 대한 인종차별 폭력이 발생했지만, 중국 정부는 인도네시아의 내정에 개입하지 않았으며, 오히려 폭동 진압과 구조를 위한 인도적 지원을 제공했다.

---

6. 애국심과 비판적 현실주의의 공존 또한 '구(舊) 디바'의 특징이다. 민다흥은 비판적 리얼리즘이 억압될 때 민족주의적 측면이 등장한다고 본다. 하지만 사실 오랜 시간에 걸쳐 검열과 씨름하는 과정 속에서 중국 네티즌들은 일종의 이중 대화 문화(double-talk culture)를 발전시켰다. 다음을 참조. 허타오(何瑫), 『디바풍운 : 인터넷이 키워낸 분노』(帝吧風雲 : 被互聯網培植的憤怒), GQ, 2016년 6월호, http://www.gq.com.cn/celebrity/news_1543c2f369a5900a.html

이는 중국 네티즌 사이에서 분노를 일으켰다. 베이징의 대학생들과 해커 집단들은 BBS 게시판을 이용해 정보를 교환하고 인도네시아 대사관에서 항의 시위를 기획했지만, 결국 정부에 의해 저지당했다. 이것이 중국의 인터넷 민족주의가 세계 무대에 등장한 첫 번째 사례이다(Wu, 2007, p. 35). '당 선전' 담론도 등장하기 시작하였다. 휴즈의 『월스트리트저널』 기사에 따르면 1998년부터 중국은 인터넷 경제의 발달로 인해 여론의 혼란이 야기되자, 이 딜레마를 해결하기 위해 "민족주의자라는 사이버 호랑이"를 키우기 시작했다. 인터넷 덕분에 온라인의 애국주의 활동은 처음부터 초국적이었고, 전 세계에 흩어져있던 중국인 커뮤니티는 인터넷을 통해 오프라인 항의시위를 조직하게 되었다. 지리적인 국가의 경계를 넘어선 '문화 중국'이라는 개념은 보다 다양한 정체성들을 하나로 통합하기에 이르렀다(Yang, 2009, pp. 497~498).

1999년 북대서양조약기구(이하 NATO)의 베오그라드 주재 중국대사관 폭격 사건은 전통적인 인쇄매체인 『인민일보』가 운영하는 중국 최초의 온라인 시사평론 포럼인 강국포럼强國論壇의 설립으로 이어졌다(黃煜·李銓, 2003). 당초 게시판의 명칭이 'NATO의 유고대사관 폭격에 대한 강력 항의 포럼'强烈抗議北約轟炸南聯盟大使館論壇이었다는 점이 특기할 만하다. 그런데 6월 2일 무렵이 되자, 중국 역사 속의 학생운동, 특히 1980년대 후반의 학생운동에 대한 게시물들이 대거 포럼에 올라왔고, 운영진이 이 게시물들을 삭제하면서 네티즌들의 분노를 야기했다.『인민 일보』는 나중에 이 포럼의 명칭을 '강국포럼'으로 바꾸기로 했 다(関大洪, 2009).[7] 그러나 명칭 변경 이후에도 이 포럼의 적극적 인 참여자들은 사회 이슈와 국제 문제에 대해 진지하고 독립 적이며 비판적인 토론에 몰두했다. 2001년, 17세의 칭화대 학 생 장레이蔣磊는 밀리터리 마니아들을 위한 새로운 온라인 포럼 인 '철혈 커뮤니티'鐵血社區를 만들었다. 2002년, 장쩌민 '주석 전 용기 사건'[8]이 터졌을 때, 중국 정부의 미온적인 대응에 '강국포 럼'에서 비판이 이어졌지만, 포럼 운영진이 계속해서 게시물을 삭제하자 네티즌들은 '철혈 커뮤니티'로 옮겨갔다. 이 사건 이후 로 '강국포럼'은 다소 관방화되었고, 반면에 '철혈 커뮤니티'가 강 경파 애국주의 네티즌들의 새로운 보금자리가 되었다.

2003년 '애국자동맹망'愛國者同盟網과 '918애국망'918愛國網이라 는 두 인터넷 커뮤니티가 댜오위다오 수호 운동을 시작하자,[9] 『국제선구도보』國際先驅導報의 리무진李慕瑾이라는 기자가 인터넷

7. 민다홍의 글 참조. 1999년 6월 20일, 차이나데일리(中國日報網) 인터넷판. http://chinamediaresearch.cn/articIe/109/

8. 중국 정보당국은 장쩌민 당시 중국 국가주석의 전용기로 사용하던 미국산 보잉 767기에서 다수의 도청장치를 발견했다. 다음을 참조하라. http://news. china.com/zh_cn/fbcus/eavesdrop/news/10003041/20020123/10197383. html, http://blog.sina.com.en/s/blog_6d83d5540100unvd.html

9. 시민단체들은 온라인으로 모금활동을 벌인 뒤, 댜오위다오로 건너가 중국의 영토임을 선포했다. 시민단체가 독자적으로 댜오위다오 수호운동에 참여한 것은 이번이 처음이다. http://baike.baidu.com/view/1296921.htm

민족주의라는 용어를 제시하면서, 2003년이 중국 인터넷 민족주의의 원년이라고 주장했다. 그의 의견에 따르면, 민족주의는 2003년에 인터넷이라는 새로운 플랫폼을 통해 발전했으며, 이것은 인쇄 매체에 기반한 기존의 민족주의와는 완전히 다른 것이다.

> 1990년대의 민족주의 표현방식은 인쇄 매체였다. 『No라고 말할 수 있는 중국』, 『중국을 악마화하는 배후』妖魔化中國的背後, 『세계화의 그늘 밑에 놓인 중국의 길』全球化陰影下的中國之路 이 세 권의 책은 지식인들 사이에서 고조된 민족주의적 정서를 상징적으로 보여준다. 그러나 2003년에 등장한 인터넷 기반 민족주의는 편협한 외국인 혐오증에 대해서는 비판적인 대신, 한결 조직적이고 전략적으로 애국주의 성향의 커뮤니티를 동원하여 일본 우익에 대항하는 조치를 취하였다. 따라서 이것을 인터넷 민족주의라고 명명할 수 있다. (李慕瑾, 2003)

류스딩 또한 인터넷 민족주의는 폭도를 양성하는 것이 아니라, 시민 참여의 새로운 형태를 제공한다고 보았다(Liu, 2006).

따라서 우리는 인터넷 민족주의 제1의 물결에서 다음과 같은 특징들을 발견할 수 있다. 참가자들은 대부분 1970년대생인 당시의 대학생들이다. 그들은 국제 관계에 대한 정부의 공식 입장에 비판적이며, 시민사회의 각종 사건에 매우 적극적으로 간여한다. 그리고 그들은 사회적 현실에 매우 비판적이다.

'박식한 대중'이자 '게임 플레이어'인 애국자 : 제2의 물결 (2008~2010)

2008년부터 2010년까지, 1980년대에 출생한 네티즌들이 성년이 되고, 중국 인터넷 여론의 주류가 되면서, 인터넷 민족주의는 제2의 물결을 맞이했다. 새로운 세대의 네티즌들은 이전 세대와 달리 다양한 특징을 보여주었다. 그들은 1970년대생들의 비판적 현실주의와 애국심을 일부 계승한 반면, KUSO 문화(패러디와 비꼬기 문화)와 애니메이션과 만화 하위문화의 1세대 소비자이기도 하다. 그 속에서 포스트모던 상업주의의 특징이 모습을 드러내기 시작했다.

자오칭(Zhao, 2013)은 2008년에 발생한 3·14 사건[10], 올림픽 성화 봉송 사건, 까르푸 보이콧 등 기념비적인 의의를 지닌 민족주의 사건들의 분석을 통해 네티즌들이 관영 및 상업 매체가 설정한 의제의 범주를 돌파하여 한층 다원화된 담론을 전개하였으며, 여론을 주도하는 독립적인 세력이 되었다는 사실을 발견했다. 동시에, 이 사건들을 통해 1980년대생 인터넷 애국자들 중에서 오피니언 리더들이 등장했다. 한 명은 'AC-사월망'四月網이라는 웹사이트를 만든 칭화대 졸업생 라오진饒瑾이고, 또 한 명은 퉁지同濟대학 토목공학과 졸업생인 런충하오任沖昊이

---

10. * 2008년 3월 14일, 티베트 라싸에서 발생한 티베트 독립 요구 시위.

다. 2012년, 런충하오는 몇몇 공동 저자들과 함께 『대목표 : 우리와 이 세계 간의 정치협상』大目標 : 我們與這個世界的政治協商이라는 책을 출판하면서, 이는 '산업당'[11]의 탄생을 알리는 역사적 선언이라고 자칭하였다. 현재 런충하오는 유명한 관찰자망觀察者網[12]의 칼럼니스트이자 중국판 쿼라[13]인 즈후知乎의 네임드 유저이다. 세 번째 리더 탕제唐傑는 훨씬 더 전형적이다. 그는 푸단대학 철학과 박사과정생이다. 그는 2008년 'AC-4월망'의 공동 설립자 중 한 명이었지만, 그 후 따로 독립하여 동영상 사이트인 '특종넷'獨家網을 설립하였다. 현재 그는 〈나와 내 나라의 엔진〉我和我的國家引擎이라는 애니메이션 시리즈의 제작자로 더 유명하다. 〈나와 내 나라의 엔진〉은 애니메이션과 인터넷 유행어를 이용해 5개년 계획, 인민 동원, 공산주의 등의 정치적 개념을 설명하는 내용으로, 온라인에서 상당한 인기를 얻고 있다.

2008년, 『뉴요커』의 이반 오스노스는 장문의 리포트 「펀칭憤青 : 신세대 네오콘 민족주의자들」(Osnos, 2008)에서 탕제에 대해 다루었다. 이 기사는 현재까지 해외 언론이 중국의 인터넷 애국 청년을 다룬 것 중 가장 상세하고 잘 알려진 기사이다. 탕

---

11. http://www.guancha.cn/MaKng/2012_08_24_93081.shtml 참조.
12. * 중국의 뉴스 및 시사평론을 전문으로 하는 인터넷매체로, 강한 민족주의적 성향을 가지고 있다.
13. * 쿼라(Quora)는 미국에서 2010년에 만들어진 웹사이트로, 사용자가 질문을 올리면 다른 사용자들이 질문에 답변을 올려주는 사용자 기반 질문/답변 사이트이다, 한국의 네이버 지식in과 비슷하다.

제 같은 사람들은 신보수파로 불린다. 이들은 강한 애국심 외에도 풍부한 정보와 게임 이론의 틀을 바탕으로 중국의 역사, 외교관계, 국제 관계에 대한 완전한 분석 체계를 가지고 있다.

따라서 1980년대생 애국자들은 인터넷 민족주의 제1의 물결에서 나타난 특징을 가지고 있으며, 그들의 행동은 인류학자 저우융밍周永明이 '철혈 커뮤니티'를 연구하면서 고안한 "박식한 민족주의자"라는 표현에 부합한다는 것을 알 수 있다. 이러한 네티즌 중 다수는 중국어와 영어에 모두 능통하고, 일부 해외에 거주하는 회원들은 자유자재로 서구 미디어를 접할 수 있다. 하지만 그들은 생각보다 서구 미디어에 의존하지 않았다(Zhou, 2006, p. 208). 중국에서 인터넷 민족주의가 흥기한 것이 꼭 외부 세계에 대한 정보가 부족하기 때문은 아니다. 오히려 서구 세계와의 접촉이 더 많아질수록, 교육 수준이 높은 이들이 동기부여를 받아 민족주의자가 될 가능성이 더 커진다.

신세대 민족주의자들에게서 나타나는 두 번째 특징은 한층 더 디바 출정과 직접적으로 연결된다. 2010년, '6·9 성전'이라고 불리는 인터넷 사건이 발생했다. 편의상 이를 디바 출정의 예고편이라고 보아도 무방할 것이다. 이 사건이 진행되는 동안, "무뇌아들이 다 죽을 때까지 성전은 계속된다"脑殘不死, 聖戰不止라는 구호가 인터넷을 휩쓸었다. 이는 "1980년대생 오타쿠들이 1990년대생 빠순이들을 도발한 전쟁"으로 일컬어진다. 2010년 상하이 엑스포에서, 한국 아이돌인 〈슈퍼주니어〉의 팬들이 티켓을 구하기 위해 싸움을 벌이다가 안전요원으로 투입된 경찰과 자원봉사자들에게 폭력을 행사한 사건이 발생했다. 이 사건 이후, 온라인 게임 와우WOW 커뮤니티는 케이팝 커뮤니티를 공격하기 위한 원정대를 조직했다. 그들은 톈야, 더우반, 철혈, 중국 훙커연맹中國紅客聯盟 등, 1980년대생 남성 위주의 온라인 커뮤니티에 케이팝 스타들의 홈페이지와 팬 커뮤니티를 상대로 한 공격 지원을 요청했다. 우리가 몇몇 1990년대생 케이팝 팬들을 인터뷰한 결과, 그들 중 다수는 이 사건을 분명히 기억하고 있었고, 그들이 애국심이라는 대의를 홀시하면 팬과 아이돌 모두 다치게 된다는 사실을 깨달았다고 진술했다. 이런 점에서, 2010년 이후 네티즌 사이에서 민족주의의 형태는 크게 다원화된다.

그러나 한편으로, WOW 유저들로 대표되는 1980년대생 네티즌들에게 민족주의적 감정이 생기는 동기는 1970년대생들과 다르다. 2010년, WOW 온라인 커뮤니티에 〈칸니메이의 인터넷 중독 전쟁〉看你妹之網癮戰爭 14이라는 동영상이 올라와 크게 화제를 일으킨 바가 있다. 이 동영상은 어느 WOW 유저가 만든 것인데, 정부 기관들이 게임허가증 문제를 놓고 다투느라 신작 게임의 출시가 지연된 것에 대한 항의, 청소년 인터넷 중독을 전기쇼크로 치료한다는 악명 높은 요법에 대한 반대 등의 주제를 다루고 있다(王洪喆, 2016). 이 비디오에서 가장 유명한 부분은

---

14. www.youtube.com/playlist?list=PL69D01072BF7588A3

다음의 독백이다.

올 한 해, 다른 게이머들도 나도, 홍수와 지진 사태에 눈물을
흘렸고, 올림픽을 응원했지. 뭐든지 우리나라가 다른 나라에
게 지는 건 싫거든. 하지만 올 한 해, 당신네 덕분에, 우리는 다
른 나라의 유저들처럼 게임을 즐길 수 없었지. 우리는 쫓겨났
고, 차단당할 위험을 무릅쓴 채 미국과 유럽의 서버로 갈 수밖
에 없었지. 걔들은 우리를 골드 파머gold farmer라고 불렀어. 타
이완 서버에서는 우리를 대륙 메뚜기라고 하더라. 너무나 굴욕
적이었지만, 우리는 묵묵히 참을 수밖에. 왜 우리는 시간당 4마
오짜리 싸구려 게임마저 즐길 수 없는 거지?[15]

이러한 사건들은 상업적 엔터테인먼트와 정치가 어떻게 상
호작용하고 어떻게 인터넷 세계를 상호구성하는지 살펴볼 수
있는 흥미로운 사례를 제공한다. 엑스포 기간에 발생한 갈등
은 많은 케이팝 팬들로 하여금 엔터테인먼트와 정치가 서로 완
전히 개별적인 것은 아님을 깨닫게 했다. 팬덤 또한 주류 사회
에 존재하는 애국심과 정치적 올바름에 대한 지식이 필요함을
알게 된 것이다. 그러나 〈인터넷 중독 전쟁〉을 보면 게임 유저들
의 반발을 불러일으킨 것은 게임 소비라는 하위문화의 붕괴이

---

15. https://www.youtube.com/playlist?list=PL69D01072BF7588A3

다. 이 저항적인 동영상에서, 제작자는 소비자에 대한 상업 서비스를 사회정의의 문제와 연결시킨다. 그는 법을 준수하는 애국적인 시민은 엔터테인먼트를 즐길 법적인 권리를 가지며, 이로써 더 강한 민족주의자로서의 정체성을 지니게 된다고 믿는다. 동시에, 이 유저는 해외 유저들과의 플레이를 통해 자신의 국가 정체성을 더 의식하게 된다고 한다. 게임은 그 자체만으로도 경쟁과 집단 정체성의 생성이라는 강한 특징을 가지고 있다. 따라서 전 지구적 게임 플랫폼에서 플레이하는 유저들은 자연스럽게 국적에 따라 팀을 구성하게 된다. 예를 들어, 인기 게임 DOTA2의 월드챔피언십 경기에서, 중국 팀인 윙스WINGS가 미국 팀 DC를 3 대 1로 이겼을 때였다. 거의 올림픽을 방불케 하는 국가적 자긍심이 분출되었는데, 그들은 시상식에서 국기를 흔드는 등의 세리모니를 하면서 "CN DOTA! 베스트 DOTA!"[16]라고 외쳐댔다. 그들의 모습은 비록 과거에 온라인 커뮤니티에서 국제 정치에 관심을 보이고 논쟁을 벌이던 전통적인 애국자들과는 다르지만, 그들이 일상적인 하위문화의 소비를 통해 민족주의와 연관된 특정유형의 애국심과 정치적 의식을 고취하고 있음을 알 수 있다.

팬 주도의 원정 : 인터넷 민족주의 제3의 물결

---

16. http://www.dota2.com.cn/article/details/20160814/187411.html

이상의 역사적 검토에 근거했을 때, 디바 출정으로 상징되는, 1990년대생 청년들 위주의 인터넷 민족주의 운동은 '인터넷 민족주의' 제3의 물결이라고 볼 수 있다. 본 연구는 역사적 비교에 근거해 이 현상에 대해 중범위 수준의 분석을 시도하고, 신세대 애국주의 네티즌과 소비자에 대한 분석을 제공하고자 한다. 고학력 청년들, 1980년대생 밀리터리 마니아들, 그 외 남성 위주의 '박식한 민족주의자들'의 초기 세대와 비교했을 때, 1990년대생들은 대중문화의 팬이고, 성별 구성이 더 다양하며, 민족주의 정서의 형성과 표현과정에서 새로운 초국가적 상업 문화 및 전 지구적 이동과 직접적인 관계를 맺는다. 민족주의적 감정의 구성이 필히 자아 대 타인, 내부자 대 외부자, 그리고 '상상된 공동체'의 기호 체계에 바탕을 둔 것이라면, 민족주의 '이모티콘'이라는 새로운 레퍼토리를 이해하기 위해서는 반드시 젊은 세대가 일상적으로 즐기는 오락 활동에 관심을 가져야 한다.

'소분홍'이라는 별명으로 불리는 집단들, 즉 디바 출정에 참가한 이들은 순식간에 다양한 인터넷 커뮤니티와 앱을 통해 결집하였고, 오프라인에서는 서로 모르는 사이임에도 불구하고 자연스럽고 강한 정체성과 결속력을 보여주었다. 집단 정체성의 강력함과 끈끈함은 온라인 팬덤 문화에서 형성된 것과 비슷하다. 인터넷 팬덤 조직의 상업적 전략은 적극적으로 집단 정체성을 강화하는 것이다. 문화산업은 깊은 감정까지 동원하여 팬들이 아이돌을 위해 가시적이면서 과도한 소비를 하도록 유도

함으로써 이익을 창출한다. 소비로 인한 행복의 중요한 원천 중 하나는 정체성이다. 예를 들어, 게임 플레이어들 간의 집단 경쟁, 특정 아이돌에 대한 팬들의 감정적 헌신, 인터넷 소설에서의 정체성 투영 등이 이에 해당한다. 아이돌과 내가 하나라는 정체성 및 종종 발생하는 의례적인 집단행동은 왜 이들 젊은 네티즌들이 즉각적인 동원과 조직화가 가능한지 그 이유를 잘 설명한다.

인터뷰를 통해, 팬들의 아이돌에 대한 사랑은 그들을 위한 소비 정도에 머무르지 않으며, 다른 아이돌이나 가수들과의 경쟁이 팬 집단 내부의 문제로 간주되고 있음을 알 수 있었다. 그들은 자신들이 좋아하는 아이돌이 더 높은 위치를 차지하고 연예계에서 성공하도록 도와야 한다는 의무감을 느낀다. 만약 그들의 아이돌이 주인공을 차지하지 못한다면 그들은 슬퍼하고 분노하기도 한다. 내부 용어로 이를 '랭킹 싸움'이라고 한다. 온라인 커뮤니티에서는 종종 누구의 아이돌이 더 스타냐, 왜 주연배우 소개에서 내 남돌 이름이 너희 여돌 이름보다 먼저 나와야 하는가 등을 놓고 싸움을 벌인다. 같은 아이돌 그룹 내에서도 팬들은 멤버들을 비교하며 경쟁한다. "지금 한국에서 가장 핫한 그룹은 〈EXO〉에요. 멤버가 열두 명이나 되는데, 그중에 세 명이 탈퇴돼서 지금은 아홉 명만 남았어요. 만약 9명의 멤버 모두를 좋아한다면, 그것은 그룹팬이라고 불러요. 그중에서 한 명만 좋아하면 개인팬이라고 불러요. 그리고 두 멤버를 커플로 엮으면서 좋아한다면, 그건 CP팬이라고 해요. 다른 그룹과의 경쟁은 기본이고, 같은 그룹의 팬들끼리도 서로 경쟁하는 거죠." 이처럼 강력한 감정적 몰입은 온라인에서 빈번하고도 치열한 가상 전쟁으로 이어진다. '팬덤 싸움'은 팬들의 일상생활에서 평범한 일부이다. 이처럼 오랜 전쟁 상태는 팬들이 조직화하고, 다른 사람들과 협력하고, 집단적인 힘을 형성하도록 이끈다.

팬 커뮤니티 조직의 정교함은 신입회원들에게 미디어 환경에 대해 알려주고 미디어 리터러시를 높여주려는 노력을 통해 드러난다. 그들은 새로운 팬들이 자기들의 아이돌에 대한 부정적인 뉴스를 분석하고 이해할 수 있도록 이끌어준다. 이렇게 함으로써 실망한 팬들의 탈덕률을 줄일 뿐만 아니라, 새로운 팬들이 빨리 성장하여 그들의 아이돌을 위한 여론전에 합류할 수 있도록 돕는 것이다. 이처럼 체계적이고 계획적이며 합리적으로 인터넷 활동에 접근하는 방식은 수년간의 경험을 통해 양성된 것이다. 인터뷰에 응해준 C의 진술에 따르면, "2000년대 초반만해도 스캔들이 터졌을 때 한국 대중문화 팬들의 반응은 나이브하기 짝이 없었어요. 사실을 해명하기 위해 구체적인 작업을 해야 하는데, 그런 것도 없이 열정만 앞서서 아이돌을 지켜준다고 마냥 달려드는 식이었죠. 그러면 오히려 아이돌에게 역효과만 불러일으키고, 덩달아 팬들까지도 '무뇌아'라고 욕먹어요."

몇 차례의 인터뷰 후, 우리는 이 팬들이 과거 전통적인 '원정'의 참가자들과는 매우 다른 성향을 가지고 있다는 것을 알게 되었다. 우리의 인터뷰 대상자 중에는 디바에서 활동하던 남성들도 포함되어 있다. 그들의 설명에 따르면, 예전의 디바 스타일은 '게시판 털기' 같은 방식으로 '적'의 전투력을 즉각 상실시키는 것이었다. 그들의 언어는 저속하고 폭력적이었다. 즉, 그들은 '이성적인 논쟁' 따위는 싫어했다. 하지만 최근 디바 출정에서는 "타이완의 네티즌 친구들에게 대륙의 참된 모습을 알려준다"는 목적이 큰 공감대를 형성했다. 언어 스타일 면에서는 인신공격에서 벗어나 음식, 풍경 등을 소개하거나 재미있는 이모티콘을 사용하였다. 주최 측이 출정 전에 반복해서 임무, 규칙, 행동 강령을 주지시키느라 애쓴 사실은 이미 유명하다. 출정이 진행되는 중에는 규율을 전담하는 사람이 있어서, 욕설을 쓰지 못하도록 주의를 주거나 명령을 따르지 않는 사람들을 단톡방에서 쫓아내기도 했다. 이처럼 소통을 중시하는 스타일은 '소분홍'의 유입에 의한 것으로 여겨진다. 우리가 인터뷰한 이들 중 디바에서 오랫동안 활동한 유저들도 이 새로운 변화를 긍정적으로 생각하고 있었다. 예전의 디바는 사회적인 효과라고는 전혀 없이 오직 폭력적인 언어와 분노의 표출뿐이었는데, '소분홍'의 합리성과 교양 있는 모습 덕에 많은 이들로부터 받아들여지고 인정을 받게 되었다는 것이다.

그뿐만 아니라, 이 출정을 주도한 핵심 구성원들은 높은 수준의 미디어 리터러시와 정치적 커뮤니케이션에 대한 지식을 보여준다. 신세대 하위문화 청년들은 디지털 네이티브로서, 그들의 미디어 리터러시와 정치적 의식은 정치의 미디어화, 뉴스 전파 범위의 전 지구화, 그리고 상업적 메시지로 둘러싸인 환경으로 인해 발달된 것이다. 미디어 활동과 동원에 지속적으로 참여한 결과, 이들은 상당한 수준의 미디어 사용 능력과 미디어 지식을 획득했다. 이를테면, 그들에게 아이돌의 이미지 관리는 일상적인 업무에 해당하는데, 이것은 단순히 내 아이돌이 남보다 낫다는 신념의 행위 차원이 아니라, PR, 마케팅, 여론조작, 심지어는 루머 유포방식까지 포함하는 모든 지식을 습득하는 과정이다. "광고성 계정들은 누구든지 돈만 주면 하라는 대로 하죠. 만약 누군가가 어떤 스타의 명성을 흠집 내기 위해 돈을 지불한다면, 이 계정들은 부정적인 뉴스만 올려놓겠죠. 반대의 경우라면 또 그 반대로 할 거고요." 인터뷰 대상자 중 일부는 그들이 웨이보와 위챗 계정의 다양한 연예 뉴스를 분석하는 방식에 대해서 상세하게 알려주었다. 또 그들이 내부 회의를 열어 상황을 판단하고 자신들의 아이돌에 대한 부정적인 뉴스 중 일부가 '경쟁사'나 다른 연예기획사에 의해 만들어진 것은 아닌지 확인하곤 했다는 사실도 알려주었다.

얼마 전, 제가 팬질하는 그룹이 선전에서 콘서트를 끝내고 술집에서 담배꽁초를 버렸다는 뉴스가 나와 난리가 난 적이 있었어요. 물론 우리도 그건 잘못했다고 생각해요. 그런데 멤버들이 몇 번이고 사과를 했는데도, 광고성 계정들이 자꾸만 그 사건을 물고 늘어지는 거예요. 그래서 이건 틀림없이 경쟁사한 테서 돈을 먹었구나 싶었죠. 그래서 저는 그 계정이 과거에 올린 글들을 샅샅이 찾아봤어요. 아니나 다를까 제 판단이 맞았더라고요.

이 같은 전략적 분석 활용 능력은 디바 출정 직전에 저우쯔위 사태와 타이완 독립 성향 언론의 논리를 파악하는 데 총동원되었다. 다음의 언론에 실린 인터뷰에서도 이들이 타이완의 독립 성향 매체에 대해 얼마나 잘 알고 있는지 보여준다. "싼리뉴스는 걸핏하면 '강대국 국민'強國人이니, '유리멘탈'玻璃心이니 하면서 우리를 비하해요. 그래서 우리의 주요 공격 목표입니다. 다음 목표는 '타이완 독립 여신'台獨女神을 만들어낸 『빈과일보』에요." 또한 어떤 이들은 미디어를 향해 주류 사회가 더욱 "이 출정에 대해 객관적"이 될 것을 요구한다. "저는 이것이 매우 의미 있는 행동이라고 생각해요. 방화벽을 뚫고 타이완의 언론이 매일 본토에 대해 어떻게 보도하고 있는지 보게 된다면, 그들이 얼마나 적대적이고 끊임없이 본토를 악마로 만들고 있는지 알게 될 거예요. 이러니까 타이완의 젊은이들이 대륙을 오해하고 싫어하게 되는 거예요. 그들은 거시적인 역사관이 부족해요. 그러니까 그들이 원치 않더라도 우리의 목소리를 들려줘야만 해요. 우리는 본토 문화를 널리 알리기 위해 최선을 다해야 해요"[17](2016년 1월 20일). 외부자의 눈에 이 출정은 즉흥적이고 엉뚱해 보이지만, 실제로는 여러 전략적 사고에 의해 제작된 것이다.

이 팬들은 온라인에서는 감정적으로 통제 불능인 것처럼 보이지만, 오프라인 세계에서는 매우 조심스러우며 자제의 미덕을 알고 있다. 그들은 '반대'편의 입장과 활동을 이해하고 갈등을 억제하기 위한 조치를 취할 수도 있다. 만일 어떤 〈TFBOYS〉[18] 팬이 있는데, 그의 친구는 한국 대중문화 팬이라면, 그들은 "〈TFBOYS〉는 애송이라느니, 너희 한국 쓰레기들이라느니" 따위의 싸움을 피하기 위해 "왜 좋아해야 하는지"와 같은 문제로 논쟁하는 것은 삼갈 것이다. 그러므로 팬들 사이의 전쟁은 인터넷 환경 속에서 거의 미디어 액티비즘에 가깝다. 수년에 걸친 싸움 덕에 팬들은 미디어 지식과 리터러시, 그리고 연예 기획사의 홍보 전략에 대해 합리적인 이해를 축적하게 된 것이다.

그러므로 온라인에서의 이러한 실질적인 상호작용은 팬들에게 교훈을 주고, 경험을 제공한다. 그들은 스타에게 위기가 발생하면, 대중의 심리, 여론, 쟁점 및 전개 상황을 습관적으로 분석하고, 이를 바탕으로 신중하고도 체계적인 미디어 대응 전

---

17. 〈디바 이모티콘 출정에 참가한 소감은?〉 PNGWEST, 2016. 1. 20.
18. * 2013년에 데뷔한 중국의 3인조 남자 아이돌 그룹이다. 데뷔 당시 멤버 모두 14~15세의 소년들로, 친근하고 건전한 '국민 남동생' 이미지를 구축하면서 단숨에 중화권 최고 아이돌로 떠올랐다.

략에 착수한다. 인터뷰 대상자 중 일부는 그들의 대응에 대해 다음과 같이 요약하였다.

스캔들이 발생하면 팬들은 다양한 반응을 보입니다. 첫 번째는, 당연히, 자신의 아이돌을 무조건 받아들이고 신뢰하는 거예요. 두 번째는 몇 가지 증거를 들어 방어에 나서는 것이죠. 이걸 '세탁'이라고 해요. 세 번째는 조용히 지지하는 것입니다. 대부분 나이 든 팬들에게서 이런 현상이 나타나는데, 그들은 더 성숙하고 경험이 많기 때문이죠.

이러한 리터러시와 능력은 자신들이 좋아하는 아이돌이 연루될 경우, 정치적 이슈에 대한 분석으로 확장되기도 한다. 이들은 아이돌이냐 국가냐의 선택의 궁지를 피하기 위해 아이돌에 대한 사랑과 나라 사랑 사이에서 균형을 잡기 위해 최선을 다한다. 그래서 그들은 아이돌과 국가 사이의 갈등을 해소하고자 하는 마음에 증거를 찾아서 관련 뉴스를 추적하고 연구한다. 예를 들어, '저우쯔위 사건'이 일단 진정되자, 일부 팬들은 이 사건의 전 과정을 샅샅이 검토한 끝에, 이 모든 혼란스러운 상황을 연출한 것은 타이완의 싼리 뉴스이고, 저우쯔위는 소속사의 꼭두각시에 불과하다는 점을 밝혀냈다.[19] 반면에, 아이돌에

19. 〈JYP 사건 정리〉, http://weibo.com/p/1001603932847655271358?sudaref=p

게 부정적인 뉴스가 명백한 사실이거나, 아이돌이 복잡한 국내 혹은 국제정치의 사안에 연루되었을 경우, 한국 아이돌의 팬들은 일단 침묵을 지키면서 이 사안이 과도하게 확대되는 것을 막는다. 한 인터뷰 대상자는 다음과 같이 말했다. "메르스에 감염된 한국인이 중국에 입국했을 때[20], 우리 팬들도 다른 중국인들과 마찬가지로 그 사람을 비난했어요. 우리들끼리도 이건 우리 아이돌을 욕 먹이는 일이고, 우리 아이돌은 이런 사람과 다르다고 이야기했죠. 이런 상황에서는 팬 커뮤니티 전체가 사람들의 시선을 피해 가만히 있어야 해요."

엔터테인먼트와 정치의 상호작용은 국가를 초월한 팬덤 자체로 인한 것이지만, 또한 전 지구적 정치의 미디어화도 중요한 역할을 한다. 1990년대생 디지털 네이티브들이 습득하는 정보의 대부분은, 각본과 편집을 거친 주류 미디어가 아닌, 인터넷과 소셜 미디어에서 얻은 것이다. 전 지구적 미디어 양상에서 봤을 때 정치 대결과 엔터테인먼트 경쟁은 구조적으로 유사성을 띤다. 미디어 유세, 아이돌 효과, 홍보, 이벤트 마케팅, 이미지 관리 등을 활용하는 양상은 완전히 일치할 뿐만 아니라, 아예 동일한 전문가 그룹과 기술적 수단을 동원하기도 한다. 팬들이

assport.weibo.com

20. * 2015년 5월, 한국에서 메르스 유행이 발생했을 때, 확진자의 가족이면서 메르스 감염 증상을 보인 의심 환자가 의료진의 격리 권유를 무시하고 중국 출장을 강행했다가 중국에서 격리 치료를 받은 사건을 말한다.

팬덤에 관해 이야기할 때 주로 사용하는 프레임이나 어휘는 정치적 이슈를 논의할 때 사용하는 것들과 매우 유사하다. 게다가 〈하우스 오브 카드〉, 〈24시〉, 〈홈랜드〉 같은 리얼리즘 기반의 정치 드라마가 세계적으로 인기를 얻으면서 사람들은 실제 사건에 대해서도 게임 이론, 음모론, 전략적 의사소통 같은 용어들을 활용하여 뉴스를 이해하게 되었다. 이뿐만 아니라, 국제 정치 뉴스는 문화산업을 통해 재현된 정치와 더불어 겹쳐지면서 팬들이 정치적 이슈를 해석하는 프레임을 형성하게 된다. 이리하여, 정치와 무관해 보이는 하위문화 집단은 대중문화에 참여하게 되면서 상당한 수준의 정치 지식을 습득하고, 자신 있게 정치적 문제를 논할 수 있게 된다. 인터뷰 중에 우리가 대선 기간에 언론을 통해 보도된 힐러리 클린턴 스캔들을 언급하자 그들은 즉각 다음과 같은 반응을 보였다. "〈하우스 오브 카드〉랑 똑같아요."

마지막으로, 인터넷을 통한 외부 세계와의 접촉 외에도, 1990년대생들은 기성세대보다 훨씬 더 국제 경험을 많이 한 세대이다. 도시 중산층 가정에서 태어난 신세대 사이에서 해외여행, 교환학생, 유학은 상당히 보편화되었으며, 많은 이들이 이를 경험하였다. 게다가, 과거와 달리, 오늘날의 전 지구적 이동은 한층 적극적인 주체들에 의해 이루어진다. 그들은 스스로에 대한 확신에 차 있고, 자신감이 넘치며, 넓은 세상을 보기 위해 모국을 떠난다. 더는 가난이나 분노에 의해, 혹은 더 나은 삶과 더 나은 교육을 찾아가는 것이 아니다. 상대적으로 평화롭고 풍요로운 환경에서 자란 이 디지털 네이티브들은 후진성, 자기 비하, 그리고 억울함 같은 구세대의 감정구조를 가지고 있지 않다. 대개 그들은 매우 개방적이고 자기들이 외부 세계와 동등하다고 생각한다. 따라서 이 젊은 세대들이 전 지구적 이동을 통해 세계를 직접 체험했을 때, 그들은 이 세계가 그간 자신들이 주류미디어를 통해 배웠던 이상적인 모습과는 동떨어져 있다는 것을 알게 된다. 그들은 서방 언론이 중국에 대해 편파적인 보도를 했을 경우에 더욱 민감하게 반응하고, 문명 대 야만주의, 보편적 가치와 자유 대 독재라는 반복되는 이분법에 신물이 난다. 그들은 자신의 경험을 바탕으로 서구 사회가 자신들과 동등하다는 인식을 가지고 있다. 이 점에서 그들은 불쾌했던 역사에 기반한 기성세대의 방어적인 태도와 매우 다르다. 인터뷰에서 우리는 종종 "해외에 나가보니 타이완, 미국이나 유럽이 상상한 것처럼 좋지는 않더라"는 말을 듣는다. "타이완 사람들은 역사에 대해 거의 몰라요. 그 사람들하고 논쟁을 해봤는데, 그들이 대는 정보와 증거가 아주 빈약했어요." 디바 출정에 참가한 이들 중에는 상당수의 해외 유학생 및 중국 밖의 지역에 살고 있는 사람들도 있었다. 인터넷 게시판에서 그들은 스스로를 '시차당'이라고 부른다(〈표 3.1〉 참조).

해외에 유학 중인 중국인 학생들 사이에서 애국심과 애국행위가 대거 등장한 것은 2008년 올림픽 성화 봉송 이후부터

부호	인터뷰 일자	인터뷰 방식	특징	해외 경험
M	2016.01.30	대면	여, 85년 이후 출생, 석사졸업	일본, 한국, 유럽 여행
R	2016.03.27	대면	여, 95년 이후 출생, 학부 재학	일본·한국 교환학생, 타이완 여행
X	2016.03.29	대면	여, 90년 이후 출생, 학부 재학	미확인
D	2016.03.29	대면	여, 90년 이후 출생, 학부 재학	타이완 교환학생
L	2016.04.15	위챗 인터뷰	남, 90년 이후 출생, 학부 재학	미확인
Y	2016.04.19	대면	남, 90년 이후 출생, 학부 재학	타이완·일본 교환학생
S	2016.06.21	위챗 인터뷰	남, 85년 이후 출생, 석사과정	유럽 교환학생
J	2016.06.23	위챗 인터뷰	여, 90년 이후 출생, 석사과정	한국·타이완 교환학생
C	2016.07.19	위챗 인터뷰	여, 90년 이후 출생, 학부 재학	한국 교환학생
Z	2016.08.13	위챗 인터뷰	남, 90년 이후 출생, 학부 졸업	미확인

〈표 3.1〉 인터뷰에 응한 이들의 특징

이다.[21] 이런 류의 감정 패턴은 초국가적인 소셜 미디어 네트워

---

21. 성화 봉송 도중 티베트 독립 단체가 중국 패럴림픽 선수인 진징(金晶)을 공격한 사건은 해외의 중국인 유학생들 사이에서 큰 분노를 불러일으켰고 올림픽 성화 봉송 사태로 이어졌다. http://tieba.baidu.com/p/4672592864,

크를 통해 국제적 상호작용이 증가하면서 지속적으로 형성되었는데, 이를 통해 전 지구적 이동과 다문화 상호작용의 또 다른 측면이 드러난다. 즉, 해외 경험이 젊은 학생들에게 국가 정체성을 일깨우는 역할을 한다는 것이다. 초국가적 팬 커뮤니티들에서도 이와 같은 국가 정체성의 발동은 공통적으로 경험하는 것이었다. 사실, 겉으로 봤을 때 정치와 무관해 보이는 팬들이지만, 그들은 일상생활에서 대부분의 네티즌들보다 더 자주 국가별로 나누어진 감정의 국경선을 접하게 된다. 인터뷰에서 우리는 "한국 대중문화 팬들이 더 애국적"이라는 말을 듣고 그 이유를 물었다. 인터뷰 대상자 중 한 명은 한국의 팝 그룹 〈슈퍼주니어〉를 예로 들었다.

> 중국 팬들은 매번 푸대접을 받아요. 한국 팬들은 중국 팬들이 자기네들의 자원을 빼앗아간다고 생각해요. 하지만 중국 팬들 입장에서 봤을 때, 그들은 같은 한국에 있으니까 그것만으로도 더 많은 기회가 있다고 생각하는데, 왜 그렇게 맨날 남을 괴롭히는지 모르겠어요. 모든 활동, 투표, 구매 기록 등은 늘 국가별로 표시돼요. 집단 간에 경쟁과 차이가 심해질수록 집단끼리 서로 구분하려는 욕구도 커지게 되죠.

---

https://www.douban.com/group/topic/87993932/

〈빅뱅〉 팬들도 비슷한 감정을 가지고 있다. 그들의 아이돌은 콘서트를 위해서만 중국에 오고 다른 활동은 거의 없다. 하지만 일본 시장에서는 일본어 음반을 내기도 하고, 일본어로 팬들과 소통하기도 한다. 팬들 사이에서는 국가별 위계질서를 빗대어 "한국 팬들은 중전, 일본 팬들은 총애받는 후궁, 중국 팬들은 평생 버려진 후궁"이라는 비아냥이 흘러나온다.

흥미롭게도, 이처럼 엔터테인먼트 자원이 불평등하게 분배되고 있는 상황에서, 중국의 팬들은 '협소한 민족주의'나 '철저한 자기혐오'에 빠지는 대신, 좀 더 노련하고, 적극적이며, 다양한 참여 능력을 축적하고자 한다. 예를 들어, '디바 출정'에서 이모티콘으로 싸움을 벌이면서 참가자들은 그들의 전략이 전통적인 '전쟁'과는 다르다는 점을 강조한다. "우리는 그냥 겉모양만 전쟁이에요. 다들 손에는 무기가 아니라 빵을 들고 있어요. 본부에서 지시하는 것도, 최대한 먹는 것과 재미있는 것을 많이 올리라는 거예요. 우리가 공격하는 것은 '타이완 독립'이지, '타이완 사람들'이 아니거든요. 외국인들과도 사이좋게 교류하고, 친절한 태도로 소통해야 해요.", "우리는 형제들을 쫓아내는 게 아니라 다시 돌아오라고 설득하기 위해 여기 온 거야"(1월 20일). 이처럼 자신감 있고 열정적인 액티비즘은 팬들의 일상생활에서는 흔히 있는 것이다.

팬덤 활동에 참여하기 위해, 팬들은 그들의 아이돌을 위한 온갖 경쟁에 합류한다. 아이돌의 국제적 위상을 높이기 위해,

그들은 단체로 가상 사설망VPN을 사용하여 방화벽을 뚫고 유튜브의 클릭 수를 높이거나 투표를 위해 여러 개의 페이스북 계정에 접속한다. 주류 언론들은 그렇게 많은 사람이 만리방화벽을 뚫었다는 사실에 놀라, 이는 중국 정부가 동의하고 조장한 혐의가 있을 거라고 여겼다. 하지만 디바 출정에 참가한 이들은 VPN을 이용해서 여러 개의 소셜 미디어 계정에 등록하는 것쯤은 아주 쉬운 일이라고 할 것이다. 팬 커뮤니티에서 그들은 신입이 더욱 능력 있는 팬이 되도록 돕기 위해 종종 다양한 인터넷 기술을 공유하기 때문이다.

그래서 〈슈퍼주니어〉의 중국 팬들은 "힘이 세고 많은 것을 할 수 있기" 때문에 "대륙 누님들"이라고 불린다. 중국 팬들은 구매력이 있을 뿐만 아니라, 강한 조직력과 문제 해결 능력을 보여주기 때문이다. 이런 기술들은 그들이 외부 세계를 대할 때 강한 정신력을 가질 수 있게 해준다. 그들이 보기에 한국 팬들은 조직이 느슨하다. 한국 팬들은 자원이 풍부하기 때문에 기회를 잡으려고 싸워야 할 이유가 없기 때문이다. 그들의 민족주의는 국가에 대한 자긍심뿐만 아니라 다른 나라와의 비교도 포함하기 때문에 디바에서는 다른 나라의 문화를 칭송할 필요가 없다.

상업적인 소비 활동에서 국가 정체성을 강하게 느낀다는 사실은 국제적 상호작용이 잦아질수록 코스모폴리타니즘이 성장하고 국가 의식이 약해질 것이라는 기존의 상식을 재고하게 만든다. 현재 나타난 바에 의하면, 여러 가지 상황에서 상업적 미디어는 인종적, 국가적 구분, 심지어 계급화에 기반해 작동한다. 그것은 맞춤형 서비스를 위해 국가, 민족, 계급, 종교, 그리고 기타 정체성 표지에 따라 사람들을 차별화하도록 이끄는 자본주의 시장의 구조적 문제이기도 하다.

끝맺음을 위한 논의 : 뉴미디어의 상업적 주체는 어떻게 정치화되는가?

이제 이 연구에서 제기된 논의는 명확해지고 있다. 인터넷 민족주의라는 새로운 국면을 제3의 물결이라고 지칭한다면, 하위문화 청년들의 새로운 특징은 무엇인가? 나아가 초국가적인 질문이 대두한다. 이러한 포스트모던 상업 문화 주제들은 어떻게 정치화되는가? 새롭게 등장한 정치 주체의 본질은 무엇인가? 이 장에서는 이 문제에 대한 약간의 논의로 끝맺고자 한다.

첫째, 상업 문화에서의 정치적 참여와 정체성 형성에 대한 논의는 젠킨스(Jenkins, 2006, p. 219)가 팬 소비자들의 정치적 잠재력에 관해 지적한 바를 따른다. 중국의 맥락에서는 장웨이위(Zhang, 2016) 역시 인터넷 가상 커뮤니티에서 하위문화 집단이 취한 정치화 노선에 주목한 바 있다. 이러한 논의와 비교해 볼 때, 애국적 액티비즘에 대한 현행 연구는 뉴미디어의 상업 문화에 대한 논의의 기본 출발점으로서 정치 경제의 차원을 재소환

한다. 문화 상품에는 반드시 '홈랜드'가 존재한다. 초국가적 소비에서 국가 혹은 다른 종류의 집단 간의 경계에 끊임없이 맞닥뜨리게 되면서, 포스트모던하게 보이던 대중들은 결국 그들 자신의 공동체와 정체성을 인정하거나 찾아 나서지 않을 수 없게 된다.

다음으로, 저우융밍의 '박식한 민족주의' 개념을 빌려, 이 장에서는 '포스트모던하고 박식한 민족주의자 그룹'의 출현을 논하였다. 저우(Zhou, 2005, 2006)가 제시한 민족주의자 인터넷 그룹은 주로 밀리터리 마니아들이다. 그들은 이 연구에서 다루는 팬 커뮤니티와 흥미로운 비교 대조를 이룬다. 첫째, 둘 다 인터넷 하위문화 집단이다. 전자는 '밀리터리 팬'이고 후자는 '아이돌 팬'들이다. 두 그룹을 지칭할 때는 공히 '팬'이라는 단어가 사용되지만, 대개 두 그룹은 성별과 정치적 성향에 있어서 완전히 상반되는 것으로 여겨진다. 대중들에게 밀리터리 팬이라고 하면 주로 남성들의, 이성적·정치적으로 동원된 인터넷 행동을 연상시키고, 아이돌 팬은 여성이고, 감정적이며, 정치적으로 무관심하거나 무의식적이라는 이미지를 가진다. 우리의 연구는 이러한 이분법을 뒤집고, 상업 활동에서 '아이돌 팬들' 또한 소속집단의 정체성, 미디어 리터러시, 정치적 지식, 조직적 능력을 발휘한다는 사실을 강조한다.

하지만 연구를 심화시켜보면, 그들의 정치에 대한 이해란 저우융밍이 차용한 게임 이론, 지정학 및 20세기의 전쟁과 냉전을 거치면서 발달한 서구 이론과는 상당히 다르다는 사실을 알 수 있다. 여성적 애국주의 표현은 과거 애국 민족주의의 물결에 서는 보이지 않았던 것들이다. 그러나 디바 출정의 다원화된 인터넷 공격은 급격한 패러다임의 변화를 가져왔다. 기존의 도발적인 언어에서 벗어나 음식과 풍경을 공유하는 이모티콘, 애국적인 시와 친구 사귀기 등이 등장하면서 장난기와 아이러니, 빈정거림 등 포스트모던한 특징들로 가득하게 된 것이다. 사람들은 대개 출정단의 규율, 효율적인 전략, 엄격한 조직, 강한 전투력 등, 주로 남성적인 특징은 쉽게 인식하지만, 상술한 것 같은 새로운 형태의 민족주의 표현은 홀시하게 마련이다. 그들은 국제 정치에 대한 지식(비록 상업적 미디어를 통한 것이기는 하지만)을 가지고 있는 한편, 담론을 통해 지정학적 군국주의를 해체한다. 디바 출정 기간에 올라온 포스트들을 살펴보면 국제적 권력관계나 중요한 사회 문제에 대한 전략적인 분석은 많지 않았고, 대신 '소소한 이야기', '우정', '맛있는 음식, 아름다운 풍경'이 대부분을 차지하였다.

중요한 것은 참가자들이 의도적으로 이것을 새로운 형태의 연합 전선으로 밀어붙였다는 점이다. 포스트모던 상업 문화, 특히 팬덤과 애니메이션 문화에서 민족주의 담론은 국제 정치의 '전쟁'이나 '음모'를 대체하기 위해 '사랑'이나 '아이디어'를 창의적으로 사용하여, 정서적이고 '귀여운' 상징체계로 다시 코드화해야 한다. 그들의 의사소통 전략은 공격적이지도 않고 방어적이지도 않으며, 상대를 존중하되, 의식적으로 정부와 거리를 둔다. 이 점에서 그들은 확고한 세계관을 갖고 있는 신보수주의자들과 다르며, 미국의 도널드 트럼프 지지자들과도 다른 성향을 가진다.

마지막으로 주목할 만한 점은, '밀리터리 팬'이나 '아이돌 팬' 모두 서구적 근대성의 자원을 산발적으로 활용함으로써 자아를 형성한다는 것이다. 전자는 현실주의와 지정학을 기반으로 삼고, 후자는 냉전 시대 군사 방위를 통해 발전된 '동아시아적 도시 근대성'을 중국식으로 모방한 것이다(吳靖·雲國强, 2007). 앞으로 젊은 애국 집단들이 이러한 탈식민지 세계와 국가적 상상력을 넘어, 중국과 개발도상국을 대상으로 한 자체적이고 내재적인 정서적 정체성과 지식 체계를 개발해낼 수 있을까? 이는 향후 관찰에 의미 있는 지점이 될 것이다.

중국 인터넷 민족주의가 복잡한 양상을 띠는 것은 현재 중국에서 인터넷이 빠르게 보급되면서 그 안에 다양한 세대와 역사 기억 및 삶의 경험이 공존하고 있기 때문이다. 서로 다른 세대와 기억, 그리고 삶의 경험은 공진화하면서, 각자의 특징을 가지고 발전하며, 복잡한 방식으로 상호작용한다(Yang, 2009, p. 37). 향후 뉴미디어 상업 문화에서 전통적인 정치적 스펙트럼과 정치적 척도가 여전히 효과적일지에 대해서는 세심한 관찰과 분석이 있어야 할 것이다.

4장

"오늘 밤 우리는 모두 디바 멤버들이다"

온라인상에서의 감상적이고 유희적인 행동으로서의 사이버 민족주의

왕저

왕저는 저장대학 매스미디어학과 조교수이다.

도입

연구자로서 나는 다음과 같은 특수성과 연구 가치 때문에 '디바 출정'에 흥미를 갖게 되었다. 첫째, 이 온라인 집단행동을 통해 몇몇 소셜 미디어가 민족주의의 새로운 장으로 부상했고, 이에 사이버 민족주의를 재정의하고 재검토해야 할 필요가 생겼다. 둘째, 인터넷 하위문화로 묘사되어오던 '게시판 털기'가 이제 주류에서 인정하는, 국경과 매체를 초월하는 행위로 변모했다. 셋째, 일부 참가자들은 이후 언론과의 인터뷰에서 그들의 행동은 '세뇌' 때문이 아니라고 주장했다. 이는 '능동적 수용자', 그리고 이런 유의 능동적 접근에 대한 몰리(Morley, 1999)의 비판을 떠올리게 했다. 수용자의 행위에만 관심이 쏠리면 수용자의 능동적 수용 뒤에 있는 구조는 무시될 수도 있다. 사이버 민족주의의 문맥에서 행위자와 구조의 관계는 여전히 경험적 검토와 논의를 필요로 한다.

그리하여 이 4장은 '디바 출정' 중 참가자들이 남긴 디지털 흔적들, 특히 차이잉원의 페이스북 페이지에 올린 댓글들을 해석하여 다음과 같은 질문에 대해 논의해 보려고 한다. "사이버 민족주의는 디바 출정 과정에서 어떤 식으로 지속하고 변화하였는가?", "디바 출정 중 네티즌들의 자기 정체성의 구축을 어떻게 이해하고 해석할 수 있을까? 이 집단행동의 배경에는 어떤 맥락의 구조가 자리 잡고 있는가?"

문헌 검토

사이버 민족주의의 진화

민족주의의 기원을 추적하면서 겔너(Gellner, 1983)는 다음과 같이 말했다. 사회 제반 조건이 점차 표준화, 균질화되고 중앙 권력이 지지하는 상위 문화를 엘리트 계층만이 아니라 대중도 향유하게 되면, 교육받은 사람들의 것이었던 일관성 있는 문화가 일종의 메커니즘을 형성하고, 그것이 사람들에게 열렬히, 그리고 능동적으로 받아들여질 수 있는 때가 된다. 정치적 지배의 정통성을 확고히 하는 데서 문화의 역할은 매우 크다. 그러므로 이런 문화적 경계에 대한 어떠한 형태의 침해도 정치권력은 수치스러운 것으로 간주할 것이다(Gellner, 1983, p. 55).

어니스트 겔너가 『민족과 민족주의』(1983)를 발간한 후, 베네딕트 앤더슨이 『상상의 공동체』(1991)를 출판했는데, 그는 여기서 국가를 상상된 정치적 공동체라고 정의했다. 국가가 상상된 것인 이유는 "인구가 아무리 적은 국가라도, 그 국민들이 자기 동포 중 대부분을 만날 수도, 그들에 대해 알 수도, 들을 수도 없기 때문이다. 하지만 자신들을 그 집단의 일부라고 인지하고 있는 국민들에 의해 상상된 사회적으로 구축된 공동체는 있다."(Anderson, 1991, p. 6) 이 둘은 다소 상이하지만, 민족주의에 대한 고전적인 설명이 되어왔고, 민족주의가 최근에 와서야 나타난 것임을 밝혀냈다. 민족주의는 실용적 잠재력이 있으며 몇

몇 신념 및 원칙과 조직적으로 연계되어 있는 일종의 이데올로기로 간주될 수 있다(江宜樺, 1998, pp. 36~37). 대중적 미디어와 표현방식은 이러한 상상을 형상화하고 표현하는 수단이 되었다. 시대와 미디어의 변화는 민족주의의 본질을 바꿀 수는 없지만, 변화된 시대에 적용하는 과정에서 그에 알맞은 매개체를 찾게 된다.

중국적 맥락에서 '민족주의'가 처음 등장한 것은 1902년, 량치차오梁啟超가 그것을 "같은 혈통, 언어, 종교와 관습 등을 가진 일군의 사람들이 독립적인 국가를 이루고 공익을 추구하며 외세의 공격에 저항하려는 열망"이라고 정의하면서이다. 장하오(張灝, 1995)는 량치차오의 민족주의가 개인주의를 억압한다는 것을 발견했다. 량치차오는 자국과 외국의 구분에 주로 강조점을 둠으로써 시민의 자유보다는 국가에 더 주목했다. 량치차오가 만들어낸 용어 목록은 이후 세대에 보이지는 않지만 결정적인 영향력을 행사했다. 그 영향력은 장쩌민의 "조국 통일의 대업 완수를 고취하기 위해 끊임없이 싸우자"는 제목의 담화에서도 잘 드러난다. 장쩌민은 이 담화에서 "통일은 전 중국인의 소망이다. 통일을 이루지 못하면 국민들이 상처받고 고통받을 것이며, 통일이 이루어지면 국민들이 편안하게 살 수 있을 것이다"는 쑨원의 말을 인용했다. 하지만 장쩌민의 담론 체계 속에서는 애국주의가 민족주의를 대체했다. 장쩌민(江澤民, 1995)은 위의 쑨원의 말을 인용한 뒤, "우리는 모든 중국 인민이 다 같이 합심하여 애국주의의 기치를 높이 들어, 재통일을 고수하고 분리에 반대하며 타이완과 관계를 증진하고 조국 통일의 대업을 완수할 것을 호소한다"고 이어서 말했다.

이 담화에 이어 일련의 애국적 집단행동이 일어났다. 예를 들어 1999년 5월 8일에 일어난 사건[1], 2001년의 미국과 중국 사이의 전투기 충돌 사건, 2005년의 반일 시위, 2008년의 까르푸 사건 등이 있었을 때, 중국 민중들은 충동적으로 거리로 나섰다. 인터넷의 발달과 함께 민족주의적 집단행동은 더는 오프라인에 한정되지 않았고, 그럴 수도 없게 되었다. 상상된 지구촌과, 민족국가의 국경선은 아직 없어지지 않았다는 현실은 뚜렷한 대조를 이루고 있다. "bbs.people.cn[2]이 『인민일보』에 의해 개설된 이후, 인터넷은 특히 민족주의를 주제로 여론을 형성하는 데서 상당한 역할을 해왔다."(李金銓·黃煜, 2003) 휴즈(Hughes, 2001)에 따르면, bbs.people.cn에서 사이버 시민의 '전쟁 이야기'war talk가 중국 민족주의의 발흥을 보여준다.

구체적인 집단행동이 처음 나타난 것은 인도네시아의 수하르토 대통령이 야기한 중국인 학살 사태에 항의하고자 중국 해커들이 연합하여 인도네시아 정부와 기업들의 웹사이트를 공격한 사건이다(Qiu, 2006). 그 후로 중국 해커들은 자신들을 '홍커'

---

1. * NATO의 유고슬라비아 주재 중국대사관 폭격 사건을 지칭한다.
2. * '강국포럼'의 전신인 'NATO의 유고대사관 폭격에 대한 강력 항의 포럼'의 도메인 주소.

紅客3라고 부르기 시작했다. 그리고 천수이벤의 집권에 반대하여 벌인 '타이완 대공습'으로 '중국 매파 클럽'이라는 해커 조직이 부상하기도 했다. 통일된 지배 조직하에서 냉소적인 사이버 민족주의는 강력한 테크놀로지를 수단으로 하여 표출되는 경향이 있다. 웡(Wong, 2010, pp. 109~128)은 타이완에 대한 사이버 공격에서 드러나는 타이완을 향한 중국 민족주의의 관습적 태도를 "적대감, 패권주의, 가부장제"라는 표현으로 요약하고 있다. 펀칭4과 홍커는 게시판과 기타 사이버 공격에서 활약하는 모든 행위자의 대명사가 되었다. 중국에서 경제 개혁과 그에 따른 사회변화가 이루어지지 않았다면 아래로부터의 대중 민족주의가 이렇게 활발해지지는 않았을 것이다. 나아가 이 민족주의는 젊은 세대의 내부 규범과 융합되기에 이르렀다(Lagerkvist, 2005). 위에 언급한 관방의 온라인 포럼뿐만 아니라, 오늘날 각 대학의 온라인 게시판, 상업적인 포털 사이트, 도시의 지역주민 홈페이지에서도 민족주의는 새로운 것이 아니다(Qiu, 2006).

사이버 민족주의의 행위자

위의 사이버 민족주의에 대한 논의에서 보았듯이, 사이버

---

3. * 중국어로 해커를 뜻하는 '黑客'에 중국 공산당을 상징하는 붉은 색(紅)을 붙인 합성어로, 애국적인 해커라는 의미이다.
4. '분노청년'(憤怒靑年)의 약칭으로, 사상이 편향되어 있고 감정적이며 극단적인 말과 행동을 하는 청년을 말한다.

민족주의는 커다란 분노를 품고 아래로부터 자체 조직된 것으로 간주되곤 하며, 그 행위자들은 지극히 남성적인 민족의식을 보여준다. 그러나 우리는 사이버 민족주의가 전적으로 아래에서 시작된 자발적인 것인지 밝혀야 하며, 모든 사이버 민족주의 행동의 구조적 원인과 맥락을 재검토해 볼 필요가 있다. 이런 측면에서 그 행동에 참여한 행위자들은 가장 적합한 관찰과 해석의 대상일 뿐만 아니라 그 구조의 핵심을 파악하는 돌파 점이 된다.

이때 '디바 출정'은 사이버 민족주의의 변종이자 연속이다. '디바 출정'의 주체들은 미디어와 대중에게 '소분홍'이라고 불리는데, 소분홍은 애니메이션, 만화, 게임(소위 ACG[5])에 열광하며, 애국주의나 연예인 관련 주제에 흥분하는 소녀들을 의미한다. 이 행위자들을 소분홍과 디바 멤버 중 어느 것으로 명명할지 논의의 여지가 있지만, 이들의 등장은 사이버 민족주의와 관련하여 새로운 담론의 특질과 행동 전략이 나타나고 있음을 보여준다. 따라서 '적대감, 패권주의, 가부장제'라는 기존의 관점에 대해서는 약간의 조정이 있어야 할 것이다.

확실한 것은 소분홍이든 디바든, '디바 출정'에 참여한 행위자는 모두 하위문화의 소비자라는 점이다. 그것은 중국의 젊은 네티즌에게서 홀시할 수 없는 부분이다. 또한 이들은 민족주의

---

5. * ACG는 animation(애니메이션), comics(만화), game(게임)의 약자이다.

의 영향을 받은 젊은 세대이기도 하다. 처음에 하위문화는 주로 행동과 외견이 주류 집단과 다른 젊은 노동자 계층에 대한 연구를 통해 정의되었다. 사이버 하위문화 집단에 있어 가장 매력적인 부분은 최초로 네트워크의 유행어를 인용하고 창조하고 적용하는 데에 있다. 예를 들어 '디바'에서 만들어지고 쓰인 '루저'屌絲라는 말은 그 주변성, 비판성, 대항성, 개방성, 그리고 오락적인 면모 때문에 포스트모던 문화의 특성을 가진 것으로 볼 수 있다(李超民·李禮, 2013). 헤브디지(Hebdige, 1979)의 관점에 따르면 이러한 언어의 운용은 양식화된 묘사에 의해 이루어지는데, 이는 이 집단에 대안 정체성을 위한 공간을 제공해 준다. '디바'의 진화에서 온라인상의 '게시판 털기'라는 행동도 같은 역할을 했는데, 이는 통상적인 네트워크의 질서를 파괴하고 다른 사람들의 심리와 사고방식에 상처를 줄 수 있기 때문에 일반인들의 참여와 표현을 소외시킨다고도 간주되어 왔다(羅以澄·趙平喜, 2012).

그러나 일부 학자들은 하위문화에 대한 후속 연구에서 지금의 하위문화는 더는 이전처럼 영웅적인 방식으로 주류 문화와 맞서지 않는다고 보았다. 예를 들어 클라크(Clark, 2003, pp. 223~236)는 현재의 하위문화는 정치적 행동을 통해 상품으로 재구성되고, 반항과 일탈의 이미지는 전략의 하나일 뿐이며, 주류문화와의 협력을 위한 잘 팔릴 만한 스타일일 뿐이라고 시사했다. 그리고 손튼(Thornton, 1995)의 주장에 따르면, 하위문화는 주류문화에 대해 반항과 더불어 타협도 함께 드러내며, 타협을 통해 더욱 복잡한 관계를 맺는다. '디바 출정'에서 민족주의가 사이버 하위문화에 적용될 수 있는 이유는 하위문화와 주류 이데올로기 사이의 복잡한 관계 때문이다.

그럼에도 불구하고 사이버 하위문화에 대한 논의는 대개 행위자가 수행하는 행동의 과정을 개인에서 특정 집단으로 향하는 단선적 과정으로 간주한다. 현대 사회에서 행위자를 묘사하는 데 있어, 바우만(Bauman, 2001)과 벡과 벡-게른스하임(Beck & Beck-Gernsheim, 2002)은 그들을 '개인화'를 통해 이해하려고 했다. 자유와 안전 사이의 모순에 대해 논하면서 바우만은 이 집단은 호각 소리에 집합하는, 유동적 근대성 안의 '페그 공동체'[6]라고 말했다. 그러나 페그 공동체의 비헌신성은 '디바 출정'의 민족주의적 결집력을 설명해 주지 못한다. 좀 더 정확히 말하자면, 가상의 공동체를 만들고 함께 모여 인터넷에서 황당한 말을 만들어내는 네티즌들은 만족감을 추구한 다음에야 유동적 집단을 구성하는 경향이 있다(黃厚銘·林意仁, 2013). 이런 사이버 집단은 공고화된 집단으로 볼 수는 없으며, 그보다는

---

6. * 바우만의 페그 공동체(peg community)는 윤리적 공동체와 대비되는 말이다. 희생과 책임, 사랑 등을 기반으로 한 장기적 관계를 가지는 윤리적 공동체와는 달리, 페그 공동체는 스포츠 게임이나 아이돌 같은 관심사를 중심으로 관객으로서 서로 연결되지 않은 사람들이 모이는 공동체를 말한다. 바우만은 현대 사회에서 사람들의 관계는 점차 윤리적 공동체보다는 페그 공동체에 의해 구성되고 있다고 주장한다.

'집단적 열광'(黃厚銘·林意仁, 2013)이라고 볼 수 있을 것이다. 왜냐하면 이들은 개인주의와 집단주의의 딜레마를 초월하고 있기 때문이다. 덧붙여 디바와 소분홍이라는 라벨은 일종의 명명 전략과 차별화의 논리에 가깝다.

한편으로 '디바 출정'의 참가자들은 네트워크를 통해 현실 세계의 공동체에서 해방되었고, 개인의 기본적인 충동이 더는 가족과 학교, 혹은 기타 동질적 집단세력에 의해 억제되지 않는다. 그러나 재미로 그리고 분위기에 따라 (예를 들어 "디바가 출정하면 풀 한 포기 안 남는다. 단체관광 왔다. 찢어버리려 온 거 아니다. 그냥 놀러 왔다"와 같은) 댓글을 남기는 행위 안에는 공동체가 지속되기를 바라는 마음이 존재한다. '디바 출정'에 참가한 이들이 모두 '디바'(이 커뮤니티는 일차집단이라는 전제에 근거하고 있지 않다) 회원이었던 것도 아니다. 대부분은 강력한 연대감이 없는 네티즌들이었다. 그러나 이 참가자들은 '파이트 클럽', '페이스북 디바 기지'와 같은 다수의 QQ 오픈채팅방을 조직적으로 만들었는데, 이는 초기 및 후기 단계에서 개별 참가자를 한데 모으는 역할을 했다. 그러나 이런 커뮤니티는 유동적이고 가변적이다. 일례로 '페이스북 디바 기지'의 회원들은 1월 24일에 여전히 타이완의 '재통일과 독립 문제'에 관해 이야기하고 있었지만, 그 주제는 이후 정치와 당시의 사회적 사건보다는 오락, 일상생활, 그리고 사회생활로 변했다. 그뿐 아니라, 그룹명도 '디바'라는 라벨을 떼고 "당당한 FB 대륙인"으로 바뀌었다.

다른 한편, 사이버 민족주의는 통일된 공격 목표와 특정한 적을 확립함으로써 네티즌들을 모으려고 한다. 그런 가운데 개인의 사회심리와 집단의 사회심리를 통합하려고 하면서도, 네티즌들이 자신의 개성을 과시할 수 있는 공간도 남겨두고 있다. 그 결과 네티즌들은 그들의 애정과 증오, 언어의 개혁과 보급, 밈 문화를 집단적 목소리 안에 뒤섞어 넣을 수 있었다. 사이버 하위문화는 확실히 이러한 감정적이고 유희적인 방식으로 실현되고 있다. 뒤르켐(Durkheim, 1995)의 후기 이론에 따르면, 도덕의 구조적 토대로서 종교는 현대사회에도 여전히 필요하며, 사람들의 감정적 상호작용을 일으키기 위해 정기적인 의식이 필요하다. 의식과 축제에서 생겨나는 집단적인 흥분은 사회 구성원의 공통된 신념을 반영하고, 사회의 존재 자체를 유지하게 해준다. '디바 출정'에서 사이버 공간은 '동시 접속'과 대규모, 고밀도의 집단 상호작용이라는 특징을 이용해 집단적 흥분이라는 기존의 현상이 폭발적으로 일어날 수 있는 멋진 무대를 제공해주었다. 소셜 미디어는 스팸 댓글, 중복된 내용, 서로 간의 '좋아요(추천)' 숫자를 눈으로 볼 수 있기에, 행위유발성이라는 특징을 가진다. 이로 인해 "전우들" 사이에서 "적을 무너뜨려라" 같은 구호가 참가자들을 쉽게 흥분시킬 수 있다. 민족주의에의 공통된 신념과 사회적 응집력은 이러한 집단적인 감정적 상호작용을 통해 갱신되고 강화되어 왔다.

연구 방법

(1월 20일 새벽 0시부터 1월 21일 자정까지의) '디바 출정' 동안 차이잉원의 페이스북 페이지에 남겨진 댓글들은 2016년 3월 8일 본 연구에 의해 설계된 API[7]를 통해 캡처되었으며, 그 수는 13,684이다. 댓글에서 얻은 모든 정보는 시간, 내용, 계정, 그리고 '좋아요'의 수로 분류되었다. 그리고 연구자는 실제적 관찰과 사건의 전체적 조망을 위해 위에 말한 페이스북 사건 이후 설립된 '디바 중앙 부서'와 그에 해당하는 QQ 오픈채팅방에 참여했다.

모든 댓글을 살펴본 뒤, 연구자는 '템플릿 댓글'을 기계 정렬 방식으로 80% 유사도에 복제 횟수가 10회 이상인 것으로 규정하고 총 57종의 템플릿을 찾아냈다. 데이터 시각화를 위한 공간이 제한적이기 때문에 반복 횟수의 순서대로 상위 103개 템플릿을 선택했고, 48시간 내의 변동 추세는 〈그림 4.1〉과 같다. '팔영팔치'[8](N = 2,096), 향수(N = 447), 의용군 행진곡(N = 276),

---

7. * Application Program Interface(애플리케이션 프로그래밍 인터페이스)의 약자이다.

8. * 후진타오가 2006년 3월 4일 전국 정협 민영민진 연조회에서 제출한 신시대 사회주의 영욕관에 대한 논술이며 구체적인 내용은 아래와 같다. "조국을 사랑하는 것은 영예, 조국에 해를 끼치는 것은 수치, 인민을 위한 봉사는 영예, 인민에 대한 배신은 수치, 과학의 숭상은 영예, 우매와 무지는 수치, 근면한 노동은 영예, 편한 것을 좋아하고 일하기 싫어하는 것은 수치, 단결과 상호부조는 영예, 남에게 해를 끼치고 자기만을 위하는 것은 수치, 성실하고 신의를 지키는 것은 영예, 이익을 좇아 의를 잊는 것은 수치, 규율과 법을 지키는 것은 영예, 법을 어기고 규율을 혼란하게 하는 것은 수치, 각고분투하는 것은 영예,

조국의 송가(N = 245), 타이완의 이름으로(N = 195), 타이완은
양도할 수 없는 중국 영토의 일부이다(N = 172), 디바가 출정하
면 풀 한 포기도 안 남는다(N = 95), 마카오의 노래(N = 78), 우
리는 마카오를 1999년에 고국으로 데려왔다(N = 77), 중국공산
당중앙위원회를 중심으로 굳게 결속하라(N = 73). 위의 상위 10
개 댓글의 총수는 3,727건이며, 48시간 내 전체 댓글의 27%를
차지한다. 반복되지 않는 댓글 수는 5,749건이며, 48시간 내 전
체 댓글의 42%를 차지한다. 이 연구에서는 이처럼 반복되지 않
는 댓글에 대해서는 단어의 등장 빈도수와 동시 발생 수를 계
산하였다. 또한 향후의 해석적 분석을 위하여 가장 많이 반복
되는 상위 40개 단어를 〈표 4.1〉에서 제시하였고, 상위 30개 단
의 동시 발생 수는 〈표 4.2〉에 제시하였다.

연구 결과

'디바 출정'의 시간 패턴

상위 10개 패턴 댓글의 변동에서 판단해 볼 때, 실제로 이
집단행동의 정점은 단 한 시간 동안(1월 20일 19시~20시)만 지
속됐으며, 전체 48시간 중에 그 한 시간 동안 상위 10개 패턴 중
6개가 최고치에 도달했음을 쉽게 알 수 있다. 그 6개는 '팔영팔

교만과 사치 그리고 음란방탕한 것은 수치."

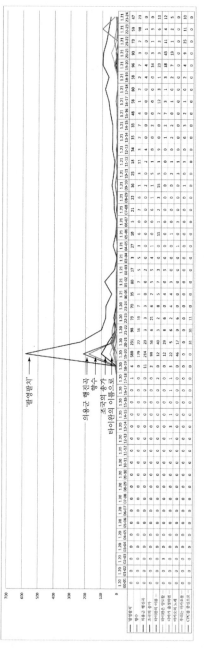

〈그림 4.1〉 48시간 내의 10대 텔플링 댓글들

단어	빈도	단어	빈도	단어	빈도	단어	빈도
타이완	5743	정치	486	동포	378	선포	286
대륙	3777	경제	474	성장(省長)	375	공비	277
중국	2771	일본	465	자유	359	상품	272
타이완 독립	1093	통일	450	문화	358	생산	255
민주주의	858	세계	424	반대	345	중공	255
양안	607	정부	411	지지	338	미래	242
차이잉원	606	조국	397	교육	334	번체자	240
미국	597	중화민국	396	사회	323	마오쩌둥	237
독립	505	국민당	392	가치	320	도덕	237
총통	496	역사	388	미디어	302	기술	228

〈표 4.1〉 반복되지 않는 댓글의 단어 빈도 (상위 40개)

치'(N = 580), 의용군 행진곡(N = 214), 향수(N = 17), 조국의 송가(N = 99), 마카오의 노래(N = 46), "디바 출정"(N = 22)이다. 위의 여섯 개 템플릿은 '디바 출정'에서 행동 개시를 알림과 동시에 웨이보에 공개됐다. 그러나 역사적 서사와 정치적 가치에 관련된 템플릿들, 즉 "타이완의 이름으로"(N = 40), "중국공산당중앙위원회를 중심으로 긴밀히 결속하라"(N = 31)는 한 시간 뒤(1월 20일 20시~21시)에야 정점에 도달했다. 그 전체 수량 또한

단어 1	단어 2	동시출현 횟수	단어 1	단어 2	동시 출현 횟수
타이완	중국	1312	독립	타이완	288
대륙	타이완	1219	세계	타이완	280
타이완 독립	타이완	385	세계	중국	263
타이완	동포	381	타이완	정부	247
경제	타이완	331	타이완	정치	230
민주주의	타이완	322	타이완	차이잉원	226
대륙	문화	311	미국	타이완	222
타이완	문화	302	민족	중화	223
대륙	경제	297	통일	중국	204
타이완	통일	296	타이완	자유	185

〈표 4.2〉 반복되지 않는 댓글에 함께 등장하는 어휘들 (상위 30개)

다른 경로를 통해 '디바 출정' 메시지를 받은 네티즌들이 처음 한 시간 동안 올린 글의 양보다 적었다. 그리고 "타이완은 양도할 수 없는 중국 영토의 일부이다", "우리는 1999년에 마카오를 고국으로 데려왔다"는 각각 1월 21일 20시~21시와 1월 21일 21시~22시에 43과 25의 정점에 도달했다. 다음날까지 이어서 '디바 출정'의 명의로 댓글 스패밍을 벌인 이들도 있었다.

이처럼 패턴 댓글에서 나타난 시간 패턴은 사이버 민족주의 행위자들이 지속적이고 고정된 조직이라기보다는 유동적인 그룹의 특징을 띤다는 것을 증명한다. 이전의 사이버 민족주의 공격은 해커들의 기술이 개입된 네트워크적 접근이었다면, 이번 '디바 출정'은 모든 사람이 참여할 수 있는 전쟁 게임에 가까워 보인다. 실제로 '디바 출정'은 잘 조직되어 있는 것처럼 보이지만 탈중심화되고 복잡다단하다. 예를 들어, 〈중국 공산주의 청년단〉의 웨이보 계정은 '디바 출정'을 지지하는 의미에서 「대장정」長征[9] 시를 올렸고, 20시 10분에 한 참가자가 "동지들, 전선에 참가하고 싶으면 지금 바로 공산주의 청년단의 지시에 따라 「대장정」을 포스팅하라."는 메시지를 올렸다. 그러나 여기에 응답하는 이는 거의 없었고 1시간 동안 32건의 대장정 관련 메시지가 올라오는 데 그쳤으며, 48시간 내 최고치는 겨우 56건이었다. 대부분의 네티즌은 기존의 권력 핵심에 따르는 대신, 미지의 전장에서 제멋대로 적을 만들어내는 전쟁 게임에 빠져드는 것을 더 선호한다. 따라서 양궈빈(楊國斌, 2013)이 인터넷 사건을 연구하면서 감정 동원과 관련해 "감정은 단순히 집단행동의 원천이나 도구만이 아니라 투쟁의 힘"(p. 257)이라고 지적한 것처럼, 집합적 흥분만이 행동의 모티브였다.

긍정적인 감정 댓글

---

9. * 마오쩌둥이 1935년에 쓴 시의 제목.

10회 이상 반복되는 패턴 댓글의 내용을 보면 91%가 사랑(애국심, 시, 노래)과 관련된 언어이다. 다섯 개의 댓글만이 "망할 타이완 독립주의자들에게 핵을 날려라", "우물 안 개구리" 등 모욕적인 언어를 포함하고 있는데, 한 시간 이내에 집중적으로 올라온 것들이다. 아마도 개인에 의해 포스팅된 것으로, 상위 10개 패턴 댓글처럼 집단행동의 결과물은 아닌 것 같다.

긍정적인 감정을 주된 매력으로 삼는 패턴 댓글은 '디바 출정'에서 전략적 합리성을 보여주었다. '합리성'이란 이 집단적 폭력을 개별 참여자가 혼자 감당하지 않도록 분산시킴으로써 심리적 한계점을 낮추었다는 의미이다. 디지털 논리에 기반한 대규모 전략은 사이버 집단 괴롭힘으로 보일 수도 있다. 그러나 참가자와 이를 지켜보는 사람들 입장에서 '팔영팔치', 「향수」, 〈조국의 송가〉와 같은 내용을 복사해서 붙이는 것은 폭력이 아니라 조국과 애국적인 타이완 인민을 향한 '사랑'의 표현이었다. 조국과 애국적인 타이완 인민을 사랑했을 뿐 아니라, 이 출정 게임은 사람들의 일상생활 속으로 녹아들어 갔다. 참가자들이 사진을 올릴 수는 없었지만, 지역적 특색을 띤 음식명들이 댓글에 빈번히 등장했다. "허베이 사람들은 타이완의 애국자들을 따뜻하게 맞아줄 거야. 예로부터 허베이는 비장하게 노래하는 선비들이 많았고, 명승고적도 많아. 중국 대륙과 타이완 사이에 전쟁이 일어나면 허베이로 와라. 우리가 타이완을 안전하게 보호해주마!", "후베이의 '러간멘', 둥베이의 '꿔

바로우'를 대신해 인사드립니다"[10] 등과 같은 댓글들이 말이다. 가장 많이 등장하는 지명들은 홍콩(N = 134), 베이징(N = 122), 푸젠(N = 105), 광둥(N = 68), 허난(N = 48), 난징(N = 40), 저장(N = 31), 장쑤(N = 31) 등이다. 익명의 집단행동이긴 했지만 네티즌들은 자신들의 댓글을 좀 더 "개인적"인 것으로 만들고자 했음을 알 수 있다.

댓글 공격의 참가자 중에서 '이성적'이고 '비폭력적'인 일부는 욕설 댓글(위의 "망할 타이완 독립주의자에 핵을 날려라", "우물 안 개구리" 등의)을 보자 다음과 같이 말하며 이 욕설 댓글들과 확실히 선을 그었다. "민진당[11]의 사이버 부대가 또 대륙인인 척하고 있나? 적당히 하라고!" "차이 아줌마[12], 댓글부대 좀 제대로 된 애들을 써라. 우리는 소위 '망할 타이완 독립주의자'를 치려는 게 아니야. 너희는 자유 민주주의라고 하니까 어디 우리 말 좀 들어봐." 그러나 어떤 이들은 "여기 망할 타이완 독립주의자들을 밟아버리자. 너희들 댓글부대인 거 다 알아. 똑바로 좀 해. 헛짓해서 타이완과 대륙 인민들 상처 주지 말고", "엉망진창이야. 적과 아군을 구별할 수가 없어!" 같은 글을 계속 올리기도 했다. 참가자들의 이성과 감성이 충돌하는 것을 막기 위

---

10. * 러간멘(熱乾麵)은 후베이의 대표적인 면 요리이고, 꿔바로우(回鍋肉)는 중국식 찹쌀 탕수육으로, 둥베이 지역의 대표 요리다.
11. * 타이완의 총통인 차이잉원의 소속 정당.
12. * 차이잉원을 지칭한다.

해서는 옳은 쪽과 나쁜 쪽이 명확하게 구분되어야 했다. 그래야 이들 참가자들의(특히 ACG 문화에서 성장한 젊은 세대의) 이분법적인 세계관이 유지될 수 있기 때문이다.

하지만 반복되지 않는 댓글들은 타이완에 대한 중국 본토의 패권적이고 가부장적인 태도를 보여준다. 그 예로 다음과 같은 댓글들을 들 수 있다. "네놈은 이 중국 아비가 욕할 필요도 없어", "너무 심하게 혼내지 마! 이러니저러니 해도 우리 아들이니까", "딸아, 독립은 배신이고, 네 아버지를 잊는 건 불효다! 박애의 마음도, 민족의 대의도 없구나! 네가 그런 딸내미라도 이 아비는 너를 사랑으로 가르칠 게다! 네가 사춘기가 된 거라는 걸 안다. 몇 대 맞고 나면 아버지에게 잘못했다고 빌겠지!", "네가 감히 독립을 선언한다면, 널 때려줄 수밖에 없어. 서양 사람들은 자기 아이를 때리지 않는다지만, 중국인들은 언제나 그래왔다고!" 이러한 가부장적인 사랑은 패턴화되지 않은 댓글들에서 흔히 볼 수 있는데, 이는 중국 본토를 정치, 경치, 그리고 문화의 관점에서 세계의 중심으로 보는 일종의 우월 콤플렉스[13]의 표현이다. "권력 상승" 논리의 민족주의는 '디바 출정' 과정에서의 감정적인 템플릿 댓글들에 의해 가려져 있다.

---

13. * 강한 열등감을 극복하거나 감추기 위해 자신이 다른 사람보다 우월하다고 믿는 병리적 신념.

게임과 같은 출정 전략

'디바 출정' 소식이 빠르게 퍼지자, 일부 네티즌들은 1월 20일 19시부터 차이잉원의 페이스북 페이지에 다음과 같이 댓글들을 남겼다. "구경하기 좋은 자리 잡는 중", "디바가 온다고? 웨이보랑 톈야 단체관광단 준비 완료", "곧 디바가 전투를 한다니, 해바라기 씨와 의자 챙겨서 구경할 준비 끝. 내가 첫 댓글이야", "광둥 사람 디바 출정 워밍업 중! 망할 타이완의 독립주의자 놈들." 이 모든 과정은 마치 젊은 세대들에게 친숙한 전략 게임 같다. "조국의 동포들에게 알려라! 미사일 부대 후방 집결 완료! 카운트다운이 시작!", "펄볼그14 군대 납시오", "워바15에서 구경 왔다", "주의: 중국 공산주의 청년단 러청樂城청년단 위원회가 이끄는 디바 지역 조직의 제3부대 출동 준비 완료", "팔영팔치, 「향수」, 〈의용군행진곡〉은 다 외웠고, 다만 마작 게임을 하고 싶을 뿐이야", "너도 혼자 게임하면 재미없을 거야. 사실은 나도 이모티콘 밈 게임이 보고 싶어", "엄청난 수의 타이완 독립주의자들이 나타났다. 도와줘!!!", "차이 구청장, 내가 오늘 계정 네 개로 달렸더니 피곤하군. 너희 타이완 놈들은 신고하는 거 말고 뭐 할 수 있는 거나 있어? 헤헤, 그래 보라구, 어디 내가 물러설 줄 알고!"

---

14. * 인기 게임인 월드 오브 워크래프트(WOW)에 등장하는 종족.
15. * 窩吧. 중국 사교 플랫폼의 하나.

2002년 월드컵 기간에 일본 축구 팬들에게서도 '디바 출정'의 참가자들과 같은 열광적인 현상이 나타난 바 있다. 일본의 심리학자 가야마 리카의 주장에 따르면, 이러한 국민적 혐오 행동과 발언(예를 들면 스포츠 축제에 낡은 민족주의적 표지가 게시된 것)은 심각한 의미 없이 마치 게임처럼 문화적 연대의 표현으로 사용된 것이다(Kayama, 2002). '디바 출정'은 참가자들이 "애국적 전사"라는 역할을 할 수 있기 때문에 전략 게임이라고 할 수 있다. 사람들은 그냥 재미로 게임에 참여할 수 있다("나는 그냥 구경하러 왔어", "이모티콘 좀 보내줘"). 타이완에 대한 이들의 태도가 가부장적인 아버지처럼 너그럽긴 하지만, '디바 출정'에는 전쟁 사령관처럼 집단적 책임이 수반될 수도 있다. 예를 들어 다음과 같은 언급이 있었다. "게시판 도배할 때 타이완 아가들이 욕을 해도 우리는 냉정해야 한다. 우리나라는 격식이 있는 나라이고, 우리는 그들을 말로 설복시켜야 하기 때문이다. 타이완 아가들이 우리를 매너가 나쁘다고 비난하는 일은 없어야 한다. 제멋대로지만 결국 우리의 아이들이며, 우리는 외국인들에게 우리가 가진 위대한 힘을 보여주어야 한다." 그리고 "우리는 우월한 민족이니까 품위를 잃지 말자." 이처럼 참가자들은 "합법적이고" "정의롭게" 이 게임에 더 많은 문화적 기능과 사회적 중요성을 부여하고자 최선을 다했다.

　　'디바 출정'은 특정 지점을 정복하기 위해 지휘 본부가 명령을 내리는 출정처럼 보이지만, 사실상 참가자들이 그 속에서 상호적인 국민 정체성을 구축해나갔던 게임이다("디바 출정, 나는 오늘 위풍당당한 중국인이며, 중국인임이 자랑스럽다", "차이총통, 나는 이 사건 후 더 애국심이 강해진 나를 발견했어. 디바 친구들이 이런 활동을 정기적으로 주최했으면 좋겠어.") 주체성이란 다른 주체에 의한 인정과 확인이 있어야 하기에, 각 주체와 다른 주체 사이에서는 일종의 상호주관성을 만들어진다. 이와 비슷하게, 유효한 자기 정체성을 형성하고 싶다면, 그/그녀는 유사한 정체성을 추구하는 다른 사람들과 동일시하는 과정을 거쳐야 한다. 그 결과, 민족주의라는 "통일된 상상력"은 사이버 공간 속에서 재생산될 수 있는 것이다.

'디바 출정' 뒤의 맥락 구조

그렇다면 '디바 출정'의 행위자들은 왜 감정적이고 유희적인 방식으로 민족주의를 실행했을까? 이 집단행동의 맥락 구조는 무엇인가? 1995년 이후 중국 정부는 교육과정에서 애국심을 고취하려는 노력을 해 왔는데, 이는 사회주의 핵심 가치 체계에서 교육의 네 가지 기본 요소 중 하나이다. 네 가지 기본 요소는 "맑스주의와 중국 공산당의 가치관에 대한 교육, 중국 특색 사회주의의 공통적 이상에 대한 교육, 애국주의를 핵심으로 하는 민족 가치 및 개혁과 혁신을 핵심으로 하는 시대적 가치에 대한 교육, 명예와 불명예와 대한 사회주의적 개념의 교육"인데, 여기에서의 "애국"이 '디바 출정'의 주요 참가자들을 키워온 배경이 되었다. 또한 1997년의 홍콩 반환, 1999년의 마카오 반환 이후 "중국의 신성한 영토로 분할할 수 없는 일부분"은 타이완 하나만 남았다. "타이완 사람들아, 우리가 '일국양제' 정책을 채택할 수 있으니 너희가 사회주의자로 전향할 필요는 없어. 홍콩과 마카오 사람들도 지금 아주 잘 지내고 있잖아." 본 연구에서 수집한 댓글들에서 우리는 일종의 역사적 상호텍스트성을 발견했는데,「마카오의 노래」와 "우리는 1999년에 마카오를 집으로 데리고 왔다"를 모방한 댓글들에서 그런 측면이 드러난다. 그리고 몇몇 참가자들은 그 역사적 사건들과 관한 개인적인 경험을 적기도 했다. "난 홍콩이 반환된 1997년에 태어났고, '디바 출정'이 일어난 2016년에 대학생이 되었다", "나는 유치원생일 때 타이완이 중국의 분할할 수 없는 영토이자 중국의 아들이라는 것을 알게 됐다. 위광중의 시「향수」는 타이완인들의 중국 본토에 대한 향수를 그리고 있으며, 중국은 고대로부터 타이완의 반박할 수 없는 뿌리임을 말하고 있다."

'디바 출정'에서 이 복잡한 민족주의적 감정이 장난스러운 축제처럼 표현되는 이유는 그 행위자들의 성장 과정과 밀접하게 관련되어 있다. 네트워크의 출현, 특히 SNS의 부상으로 정부는 "애국주의적 선전은 단순하면서도 심오하고 다양하며, 생생하고 실용적"이어야 함을 깨닫게 되었다. 이는 사이버 문화가 표현의 범정치화와 형식의 범엔터테인먼트화[16]라는 독자적인 주제를 획득하기 시작했다는 것을 의미한다. 복잡한 민족주의적 용어를 승리의 감정과 직접적으로 통합함으로써, 집단행동은 온라인 게임으로 변모한다. 이제 주류 교육과 하위문화 간의 갈등은 존재하지 않는다. 양쪽 다 범엔터테인먼트의 형식을 채용하고 있기 때문이다. 〈그 해, 그 토끼, 그 일들〉이 만화와 애니메이션 시장에서 큰 성공을 거둔 것이 대표적인 예이다. 정부는 여기에 어떠한 자본도 투자하지 않았지만, 그 내용은 교과서의 내용과 동일하며, 이 두 가지가 함께 '디바 출정' 참가자들의 '역사 지식'을 구성하고 있다. "타이완 사람들아, 〈그 해, 그 토끼, 그 일들〉 봤니? 본토와의 분리는 생각도 해 본 적 없는 장제스는 자기 몸은 중국에 속해 있다고 했지. 차이 아줌마, 아줌마가 민진당의 당수라고 해도 지금 상황을 똑바로 봐야 할 거야. 당신이 감히 타이완의 독립을 추진하려 한다면, 아무도 당신 몸이 '분리'되는 걸 막을 수 없을 거야."

한편, 이 네트워크상에서 수많은 참가자로 북적거린 이 축제는 이모티콘 패키지, 이미지, 시, 패러디 등 '디바 출정'의 '게임 소품들'에 직접인 영향을 끼쳤다. 차이잉원의 페이스북 페이지에는 이미지 올리기 기능이 차단되어 있었는데, 몇몇 참가자들

---

16. * 범엔터테인먼트(pan-entertainment)란 인기 콘텐츠를 활용하여 영화, 소설, 만화, 영상 등 다양한 엔터테인먼트 콘텐츠로 재창조하고 나아가 상품화하는 것을 의미한다. 중국의 온라인 플랫폼 회사들을 중심으로 추진하고 있는 주요 엔터테인먼트 산업 전략이다.

은 이를 "비민주적"이라고 불평했다. "더 많이 소통해야 하잖아! 자유민주 이미지 기능 풀어달라고. 자유민주가 최고라며?", "진짜 이건 말도 안 돼. 이미지 업로드가 안 되면 린정신 이모티콘을 올릴 수가 없잖아." "이제는 복붙할 글도 다 떨어졌다." 결과적으로, 산재되어 있는 "적대감, 패권주의, 가부장제"는 이 유쾌함으로 가득한 집단적 축제에 의해 가려진다. 그리고 이 장난스러운 즐거움은 '디바 출정' 참가자들의 정체성을 상징하게 되었고, '출정'이 끝난 후 이를 해석하고자 한 기자들이나 연구자들에 의해 수집 정리되었다. 그리하여 행위가 이루어지는 방식의 명확한 차이가 '디바 출정'의 사이버 민족주의 담론과 이전의 사이버 민족주의적 집단행동을 명확히 구별 짓고 있다.

　새로운 흥미 중심의 게임 패러다임을 공유함으로써, 사이버 민족주의는 각 이해 당사자들이 상호활동을 할 수 있도록 활동 계획을 수립하는 역할을 담당한다. 1995년 이래, 중국의 인터넷은 군사와 교육 분야를 통해 사람들의 일상생활 속에 상업적으로 스며들어 왔다. 권위주의적인 정치체제가 네트워크 기술의 결과물과 직면할 수밖에 없을 때, 그들은 끊임없이 자신을 조정해 나가야 한다. 이를 맥키넌(MacKinnon, 2011)은 네트워크화된 권위주의라고 명명했다. 이는 일명 네트워크화된 권위주의 정부라고도 하는데, 그 안에서 일반인들은 인터넷이나 SNS에 많은 댓글이 올라오면 자신들이 매우 자유로워졌다고 느끼게 된다. 예를 들어 '디바 출정'의 행위자들은 그들이 '출정'

을 행하고 '거대한 방화벽'을 넘어설 수 있었다는 것을 증명했다. 하지만 이런 류의 자유와 개인의 권리는 보장될 수 없는 것이며, 여전히 집권당이 실제 권력을 쥐고 있다. 집권당은 트렌드를 따라가기 위해 최선을 다해야 하는 한편, 새로운 기술이 불러온 정치적 잡음들을 피해야만 한다. 한편으로는 사람들의 의견을 듣고 인터넷상의 공공 서비스를 개선하고자 하지만, 다른 한편으로는 사람들의 열렬한 표현과 집착을 통제하고자 노력해 왔다.

'디바' 출정이 기술적으로 방화벽을 뛰어넘었지만, 리융강(2008, pp. 79~87)의 관찰에 의하면, 국가의 방화벽은 어떤 의미로는 "단순히 존재하는 기술이 아니고, 지배당의 관리 의도를 나타내는 최고의 메타포이다." 집단행동과 이 메타포가 일치할 때만 집단적으로 이 기술적 장벽을 뛰어넘는 것이 가능해진다. 인터넷을 제어하는 주도 세력으로서의 중앙 정부와 관리자, 인터넷 회사 운영자, 그리고 네티즌들 모두가 서로 장단점을 따져본 뒤 협력하기로 해야 하는 것이다. 그리하여 '국가의 방화벽'은 법과 기술에만이 아니라, 사람들의 마음속에도 세워져 있다.

'디바 출정'은 중국 정부에 의해 통제되고 있는 상업 사이버 공간을 기반으로, 열려 있는 국제적 사이버 공간에 공격을 가한 것이라고 볼 수 있다. 또한 그 이후 일반 사이버 공간과 중앙 정부의 선전용 사이버 공간에서는 각자 다른 여론의 영역이 형성되었다. 중국의 상업 네트워크 기업들은 정부에서 표현의 자유를 용인하는 한계선을 재확인함으로써, 인터넷의 다수 의견이라는 자원을 이용해 정부에 압력을 가할 수도 있는 "불순한 의도의 세력"에 대비하고자 하였다. '디바 출정' 이후 홍콩대학에서 개발한 (웨이보의 삭제된 글을 복구하는 프로그램인) 웨이보스코프를 사용해 시나 웨이보에서 차단된 메시지들을 조사한 결과, "나는 중국 공산주의 청년단이었고, 지금도 중앙위원회를 열렬히 지지한다. 중국 인민들이 매일 방화벽을 넘을 수있게 해달라"와 같은 'VPN'에 관련된 다수의 메시지가 삭제되었음을 발견했다. 동시에 '디바 출정'의 초기 단계에 웨이보에서는 팔로워 수가 증가했지만, 주요 라이브 방송 플랫폼은 이 출정에 관련된 영상들을 빠른 시간 내에 삭제했다. 라이브 방송이라는 신기술은 분명히 더 많은 위험성을 수반한다. 첫째, '디바 출정' 라이브 방송에서 중계하는 대상이 페이스북으로, 외국의 소셜네트워크 플랫폼이기 때문에 중국 내에서 제어할 수있는 여지가 거의 없기 때문이다. 둘째, 이런 라이브 방송 플랫폼은 인터넷에 갓 진출한 신생 업체로서, 평소에도 '외설적인 콘텐츠'의 송출 문제로 인해 상업적인 위험에 직면하고 있다. 그결과 네트워크 기업들은 어떤 정치적 사건에도 관여되기를 바라지 않았다.

인터넷 중심의 테크놀로지 기업의 입장으로서는 모든 이용자가 관리 가능한 활동가로 변신할 수 있다면 그들의 상업적 가치는 더 높아질 것이다. 그들의 행동을 통해 더 많은 트래

픽과 수익이 생겨날 것이기 때문이다. 게다가 감정 표현은 공감을 최대치로 끌어낼 수 있기 때문에(공유하기, 댓글, 토론 등과 같은 형태로), 가장 간단하고 가장 빠르며 또 가장 직접적인 소통방식이다. 인터넷은 젊은 세대에게는 감정이 동요가 일어나는 원천이 된다. 사이버 민족주의라는 게임에서 이런 기업들의 동기부여가 되는 것은 정부의 심기를 건드리지 않으면서 더 많은 상업적 기회와 노출 효과를 얻는 것이다. 그리고 '디바 출정'에 있어, 독재의 상징적 의미는 다른 것들보다 크다. '디바'는 한때 격렬하고 장난스러운 '게시판 털기' 활동을 펼쳤지만, 한편 그들의 활동을 끊임없이 업그레이드하는 과정에서 '진화'를 완성했다. '디바'는 심지어 더 '합법적'인 방식으로 십 대들의 이데올로기 교육과 선전을 위한 주류 플랫폼이 되기 시작했다. "우리는 긍정적 에너지를 전달하고 톄바 문화를 계승해 나갈 것이다"(바이두 디바의 운영자 잉산자거英三嘉哥, 2015년 12월 2일). '디바 출정'은 게시판 털기와 같은 전통적인 톄바 문화를 순응적인 관습으로 바꾸는 실험이었다.

감정의 구조와 감정의 구조화

'디바 출정'의 경우, 젊은 세대의 감정 구조가 사이버 민족주의라는 감정 게임을 통해 반영될 수 있다. 앤더슨(1991)이 상상된 공동체에 대해 논했을 때, 그는 그러한 상상이 어떻게 구체적 실천이나 일상생활 경험 속에서 작동되는지에 대해서는 깊이 있게 분석하지 않았다. 그러나 윌리엄스(Williams, 1977)는 다양한 층차가 겹쳐 있는 사회 구조 안에서 사회 전체가 공동으로 느끼는 감정과 정체성이 요약될 수 있으며, 그러한 감정은 내생적 추진력을 가지고 있어 참신한 사고를 형성하고 문화적 텍스트를 통해 그 사고가 드러난다고 생각했다. '디바 출정'의 내적 담론을 문화적 텍스트로 볼 때, '감정 구조'에서 가장 중요한 부분은 장난스러운 게임과 같은 느낌과 즐거운 감정으로 가득한 '사랑'이다. 이러한 '감정 구조'는 이 세대의 성장과 교육 배경, 인터넷 사용과 함께 행위자들이 경험하는 사회생활에서 비롯된다. 감정 구조뿐만 아니라, 그러한 감정이 구조화되는 과정 또한 중요하다. 앞서 언급했듯이 국가 기관과 기술 기업들이 공동으로 이 범 엔터테인먼트의 '사랑'의 모습을 만드는 데 많은 노력을 기울여 왔다. 사이버 민족주의가 외부적으로는 물론 내부적으로도 후속적인 영향을 미칠 수 있기 때문에, 내부 통제를 위해서는 이러한 '감정 구조'가 출현했을 때 국내 기관과 기술 기업 모두의 지속적인 통제와 개입이 필요하다. 향후 관방 매체의 협조 역시 필요하다. 이 다양한 주체들이 모종의 '적'을 창조하는 한편 '자체적인' 전통을 만들어내는 것이다. 핸델만(Handelman, 2007, pp. 119~140)의 말처럼, 민족주의에서 쉽게 통제력을 잃을 수 있는 감정은 이성적으로 도구화되어야 한다. 또한 민족주의 국가는 미시적·거시적 차원에서 청소년들의 애국심이라는 통념을 형성하는 "감정 기계"가 된다. 민족주의가 신체적이고 정서적인 감정으로 간주된다면, 실제적으로 그것은 "뇌"의 기능을 하는 국가 행정 업무와 분리될 수 없다.

일반적으로 말해서, 사이버 민족주의는 그 본질상 공통된 공동체에 속해 있다는 일종의 상상력이며, 다양한 사이버 공동체의 언어와 행동 관행을 통해 구현되고 있다. 이전의 "적대감, 패권주의, 가부장제"적인 사이버 공격과는 판연히 다르게, 현재의 사이버 민족주의는 사이버 하위문화와 더 쉽게 결합하며 '디바 출정'에서도 감정적이고 유희적인 실천방식으로 구현되었다. 한편으로, 행위자들이 선택한 주요 메시지 템플릿은 긍정적인 감정을 강조하는 요구들로 가득 차 있으며, 행복한 '사랑'을 말하면서, 혼란한 댓글들 속에 숨어 있는 복잡한 민족주의적 감정들을 은폐하고 있다. 하지만 다른 한편, 행위자들은 디지털 게임의 행동 전략을 취해, 소셜 미디어에 존재하는 수치 논리와 이성/감성의 게임 규칙을 이용해 집단화와 개인화 사이에서 적절한 지점을 찾고 있던 네티즌 집단을 효과적으로 조직화했다. 전체적 관점에서, 개개인의 민족주의적 감정들은 국가 기구의 네트워크화된 권위주의와 기술 기업의 범엔터테인먼트 상업적 동기에 의해 형성되었고, 사이버 민족주의는 그들의 성장 배경과 인터넷 사용 일상을 결합하여 대규모의 댓글 도배라는 행위를 일으킬 수 있었다. '디바 출정'과 같은 사이버 민족주의는 그것이 생겨난 이상 결코 일회적 사건이 될 수가 없다.

다만 이번의 '디바 출정'이 진지한 대화의 결여로 인해 어떠한 사회적 소통도 이뤄내지 못했다는 점은 유감이다. 또한 중국의 인터넷 방화벽은 사이버 공간에서 영토를 나누어 버렸기 때문에, 대다수의 전투원들은 '전장'인 페이스북에 남아 있을 수 없었다. "얘들아, 내가 초짜라서 소심하다 보니 타이완 독립주의자들과 싸움에서 밀리고 말았어. 나는 페이스북에서 나갈게. 다들 힘내! 신념을 잃지 말자고. 우리는 너를 영원히 자랑스러워할 거야". 이에 응답하는 이들 역시 "다시 오기 전에 먼저 타이완판 텐야 포럼에서 훈련을 하고 오라"고 제의했다. VPN 서비스를 이용했던 전투원들은 친숙한 자신들의 사이버 공간으로 돌아왔고, 페이스북에 계속 글을 남기는 이들은 대부분 해외에 흩어져 있는 네티즌들이었다.

이번 '디바 출정'을 통해 연구자들은 사이버 민족주의 연구 방법에 대해 재고하게 되었다. '디바 출정'은 시간의 흐름 속에서 하나의 교점node에 불과하며, 그 이후로 페이스북, 웨이보 등의 소셜 미디어에서 '디바'의 이름을 단 수많은 민족주의적 커뮤니티와 1인미디어가 등장했다. 그리고 '팔영팔치'와 「향수」 외에도 전술한 템플릿 댓글에서는 두드러지지 않았던 교육, 민주주의, 그리고 기술을 둘러싼 더 많은 민족주의적 담론들이 구축되었다. 예를 들어 다음과 같은 댓글들이 보인다. "하나의 국가, 두 개의 지혜"一國兩智, "중국 경제는 빈약한 상태에서 강성한 지위로 급속하게 발전했다 ⋯ 그들은[타이완인] 어릴 때부터 '독재'보다

'민주'가 훌륭하다고 교육받아왔다. 하지만 지금은 그들이 어릴 때부터 배워온 대로 증오해 마지않는 '독재'가 중화 민족 전체를 이끌고 민족의 전성기를 향해 큰 걸음을 내딛고 있다", "왜 타이완 애들은 페이스북에 접속할 수 있다는 걸 그렇게도 자랑스러워할까? 쓸 만한 소프트웨어 하나 자기 손으로 개발하지도 못하는 주제에 자기들이 대단하다고 생각하잖아." 이러한 다양한 사이버 민족주의 용어들을 체계적으로 포착하고 분석하는 것은 어려운 일이며, 향후 진일보한 연구에서 보다 구체적인 주제로 다루어질 것이다.

감사의 말

이 글은 중국 교육부 인문사회과학 연구지원사업(Grant No. 17YJC860025)의 지원으로 작성되었다. 또한 잭 추와 천파 이린의 지도와 조언에 감사드린다.

5장

사이버 민족주의 운동에서의
밈 커뮤니케이션과 합의 동원

궈샤오안
양샤오팅

궈샤오안은 충칭대학의
연구자이자 박사 지도 교수이며,
양샤오팅은 충칭대학 법과대학
언론법 전공 박사과정생이다.

서론

상상된 공동체(Anderson, 2005)로서, 국가는 집단의 공통된 감정, 기억, 그리고 가치 요구를 구현하고 있으며, 그에 상응하는 정서는 원칙의 이행에서 느껴지는 '만족감', 혹은 원칙의 위반에서 느끼는 '분노'이다(Gellner, 1983, p. 1). 샤오궁친(蕭功秦, 1994)은 민족주의를 세계에서 가장 강력하고 감정적인 이데올로기로 간주했다. 그리하여 민족주의 운동은 강한 감정표현과 폭력적 갈등이 수반되며(安珊珊·楊伯漵, 2011 ; 楊飛龍·王軍, 2010), 그 결과 그에 관련된 감정을 제어하기 어렵게 된다.

그러나 2016년 초에 일어난 '디바 출정'은 다른 유형의 사례이다. 비록 그 동원 과정에서 강렬한 감정표현과 카타르시스가 존재했지만, 밈적 소통으로 부드러워졌고, 감정의 조절과 관리를 위한 엄격한 규율이 있었다. '디바 출정'이 특히 중요한 것은 똑같은 유형의 밈을 대량으로 제작해서 공급하는 조직이 있었다는 점, 그리고 네티즌들이 개인적으로 밈을 제작할 때도 정치, 문화, 사회적 이슈를 융합함으로써 의미의 구축, 가치의 전달, 교육, 경고, 감정적 교류를 위하여 밈을 사용했다는 점 때문이다.

위의 논의를 바탕으로 이 장에서는 '디바 출정' 캠페인의 밈 커뮤니케이션과 합의 동원consensus mobilization의 전략과 효과에 대해 정적·역동적 차원에서 분석하려고 하며, 사이버 민족주의

운동을 분석하기 위한 새로운 틀로서 동원 모델을 제공하고자
한다.

문헌 검토와 연구 방법

밈 : 새로운 유형의 정치적 참여와 동원

'밈'meme이라는 말은 그리스어 미네마minema에서 왔으며,
'모방된 것'이라는 의미이다. 영국의 생물학자 리처드 도킨스
가 1976년 그의 책 『이기적 유전자』에서 '미네마'를 '밈'으로 줄
여 불렀으며, 그 책에서 '밈'의 개념을 정식으로 제시했다. 도킨
스(Dawkins, 2006, 1976, p. 192)는 밈을 문화적 전달의 작은 단위
로 정의했으며, 밈의 전달은 언어, 사상, 신념, 그리고 행동의 전
달을 의미한다. 블랙모어(Blackmore, 1999)는 『밈 기계』에서 밈의
관점에서 문화의 확산과 진화를 검토하고 문화적 모방과 밈 커
뮤니케이션의 독자적 창조성을 요약해냈다.

그 이후 점점 더 많은 학자가 인터넷 밈의 문화적 의미를 탐
구해 왔으며(Burgess, 2008 ; Knobel & Lankshear, 2007 ; Milner, 2012
등), 현대 문화의 특정 측면을 이해하기 위한 프리즘으로써 밈
을 이용하고 있다(Shifman, 2012). 랭셔와 노벨(Lankshear & Kno-
bel, 2007, p. 202)은 밈을 "글로 쓰인 텍스트, 언어의 흐름, 혹은 다
른 단위의 문화적 '사물'에 의해 제시되는 특정한 아이디어"라고
설명했다. 바이럴과 비교했을 때, 밈의 소통은 사용자의 적극

성, 창조성, 참여를 더 반영하는 경향이 있다. 따라서 인터넷 밈의 바이럴과의 차이는 그 다양성에 있다. 바이럴이 복사되어 전파되는 하나의 문화적 단위(영상, 사진, 혹은 농담)로 구성되는데 반해, 인터넷 밈은 언제나 텍스트들의 모음이라고 할 수 있다(Shifman, 2013, p. 56).

캐리(Carey, 1989)는 바이럴과 밈의 전파의 차이를 "전달로서의 소통과 의식으로서의 소통"이라고 요약했다. 그는 의식 소통의 기능은 정보를 재생산하는 것이 아니고, 공통된 신념을 구축하고 재현하는 것이라고 지적했다. 이러한 소통은 가치, 상징, 문화의 공유를 강조한다. 이 과정에서 정체성, 소속감, 가치관의 통일이 끊임없이 확립되고 강화된다. 밈은 사회적 의식의 반영일 뿐 아니라, 사용자의 성향의 선택과 의미의 구축을 포함한 감정의 소통과 표현의 중요한 형식임을 알 수 있다.

몇몇 학자들은 밈의 기능을 문화적 영역에서 사회적, 정치적 영역으로 확장하였다. 밀너(Milner, 2012)는 밈이 서로 다른 목소리를 표현할 수 있는 공간이 되어 다양한 의견이 교환되고 협의가 이뤄질 수 있는 정치적 참여의 새로운 형태라고 주장했다. 쉬프만(Shifman, 2013, pp. 122~123)은 인터넷 기반의 정치적 밈은 보편적인 가치를 구축하는 과정에서 중요한 역할을 했다고 주장한다. 정치 참여에서의 밈의 사용은 서로 함께 얽혀 있는 다음 세 가지 측면으로 나타난다. 설득 혹은 정치적 지지를 위한 형식으로서의 밈, 풀뿌리 운동으로서의 밈, 표현과 공개적인 토론의 양식으로서의 밈 등이다. 젠킨스(Jenkins, 2006)는 밈의 작동성은 디지털 기술과 참여적인 문화에서 비롯된다고 주장했다. 렌슐러와 쓰리프트(Rentschler & Thrift, 2015)는 '여자들로 가득 찬 바인더' 밈[1]을 예로 들면서, 페미니스트 밈이 사이버 공간의 정치적 인식을 높이고 공동체가 빠르게 형성되도록 도움을 준다는 사실을 주장했다. 미나(Mina, 2014)는 밈이 정치적 소통과 사회 비판의 매체가 된다고 믿으며 '사회 변화 밈'이라는 개념을 제시했다.

인터넷은 밈의 연구에 크게 기여했다. 쉬프만(Shifman, 2013, p. 41)은 인터넷 밈을 다음과 같이 정의했다. (a) 공통된 특질의 콘텐츠, 형식, 그리고/혹은 입장을 공유하고 있고, (b) 모두가 알고 있는 상황에서 만들어지며, (c) 인터넷을 통해 다수에 의해 유포되며 모방 및/혹은 변형이 이루어진다. 시각적 커뮤니케이션 시대가 도래하면서, 더 많은 학자들이 밈의 감정적인 동원 기능에 주목하고 있다. 특히 사회운동에서 밈은 응집력 있는 합의에 이르게 하고 참가자들을 하나로 만들며, 행동에 힘을 실어주는 기능이 있다고 여겨진다. 블레어(Blair, 2004)는 이미지 기호의 설득력이 점차 추상적인 텍스트 기호를 대체할 것이라

---

1. * 2012년 미국 대선후보 TV 토론에서 공화당 대선 후보였던 밋 롬니의 발언에서 시작된 밈. 롬니는 본인이 매사추세츠 주지사 시절 여성 고용을 위해 노력했다는 점을 강조하면서 당시 "다수의 여성단체들로부터 여성들로 가득 찬 바인더(binders full of women)를 건네받았다"고 했는데, 이것이 오히려 여성들의 반감을 사 온라인에서 비난과 조롱의 대상이 되었다.

고 지적했다. 델루카(DeLuca, 1999, p. 45)는 어떻게 급진적인 환경 단체가 이미지를 이용해서 그들의 담론을 홍보해 왔는지를 검토하고, "사회동원에서 이미지는 말보다 강력하다"고 지적했다. 잭 추(Qiu, 2015)는 "이미지 중심 민족주의"image-driven nationalism 라는 말을 제시하면서 시각 이미지가 중국의 사이버 민족주의와 사이버 청년 정치에서 중요한 역할을 했음을 보여주었다.

해외의 사례에 비해 밈에 대한 중국 국내의 연구는 아직 초기 단계이다. 연구 주제는 주로 밈의 개념, 특징, 그리고 언어학에서의 운용에 집중되어 있다(Wu, 2009). 일부 연구자들은 밈과 인터넷 은어(曹進·靳琰, 2016), 유행어(曾潤喜·魏馮, 2016), 그리고 사회 심리(竇東徽·劉肖岑, 2013)와의 관계에 주목하기 시작했다.

아직 밈과 정치참여, 사회운동을 함께 검토한 연구는 거의 없다. 일부 학자들이 상징적인 저항과 시각적 커뮤니케이션에 초점을 맞추고 있지만, 밈을 직접 분석 도구로 사용한 연구는 없다. 레이웨이전과 왕룽쿤(雷蔚真·王瓏錕, 2012)은 대중문화에서의 '미시 저항'micro-resistance에 대한 연구를 통해, 텍스트, 음악, 시각 및 다른 형식의 상징 속에서 이러한 저항이 현재의 중국 대중문화를 형성했다고 지적했다. 류타오(劉濤, 2016)는 기호론적 매트릭스에서 추출한 맥락을 통해 저항 퍼포먼스를 분석했는데, 저항 퍼포먼스는 본질적으로 일종의 이미지 사건이며, 기층의 저항은 기호학적 본질에 있어서 시각적 저항visual resistance이라고 하였다. 왕허신(王賀新, 2011), 그리고 스이빈과 우딩

밍(石義彬·吳鼎銘, 2013)은 이미지 담론이 권리를 지키려는 저항 행위의 고정 레퍼토리가 되었음을 지적했다.

사이버 민족주의와 합의 운동 : 전략과 결과

　'합의 동원'의 개념은 '합의 운동'에서 유래되었다. 사회운동은 갈등 운동과 합의 운동의 두 기본 유형으로 나뉜다(McCarthy & Wolfson, 1988; 陳子豐·林品, 2016). 일반적으로 갈등 운동은 참가자들이 재정을 비롯해 여러 면에서 자원을 제공해야 하며, 그 운동을 위해 책임감을 가지고 행동에 나서야 한다. 갈등 운동은 사회 구조나 당시의 정책을 바꾸거나 각 집단 간의 균형을 깨려고 하는 과정에서 조직화된 저항에 맞닥뜨리게 마련이다. 합의 운동은 공공복리, 도덕, 정의로 특징지어지며, 고도의 감정적 정체성을 지니기에 보통 공동체의 80% 이상 인구의 광범위한 지지를 받는다. 합의 운동은 조직적이고 지속적인 반대에 덜 부딪히고, 설득력 있게 소통하려는 모습을 보여준다면 때로 체제가 이 합의 운동을 지지하는 경우도 있다(McCarthy & Wolfson, 1988; Britt & Wolfson, 1991). 갈등 운동에 비해 합의 운동은 주로 환경문제에 대한 시위, 권리의 옹호, 그리고 민족주의에 집중하고 있다. 참가자가 거액의 기부를 할 필요 없이 기존 기구의 자원을 흡수할 수도 있다는 점으로 인해서, 합의 운동은 이상적인 동원 방법으로 여겨진다(McCarthy & Wolfson, 1988). 그러나 합의 운동은 '무임승차'의 딜레마에 빠지기 쉽다. 참가자들의 열정을 동원하고, 이들의 지지를 실천으로 전환시키는 것은 쉽지 않다. 지속적인 동기유발이 어려운 것이다(Lofland, 1989).

전통적인 합의 운동은 특정 지리적 공간에 한정되어 있고, 보통 '사회나 국가에 종속되는' 특성을 가지며, 다양한 조건에 의해 좌우된다. 합의 운동은 민족주의 운동을 제외하고는 국가적 수준에까지 이르는 경우가 거의 없다(McCarthy & Wolfson, Moris, 2002에서 인용). 새로운 기술의 발달로 인터넷은 동원의 도구이자 합의 운동이 벌어지는 장이 되었다. 특히 사이버 민족주의 같은 경우, 인터넷의 편리함을 이용해 '무임승차'의 문제를 해결하는 강력한 동원 패턴을 보여준다.

갈등 운동과 합의 운동은 상호전환되기도 한다. "합의 운동이 갈등 운동으로 발전할 수도 있고, 갈등 운동이 어떤 경우 합의 운동으로 발전되기도 한다."(McCarthy & Wolfson, Moris, 2002에서 인용). 민족주의 운동은 합의 운동의 대표적인 경우이긴 하지만, 그렇다고 꼭 설득력 있는 소통에 기반한 합의 모델이라고 할 수는 없다. 따라서 민족주의 운동이 어느 특정 상황에서 폭력적인 저항으로 변형될 수 있다. 아편전쟁, 원명원 파괴, 영토의 할양과 배상금 지급, 중국인 학살, '동아병부'東亞病夫, 중일전쟁 등 중국 근현대사에서의 일련의 굴욕적인 상징들이 집단 기억의 일부가 되었고, 민족주의적 '비분정서'의 사고방식을 만들어냈다(朱立群, 2007). 그리고 그것은 국민 정서의 오만함, 외국인 혐오, 과민함의 공존하는 상황으로 이어졌다(趙瑞琦·楊子潔, 2013). 인터넷의 출현 이후, 장기적으로 내면화되었던 국민적 정서와 집단기억이 미디어의 변화로 인해 약화되는 대신, 일부는 더 강화되면서 '집단의 양극화'를 낳았다(Sunstein, 2001, 2003, p. 50). 그 결과 사이버 민족주의 운동은 항상 격렬한 담론의 대립과 '과격한 디지털 투쟁'을 수반하게 되었다(楊國斌, 2009, 2013, p. 36). 가장 일반적인 동원 수단은 '게시판 털기'[2]였다. 2007년의 '양청린 바'楊丞琳吧 털기[3], 2010년의 '6·9 성전' 사건 등이 대표적인 예이다. 또 다른 동원 수단으로는 네트워크 보이콧이 있는데, 여기에는 (일본 상품에 대한 보이콧과 같은) 특정 나라의 상품에 대한 보이콧, (2008년 까르푸 보이콧과 같은) 특정 국가의 기업에 대한 보이콧, (일본 신칸센 기술을 채택한 베이징–상하이 고속철도를 대상으로 2003년에 네티즌 8만 명이 일으킨 보이콧과 같은) 특정 국가의 사업에 대한 보이콧, (2016년 자오웨이 감독의 영화 〈다른 사랑은 없어〉沒有別的愛에 출연한 배우 다이리런戴立忍에 대한 보이콧 같은) 특정 인물에 대한 보이콧,

---

2. * 바이두의 게시판인 톄바 같은 곳에서 같은 문자나 부호를 반복하여 올려 다른 사람들의 게시물이 밀려나 묻혀버리게 하는 행위를 말한다.

3. * 양청린(楊丞琳)은 타이완의 가수 겸 배우이다. 2003년에 타이완의 예능 프로그램에 출연한 양청린은 중일전쟁이 몇 년간 지속되었는지 묻는 질문에 대답을 못 하다가, 사회자가 8년이라고 알려주자, "그것밖에 안 돼요?"라고 반문하였다. 이 사건으로 인해 양청린은 타이완과 대륙 모두에서 비난을 받았고, 네티즌들은 바이두의 양청린 팬 커뮤니티인 양청린 바를 대상으로 '게시판 털기'를 실시함으로써 양청린에 대한 분노를 표출하였다.

(2005년 일본의 유엔 안전보장이사회 상임이사국 자리 입찰에 대해 반대하여 진행했고, 2016년에 일부 네트워크 조직이 남중국해 중재재판소가 발표한 중재 결과에 반대해 벌였던 것 같은) 사이버 서명 보이콧 등이 있다.

사이버 민족주의 운동은 분노, '불특정 대상'에 대한 증오와 같은 부정적인 감정을 터뜨리는 분노 표출용 이벤트가 되기도 한다(陳龍, 2009 ; 於建嶸, 2013). 언어, 문화, 기술적 한계로 인해 일부 사람들은 외부의 정보를 완전히 파악하지 못한 상황에서 국내의 갈등까지 맞물리게 되었을 때, 이런 운동들은 '애국적'이라는 미명 아래 폭력과 갈등을 일으키기 쉽다(葡建華, 2011). 이런 점에서 많은 학자들(劉強, 2016 ; Niu, 2013 ; 於建嶸, 2013 ; 趙敦華, 2007)이 "포퓰리스트들이 사람들의 애국적 열정을 교묘하게 호도하는 것을 특히 경계해야 한다"고 한 것이다.

'애국주의'의 이름 아래 행해지지만, 민족주의적 사건들은 주로 "하층계급에 의해 표현된 사회적 불만"이다(葉敏, 2010 ; 李開盛, 2010 ; 趙瑞琦, 2013). 민다홍(閔大洪, 2009)은 사이버 민족주의 운동을 다른 관점에서 보고 있는데, 네티즌들이 국가 주권이나 국익에 관련된 이슈들을 만날 때는 강력하게 대항하곤 하지만, 문화적 마찰 상황에서는 경멸적인 표현과 욕을 하거나, 이미지와 소리, 영상을 합성하는 등의 패러디로 상대방을 조소하거나 비방한다는 것이다. 일반적으로 사이버 민족주의 운동은 다른 나라에 대해서는 애국주의이며 국내 차원에서는 진정한 비판인 복잡한 모델이다.

사례의 선택과 연구 방법

사이버 민족주의 사건에 대한 최근의 연구는 감정적 동기 중에서 주로 '공감'과 '분노'라는 두 차원의 분석에 초점을 맞춘다. 연구 관점은 주로 사회학과 정치학에 집중되어 있고, 연구 주제는 주로 사이버 민족주의의 개념, 특징, 위험 요소, 보상, 거버넌스 등 거시적인 것에 한정된다. 미시적 차원에서 동적 과정을 세세히 드러내 보인 연구는 거의 없다. 위의 내용에 근거하여, 이 장에서는 '디바 출정' 사건을 사례로 검토하여, 이 사건의 밈 커뮤니케이션에 의한 동원 과정을 묘사하고 분석하며, 거기에서 합의 동원의 요소와 틀을 추출해낼 것이다.

'디바 출정' 사례를 선택한 이유는 이것이 고도의 자기조직화, 독특한 참여 방식, 동원 과정의 새로운 형식을 보여주었기 때문이다. 이 사건의 참가자들은 열정적인 1990년대 후반생들로 구성되었고, 참가 방법은 'VPN을 출정에 이용하는 것'과 밈 커뮤니케이션이었다. 디바 출정은 동원 방식에서는 감성과 이성이라는 전통적인 이분법을 뛰어넘었다. 그것은 강렬한 감정 표현뿐만 아니라, 정치적 기회구조하에서 감정을 제어하고 조절하는 모습을 보여주었다. 조직화, 계층화된 제도적 보장과 강력한 자원 동원과정이 모두 갖춰져 있었던 것이다.

이 장에 사용된 조사 방법은 텍스트 분석과 심층 인터뷰이다. 먼저 '디바 출정'의 텍스트 분석을 하기 위해 우리는 아카이브 로그를 만들었다. 두 번째로, 우리는 눈덩이 표본 추출 조사방법[4]을 이용해 무작위로 충칭대학 언론학부 학생 21명을 최초 인터뷰 대상자로 선별하였다. 그들과 심층 인터뷰를 진행한 뒤, 이들 21명에게 디바 출정에 참가한 학생들 17명을 다시 추천받아 (위챗을 통한) 사이버 인터뷰를 진행했다. 타이완의 인터뷰 대상자들에 대해서는, 타이완에서 공부하고 있는 충칭대학의 교환학생들에게 의뢰해 근처의 학교와 지역에서 설문지를 돌려, 이 사건에 참가했고 우리의 심층 인터뷰에 기꺼이 응하려는 대상자 12명을 찾아내었고, 이들과 (위챗을 통해) 사이버 인터뷰를 진행했다.

밈의 생산과 은유, 그리고 '디바 출정'에서의 합의의 형성

'바이두의 루브르'라고도 불리는 '디바'는 중국의 전 축구 선수 리이의 바이두 톄바로, 2004년에 생겨났으며 2천만 명 이상의 유저가 가입되어 있다. 10년의 발전과정을 거치면서 '디바'는 일개 축구선수의 팬 커뮤니티로부터 점차 발전하여, 인터넷에서 여러 차례 '성전'을 일으킨 네트워크 하위문화의 요람이 되

---

4. * 특정 면접 대상으로부터 시작하여 관계가 있는 사람이나 조직으로 표본을 확대해 나가는 표본 추출 방법.

었다. "디바가 출정하면 풀 한 포기도 안 남는다"가 이들의 가장 유명한 구호이다. 이 사건은 중국 대륙의 배우 린경신이 그의 시나 웨이보에서 저우쯔위가 "원고를 외울 시간이 부족했다"며 사과 영상을 조롱하자, 타이완 네티즌들이 집단적으로 린경신의 페이스북 페이지를 공격한 것에서 촉발되었다.

2016년 1월 20일 저녁 7시, '디바'가 조직한 '출정대원들'은 방화벽을 넘어 싼리TV,『빈과일보』,『자유시보』, 차이잉원, 데니즈 호何韻詩5 등의 공식 페이스북 페이지를 친중국 댓글로 도배했다. 이런 행동은 싼리TV,『빈과일보』, 그리고 차이잉원이 그들의 댓글을 삭제하면서 끝이 났다. '디바 출정'은 밈 커뮤니케이션 전략을 사용하고 시각적 효과가 있는 댓글을 작성함으로써 과거의 폭력적인 민족주의적 행동과는 다른 효과를 거두었다.

밈의 형식, 내용, 그리고 구조 요소

밈은 특정한 형식, 내용, 구조로 이루어져 있다. '디바 출정'의 밈은 '이미지+텍스트'로 만들어진 이모티콘과 텍스트만으로 이루어진 밈, 이 두 가지 유형으로 구성된다. 밈의 내용은 정치적인 것과 대중문화의 요소를 포함하고 있으며, 이들은 정치적 밈과 문화적 밈이 된다. 시각의 시대에 텍스트와 대중문화 사이

---

5. * 홍콩의 가수로, 2014년 홍콩 우산혁명에 적극 참여하여 중국 대륙에서의 활동이 금지되었다.

의 이런 커뮤니케이션은 전달성이 더 뛰어나다. "사진은 담화의 시각적 이미지 구조에 기여하고, 간결한 구호는 시각 이미지의 이해와 인식에 도움을 준다. 친숙한 스타와 만화 이미지의 재창조는 원형 서사의 의미를 가진다"(湯景泰, 2016).

정치적 밈은 다른 목소리를 표현할 수 있는 넓은 공간을 제공하여, 다른 의견들과 이해가 협상될 수 있는 새로운 형태의 정치적 참여이다(Milner, 2012). '디바 출정'에 사용된 정치적 밈은 주로 중화인민공화국 초기에 만들어진, 주제를 강조한 정치 선전 포스터에서 가져온 것이다. 몇 가지 예를 들어 보자. "까불지 마. 나한테는 너와 내가 함께 애국주의 통일전선에 서게 할 수 있는 방법이 백 가지나 있어", "만약 우리가 조금이라도 연결되어 있다면, 우리는 모두 사회주의의 계승자일 것이다", "나는 양쯔강의 상류에 살고 있고 너는 하류에 살고 있지. 보고 싶어도 만날 수는 없지만, 우리 함께 사회주의 새 농촌을 건설하자." 또한 차이잉원의 공식 페이스북 페이지의 경우, 디바의 '출정자'들은 '팔영팔치'의 원문과 그 영어 번역을 도배의 '무기'로 사용했다. 왜 '팔영팔치'가 선택되었는지에 대해 한 인터뷰 대상자는 이렇게 설명했다. "QQ 오픈채팅방의 운영자들이 논의 끝에 내린 결정입니다. 사실 우리도 '팔영팔치'를 다 외우진 못해요. 하지만 "조국을 사랑하는 것은 영예, 조국에 해를 끼치는 것은 수치"라는 첫 번째 문장은 매우 간단하고 직설적이죠. 우리가 타이완의 독립주의자들에게 말하고 싶은 것은 중국은 통일된 국가이며, 분리독립을 허용하지 않는다는 겁니다." 정치선전 구호와 주류 이데올로기에서 요소를 추출하여 정치적 밈을 만드는 것은 가치관에 따른 정체성을 창조할 수 있으며, 또한 방화벽을 넘는 행위가 가진 정치적 위험성을 피할 수 있기도 하다. 따라서 이는 특정한 정치적 기회 구조 아래에서 합리적인 고려를 한 결과라고 볼 수 있다.

문화적 밈은 감정적인 상호작용의 한 형태일 뿐 아니라, 훈계하는 기능도 가지고 있다. 쉬프만(Shifman, 2013, p. 54)은 밈이 대중문화 요소와 결합된다면 더 유머러스하고 재미있고, 더 많은 팬을 끌어들일 수 있을 것이라고 제안했다. '디바 출정'에서 문화적 자원을 활용한 밈의 예는 다음과 같다. (1) 위광중의 시 「향수」, 원이둬의 「일곱 아들의 노래」와 같이 타이완이 조국으로의 돌아올 것을 바라는 시, (2) 역대 왕조에서의 타이완 명칭을 나열하는 방식의 역사 소개, (3) 감동적인 말들. '출정대원들'은 다음과 같은 감상적인 단어들을 사용했다. "타이완아, 곧 설이야. 집에 돌아와 우리와 같이 새해맞이 저녁을 먹을래?", "네가 아직 정신 못 차리고 있지만, 너에 대한 이 형님의 사랑은 변한 적이 없어."

텍스트 외에 '출정대원들'은 대중문화의 요소를 가진 다수의 이모티콘을 사용했는데, 황쯔타오, 얼캉, 쿠마몬, 텔레토비, 재키 청張學友, 김관장 등 유명 스타부터 인기 TV 프로그램과 만화 속의 인물들까지 망라하고 있다.[6] 그중 연예인인 황쯔타오

	이미지	텍스트
I	스타의 과장된 스틸 사진, 연기 사진이나 만화 이미지. 예) 황쯔타오, 얼캉, 재키 청, 쿠마몬, 김관장 등	네트워크의 유행어, 말장난 예) "얼캉이 끝까지 함께할 것이다", "난 쉽게 죽지 않아", "너희 인구는 내 이모티콘의 수에도 못 미치지", "나는 앞으로 나아가 도덕 경으로 그들을 쳤지."
II	이전 시대 느낌과 대륙적 특색이 가득한 정치 선전화	정치적 선전 구호, 네트워크의 유행어 예) "만약 우리가 조금이라도 연결되어 있다면, 우리는 모두 사회주의의 계승자일 것이다", "미국뿐 아니라 너희 모두 쓰레기란 말이야", "까불지 마. 나한텐 널 나와 함께 애국주의 통일전선에 세울 방법이 백 가지는 있으니까."
III	중국 본토의 먹을거리와 경치 사진	우호적인 초대, 말장난 예) "꼬치구이/매운새우요리/비빔쌀국수를 대접할게", "모국에는 맛있는 음식이 정말 많아. 그런데도 안 돌아오겠다고?", "상하이/닝보/청두/우한은 차예단을 먹을 형편이 안되지."

〈표 5.1〉 '디바 출정'에서의 밈의 형식, 내용, 구조 요소

("우리 타오타오"[7])는 이번 '이모티콘 전쟁'의 "최대 승자", "이모티

---

6. * 얼캉은 TV 드라마 〈황제의 딸〉(還珠格格)의 남자 주인공 이름이고, 쿠마몬은 일본 구마모토현의 지역 캐릭터이며, 김관장은 한국영화 〈김관장 대 김관장 대 김관장〉에 나온 인물이다.

7. * 원래는 팬들이 황쯔타오를 친근하게 부르는 애칭이지만, 반대로 황쯔타오를 조롱하는 표현으로도 사용된다.

콘 대장", "민족 영웅"으로 묘사되었다. 그의 "나는 쉽게 죽지 않아" 밈은 그 속의 과장된 표정으로 즉시 유행하게 되었다. 일반적으로 '디바 출정' 사건의 밈은 '이미지+텍스트'의 형식으로 이뤄지는데, 주로 아래 세 유형으로 나뉜다.

밈의 유형과 은유

멜루치(Melucci, 1994, pp. 109~110)가 "정보사회에서 의미의 생산과 경쟁이 현대 사회 갈등의 중심이 된 듯하다"라고 말했듯, 밈에는 의미 구축의 기능이 있다. 이모티콘 만들기 캠페인에 참여한 이들은 이 사건의 담화 권력을 만드는 데도 관여되어 있다. '출정'에 사용된 밈은 '이미지+텍스트' 형태의 이모티콘이며, 시각적 코드와 언어적 코드로 구성된다. 시각적 코드인 사진들이 유희와 조롱에 초점을 맞추는 반면, 언어적 코드인 텍스트들은 은유, 추론, 의견의 표현에 초점을 두고 있다. 면밀한 연구를 위해 이모티콘에서 다수의 말뭉치를 선택한 결과, 크게 교육과 훈계, 풍자와 아이러니, 공격과 위협의 세 유형이 나타났다.

교육과 훈계

서사 부분에서 이런 류의 밈은 '아버지', '형제', 혹은 '사령관'의 거들먹거리는 태도와 권위를 강조한다. 어떤 밈들은 "삼국시대에는…이저우夷州, 수대에는 류큐琉球, 원대에는 펑후澎湖, 청정부에서는 타이완부台灣府"라고 역대 왕조에서의 타이완의 다양한 명칭들을 소개한다. 이는 타이완이 고대로부터 중국 영토 안에 속해 있었다는 것을 지적하기 위한 것이다. 어떤 밈들은 젠체하는 훈계를 담화의 어투로 표현한다. "동생, 요괴에게 속으면 안 돼", "나가라, 넌 이제 내 아들이 아니야", "네 아비가 누군지도 잊어버리다니, 부끄러운 줄 알아라", "아비는 너에게 정말 실망이다. 하루 종일 밖에서 못된 짓만 하고 돌아다니는구나", "중국 아버지가 그의 타이완 아들을 바라보는 표정", "누가 짐에게 그렇게 말하라고 허락했느냐?" '형과 동생', '아버지와 아들', '황제와 신하' 같은 표현 속에 담긴 서사는 중앙과 지방, 전체와 부분의 관계에 대한 재확인을 암시한다.

풍자와 아이러니

이 종류의 밈은 주로 풍자적인 방법으로 공격하거나 반격하는 데 쓰였다. 예를 들어 타이완의 인구를 황쯔타오의 이모티콘 수, 니우니우라는 애완견의 시나 웨이보 계정 팔로워 수, 혹은 2,854만 명에 이르는 린겅신의 팬 수와 비교한다. "대단히 죄송하지만, 타이완의 인구는 내 이모티콘 수에도 한참 못 미칩니다", "너네(타이완의) 인구가 강아지 팬 수보다 적잖아", "그(린겅신)를 금지한다고? 너희 인구가 그 팬 수보다 적잖아." 타이완 독립을 지지하는 사람들이 자신들을 "타이완인"이라고 부르자, 디바 출정대원들은 "안녕, 나는 저장인이야."라고 말하며 그들의 입장을 표현했다. 대륙의 중국인들은 차예단을 먹을 형편이 안 된다고 말한 타이완의 교수에게 대응하기 위해 '출정대원'들은 중국 도시들의 야경 사진에 다음과 같은 문구들을 합성했다. "상하이, 닝보, 청두, 우한은 차예단을 먹을 형편이 안 된다." 이런 아이러니한 어구, 문장 만들기는 엄청난 양의 댓글과 함께 가공할 만한 모멘텀을 만들어냈다.

공격과 위협

전투적인 말이 있는 밈은 주로 타이완 독립주의자들을 향한 것이다. "디바가 출정하면 풀 한 포기도 안 남는다"는 출정의 구호에서 전투적인 분위기를 엿볼 수 있다. 이모티콘에서의 다음과 같은 텍스트들을 보자. "똥 주걱으로 때려죽여 주마", "짐꾸러미로 눌러 죽여주마", "대가리에 물 좀 채워줄까?", "목 졸라 죽여줄 수 있어", "때릴 테면 때려 봐." 개인에 대한 공격을 보여주는 중에 일부는 타이완 독립주의자들에 대한 분노와 그들의 오만함을 꺾겠다는 결의를 표현하고 있다. 또 다른 일부는 '이미지+텍스트'로 구성된 이모티콘의 표현방식을 통해 험악한 분위기를 다소 누그러뜨리는 효과를 발휘한다.

밈의 조직적 생산과 자원 동원 과정

합의 운동의 성패는 정서적 동원과 의미 구축뿐 아니라 사회적 자원을 동원하고 효율적인 조직을 확립하는 능력에도 달려 있다. 사회운동의 자원은 주로 도덕 자원, 문화 자원, 사회조직 자원, 인력 자원, 그리고 물질적 자원이다(Edwards & McCarthy, 2004). 디바 캠페인의 조직자이자 리더는 '디바 출정' 전에 대규모의 출정을 성공적으로 계획한 적이 있었기 때문에 상당히 효율적인 네트워크 동원이 가능한 직급과 기능을 결합한 대응팀을 구성할 수 있었다(陳子豐·林品, 2016). 이 사건의 조직 동원은 주로 다음과 같은 측면에 반영되었다.

인재의 동원

더우반, 톈야, AcFun, 빌리빌리 등의 소셜 네트워크와 연계된 주최 측은 온라인 모집을 통해 다수의 참가자들을 모집했고, 수요에 맞춰 각각 다른 그룹에 배정했다. 심층 인터뷰에서 인터뷰 대상자 중 몇몇은 디바에서 '출정'에 대한 정보를 알게되었다고 했고, 또 몇몇은 시나 웨이보에서 다음과 같은 글을 보았다고 했다. "디바는 오만한 타이완 독립주의자들이 있는 페이스북에 출정하기로 결정했다! 전사들은 지금 디바에 가입하라! 강력한 이모티콘을 가진 자, 글솜씨가 빼어난 자, 포토샵 잘하는 자, 타이완의 독립주의자들을 무찌르겠다는 의지로 가득한 자, 모두 환영!" QQ 오픈채팅방은 신속히 회원 수 최대치에 도달했다. 인터뷰한 어떤 학생은 이렇게 말했다. "모든 QQ 오픈채팅방이 참가자들로 가득 찼기 때문에, 저는 거기에 참가할 수 없었어요. 더우위鬥魚, 빌리빌리, 시나 웨이보에서 구경만 할 수밖에 없었죠."

조직 동원

사회운동 조직은 사회 집단을 연결하고 참가자들을 동원하며, 정보를 전파하는 데서 중요한 역할을 한다(McCarthy & Zali, 1977). 과거 민족주의 운동에서는 참가자들이 여기저기 산재되어 있던 것에 비해, 이번 '출정'에서는 대규모 동원과 세세한 분업이 이루어졌다. '출정대'는 QQ 오픈채팅방을 통해 서로 연락을 취했고, 그룹의 관리자는 엄격한 규율을 적용하고 분과를 나눔으로써 행동을 규제했다. '출정대' 팀에는 두 개의 QQ 오픈채팅방 본부와 한 개의 '선봉대'가 있었고, 각 QQ 오픈채팅방에는 각각 다른 책임을 맡고 있는 6개의 분과가 있었다.

기술 동원

사이버 민족주의 운동에는 기술, 문화, 정치라는 높은 장벽이 있었다. 출정의 장이 외국의 소셜 미디어인 페이스북이었기 때문에, 중국어로 쓰인 텍스트들을 외국어로 번역하여 '출정의 무기'를 생산해야 했다. 동원의 궤적은 다음과 같다. 한편, 세 번째 분과는 무기, 즉 이모티콘의 생산을 담당하고 있었다. 이 분과 안에 속해 있으나 포토샵 기술이 없는 구성원들은 이모티콘 제작에 사용하기 위해 타이완 독립에 반대하는 사진과 텍스트 자료를 고르는 일을 맡았다. 그러면 포토샵을 다룰 수 있는 구성원들이 그 자료들을 가지고 이모티콘을 제작했다. 그리고 마지막으로 그들은 '출정대'가 사용할 수 있도록 이모티콘 패키지

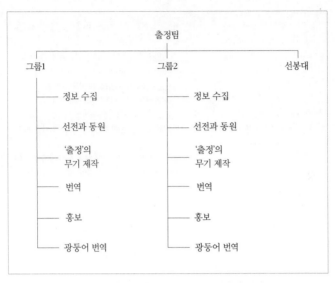

<그림 5.1> '디바 출정'의 조직구조

를 QQ 오픈채팅방에 올렸다. 이모티콘은 황쯔타오, 재키청, 김 관장, 얼캉, 쿠마몬, 텔레토비, 사회주의 등 열 가지 이상의 유형을 포함하고 있다. 텍스트의 내용은 「향수」를 여러 언어로 번역한 버전, 반타이완독립성명, 저우쯔위 사건의 묘사, 중국어와 영어 버전의 '팔영팔치' 등이다. 다른 한편, 인터넷 검열이라는 제한 때문에 중국 대륙의 네티즌들은 대부분 서구의 소셜 미디어에 접속하기 위해 VPN(가상 사설망)을 이용해야 했다. 그래서 QQ 오픈채팅방은 VPN을 공유하고, 페이스북 계정을 제공하며, 외부 링크의 안전을 확인하는 것이 주요 임무인 '기술' 분과를 추가했다. '출정'의 조직 구조에 관해 이야기하면서 한 인터

	분업 항목	구체적 내용
1	정보 수집	타이완 독립운동에 관한 언급과 사진 수집
2	선전과 동원	소셜 네트워크, 바이두 게시판, 온라인 커뮤니티에서 참가자들 모집
3	'출정'의 무기 제작	타이완독립에 반대하는 그림과 이모티콘 제작
4	번역	영향력을 확대하기 위해 해외 유학생들에 의해 조직된 텍스트 자료를 영어, 일본어, 한국어, 독일어, 프랑스어, 그리고 번체자본으로 번역하는 일을 맡은 번역팀
5	홍보	아군의 게시물에 '좋아요' 누르기, 타이완 독립 진영의 페이스북을 식별하고 '신고하기', '출정' 부대에게 길 안내하기.
6	광둥어 번역	텍스트 자료를 광둥어로 번역

〈표 5.2〉 각 분과별 분업

뷰 대상자는 이렇게 말했다. "출정 기간 중, QQ 오픈채팅방, 시나 웨이보, 위챗에는 방화벽을 뚫는 기술을 알려주는 네티즌들이 있었어요." 또 다른 인터뷰 대상자는 이렇게 말했다. "저는 원래 출정 그룹에 참가하고 싶었는데, 참가자들이 너무 많이 몰리는 바람에 VPN이 막혀버려서 방화벽을 뚫을 수가 없었어요."

인재 동원, 조직 동원, 그리고 기술 동원 후, 출정은 밈의 생산과 전파방식, 작전의 목표, 방법, 구호, 전장, 그리고 공격의 규칙에 대해 기본적으로 공감대를 이루었다. 동시에 디바 멤버들은 대부분 다른 톄바에서도 활발히 활동하고 있었기 때문에,

무기	이모티콘들, 향수, 일곱 아들의 노래, 조국의 송가, 팔영팔치, 사회주의 핵심 가치, 마오쩌둥 어록, 반타이완독립성명 등
시간	2016. 1. 21. 7pm
구호	디바가 출정하면 풀 한 포기도 안 남는다
프로필 사진	검은 바탕에 하얀 중국 지도가 그려져 있고, 지도 위에 영어와 중국어로 "타이완은 우리나라에 속해 있다. 타이완은 분할될 수 없는 중국의 일부분이다."라고 쓰여 있다.
공격 목표	『빈과일보』, 싼리TV, 차이잉원 등의 페이스북 페이지
규율	1. 지저분한 말 금지 2. 모욕적이고, 외설적인 사진, 정치지도자의 사진 게재 금지 3. 타이완인이 아닌 타이완 독립에만 반대 4. 모든 행동에서 명령에 따른다.
광둥어 번역	텍스트 자료를 광둥어로 번역

〈표 5.3〉 합의의 형식

여러 커뮤니티 간의 교점 역할을 하였다. 이런 공통의 조직 동원과 집단적인 표현 방식이 다른 커뮤니티에도 영향을 미쳐 참가를 유도하였으며, 공감대의 범위를 넓혀주었다.

'디바 출정'에서의 전략 조정과 설득적 의사소통의 형성

합의 동원은 본질적으로 설득적 의사소통의 실천이다. 클랜더만스(Klandermans, Morris, 2002에서 인용)는 사회운동의 동원을 '합의 운동'과 '행동 운동'으로 나누었다. 전자는 집단 전체의 특정한 서브 그룹에서 의식적으로 합의를 만들어내기 위한 사회적 행위자의 노력으로 정의된다. 후자는 운동의 입장과 의견, 즉 특정한 방법과 행동의 합법화를 작동시키는 것들을 가리킨다. '출정'의 초기 단계에서 상대편으로부터 반격하는 밈인 '카운터밈'에 직면하자, '디바 출정 대원들'은 이모티콘에 불법복제를 막기 위한 워터마크를 붙이는 방법, '강력한 밈'으로 상대의 게시물을 밀어내기, 모멘텀을 얻기 위한 라이브 방송 등과 같은, 이에 반격하기 위한 몇 가지 전략을 제시했다. '출정'의 후반부에 가서는 의제가 바뀌고 '소통 지향의 밈'이 나타나면서 분위기가 완화되었다.

카운터밈과 워터마크가 붙은 이모티콘

밈은 밈과 카운터밈으로 나뉜다. '카운터밈'은 특정 집단에 의해 만들어진 밈에 대항하기 위해 만들어지며, 전복적인 특성을 지닌다(Shifman, 2013, p. 136). 출정 기간 중 밈과 카운터밈 사이에서는 게임과 같은 경쟁이 명확히 나타났다. 예를 들어, '출정 대원들'이 전근대적 담론인 가부장제와 패권주의가 구현된 교육과 훈계의 이모티콘을 썼을 때, 타이완의 네티즌들은 민주주의, 법치, 자유와 같은 근대의 담론으로 응답했다. 이뿐만 아니라, 그들은 모방, 참조, 그리고 직접적인 복제에 의해 만들어진 '카운터밈'으로 공격하기도 했다. 이모티콘에 의해 털려버린 싼리TV는 출정대원들의 것을 도용한 다음과 같은 이모티콘을 게시했다. "얼캉은 당신들과 끝까지 함께하겠다."

밈이 '카운터밈'에 의해 반대로 해석되는 것을 피하기 위해, 참가자들에게는 "모욕적인 사진과 지도자의 사진을 게시하지" 말아야 한다는 명확한 규칙이 있었다. 밈이 상대편에 의해 도용되자, '출정대원들'이 채택한 전략은 이모티콘에 "중국인 전용", "중화인민공화국 전용", "아버지 대륙 전용", "메이드 인 차이나", "타이완 독립주의자와 투쟁하는 디바의 전용 스탬프" 등과 같은 저작권을 주장하는 워터마크를 붙이는 것이었다.

출정대원들의 이모티콘에 반격하는 것 외에, 사진의 검열을 피하는 것도 '카운터밈'의 방법 중 하나였다. 이모티콘에 페이스북이 털리자, 차이잉원은 그녀의 공식 페이스북 페이지에서 댓글에 이미지 올리기 기능을 닫았다. 그에 대처하기 위해 출정대원들은 '텍스트+이미지 포맷'을 모방한 '순수 텍스트 밈'을 만들어냈다. '용상궁[8]의 바늘신공.gif', '설이모의 비웃는 얼굴.jpg', '프렌치 쿨.jpg'와 같은 것인데, 이렇게 '파일 이름' 형식으로 만들어진 댓글들로 인해 또 한 차례의 일사불란한 게시판 도배가 이루어지기도 했다.

강력한 밈의 형성

유전자와 마찬가지로, 밈의 복제는 변형, 경쟁, 선택, 그리고

---

8. * TV극 〈황제의 딸〉에 나오는 악역이다.

잔류의 과정을 겪는다. 사회적 환경과 문화에 잘 적응한 것들만이 성공적으로 소통될 수 있고, 그렇지 못한 것들은 도태된다. 일반적으로 장난기와 유머로 가득하고 대중문화 요소와 결합한 이모티콘이 '강력한 밈'이 되어 '강력한 감염력을 가질' 확률이 높다. 인터넷의 강력한 밈에 대해 논하면서 차오진과 진옌(曹进·靳琰, 2016)은 유머, 모방하기 쉬움, 아이러니, 겸손함 등의 특성을 가진 감정 밈이 강력한 밈이 되기 쉽다고 지적했다. 『밈기계』에서 블랙모어(Blackmore, 1999)는 복제되는 과정, 즉 진화를 통해 밈이 엄청난 선택의 압력과 치열한 경쟁에 직면한다고 주장했다. 그들 중 극히 일부만이 한 사람의 생각에서 다른 사람의 생각으로 성공적으로 복제된다. 이 생존자들이 강력한 밈, 혹은 성공한 밈이다.

'디바 출정' 당시에는 황쯔타오와 김관장 이모티콘이 다른 수십 개의 이모티콘 가운데 두각을 나타내며 강력한 밈이 되었다. 어떤 사람들은 황쯔타오("우리 타오타오")를 "최고의 승자"로 묘사했다. 그의 "난 쉽게 죽지go die 않아" 밈은 과장된 얼굴 표정으로 인해 즉시 인기를 모았다. 쉬프만(Shifman, 2013, pp. 89~94)은 강력한 밈의 사진은 두 가지 일반적인 특질을 공유한다고 했다. 하나는 '이미지의 병치'로, 밈 사진에 등장하는 두 개이상의 요소들이 서로 전혀 어울리지 않는 경우이다. 또 하나는 '동결'로, 사람이 격렬히 움직이는 장면이 찍혀 사진 속에서 "시간 속에 동결된 것 같은" 모습을 말한다.

〈그림 5.2〉 강력한 밈과 그 변형들

디바 캠페인에서 황쯔타오의 과장된 퍼포먼스 사진들은 명백히 동결된 동작의 특징을 보여준다. 페이스북의 '주인장'들은 황쯔타오의 사진들을 다음과 같은 생생하고 흥미로운 자막과 함께 모방하고 다시 유통시키는 과정에서 자신들의 창의성을 발휘했다. "확신컨대 너희 인구는 내 이모티콘의 수에도 못 미치지", "나한테 붙어먹을 생각은 마라." 혹은 원래의 사진을 다시 합성한 것도 있다. 대부분 포토샵을 이용해서 새로 합성하고 모방한 것인데, 황쯔타오의 얼굴을 레이지 코믹9에 갖다 붙이고 "가서 죽어", "너, 랩을 멈추지 마라" 등의 자막을 붙였다.

영화 〈김관장 대 김관장 대 김관장〉에 등장하는 김관장의

---

9. * 레이지 코믹은 분노한 얼굴이 등장하는 만화로, 단순한 프로그램을 이용한 조악한 그림체로 분노나 다른 단순한 감정들을 표현한다. 2010년대 초반에 유행했으며, 각종 변형과 패러디가 이루어진 인기 있는 밈이었다.

과장된 웃는 얼굴은 출정대원들에 의해 캡처되었고, 이 '동결된 동작'에 "하하하하"[10]라는 자막이 더해졌다. 합성 과정에서 자막이 더해져 '교수 버전', '간호사 버전'을 탄생시켰고, 재미있는 말을 함께 넣었다. '디바 출정'을 통해 '강력한 밈'의 원본 사진은 밈의 발전과정에서 점차 더 재미있고 유머러스하게 되었다.

분류와 '소통 지향의 밈'

공격과 풍자의 밈에 이은 '소통 지향의 밈'의 등장은 '디바 출정'의 전환점이 되었다. 야콥슨(Jakobson, 1960)은 '언어적 의사소통 이론'을 제시했는데, 거기에서 그는 인간의 의사소통의 여섯 가지 기본 기능을 들었다. 지시적 기능, 감정표현적 기능, 사역적 기능, 친교적 기능, 메타언어적 기능, 시적 기능의 여섯 가지이다. 이를 바탕으로 쉬프만(Shifman, 2013, pp. 41~50)은 '소통 지향의 밈' 개념을 제안했는데, 이 '소통 지향의 밈'은 정보와 감정을 전달하는 기능을 가진 밈 프로세스를 갖춘 소통의 매체로 간주된다. 중국 본토와 타이완은 동족 관계에 있으며 해협 하나로만 나뉘어 있기 때문에, '디바 출정'에 참가한 이들은 출정을 시작하기 전에 대상을 분류하고, 거기에 따라 독립을 지지하는 사람들만 공격하되, 거기에 속하지 않는 타이완 동포들과는 정서적 소통을 고취하기로 합의한 바 있었다. "왜 이번 출정은 평소처럼 악의적이지 않았는가?"라는 질문에 한 인터뷰 대상자는 이렇게 설명했다. "양안의 동포들은 형제들처럼 하나로 연결되어 있어요. 출정대원들은 그들을 각자 다른 방식으로 다룰 거예요. 타이완 독립주의자들을 공격하는 것 외에, 우리의 기본적인 목표는 동포들을 우리 편으로 다시 데려오는 것이라는 사실을 잊으면 안 되지요. 그러니 우리는 일본과 한국의 인터넷에 출정할 때처럼 욕하고 함부로 대하지 않을 거예요."

그리하여 출정의 막바지에 이르면 '출정대원들'은 타이완 네티즌들과 감정적인 의사소통을 하기 시작하였다. 농담을 하는 이모티콘을 만들고 공유하며, 대륙의 지역적 관습을 설명하고, 경치와 맛있는 음식들을 선전한다. TV 시리즈와 일상생활에 관해 이야기하고 심지어 남녀 간에 미팅도 진행한다. 어떤 출정대원들은 맛있는 음식 사진을 올렸다. "배추절임 생선찜 좀 들어 보세요", "훠궈 드세요", "란저우 라면 좀 먹어 봐요", "완완, 중국 대륙이 저녁 대접할게요" 등등의 말을 덧붙이면서 말이다. 어떤 이들은 관광 명승지 사진을 올렸다. "나는 산시陝西 사람이야. 우리 가족과 고향을 대표해 삼가 모든 타이완 동포들을 초대해. 이곳의 뛰어난 경치에 너희들은 발걸음을 뗄 수 없을 거야. 여기는 내 집이면서, 너희들 집이기도 해." 그 뒤, '출정대원들'은 '산시'를 자신들의 고향인 '저장/광둥/쓰촨/후베이'로 잇달아 바꾸고, 관광 명소도 바꾸어 올렸다. 담론을 혼합하여 관심과 온정을 표현하는 사람들도 있었다. "타이완 사람들 들으세요. 정치적 입장이 무엇이건 옷 따뜻하게 입으세요. 밖이 춥습니다." 타이완 매체인 『ET투데이』는 이렇게 보도했다. "최근의 정치적 이슈로 인해 페이스북이 토론의 장이 될 것이라 생각되었지만, 예상과는 달리 음식을 나누는 장소가 되어버렸다."[10] 봉황망凤凰网[11]에서 타이완해협을 사이에 두고 벌어진 이번의 상호작용에 관해 이야기하면서, 한 참가자는 이렇게 말했다. "타이완의 젊은이와 싸우게 됐는데, 그 친구가 타이완을 국가라고 하길래, 저는 고전을 인용하면서 반론했고, 다른 학생들도 함께 논쟁하게 됐어요. 그러다가 결국 우리는 타이완과 본토가 어떻게 통일될 수 있을까에 대해 토론하기 시작했죠. 주제는 본토에서 그들이 받아들일 수 없는 점들로 바뀌었고, 저는 거기에 대해 장단점을 들어 자세히 알려주었죠. 결국 마지막에 그 친구는 언젠가 절 만나러 대륙으로 놀러 오고 싶다고 했어요."[12] 인터뷰에 응했던 한 타이완인은 이렇게 이야기했다. "이번 '출정'에 참가했던 몇몇 타이완 네티즌들이 나중에 시나 웨이보에서 대륙인들과 더 친밀하게 교류하고 있는 모습을 봤어요. 서로 욕하고 싸우다가 친구가 되다니, 참 재미있더라고요." 요컨대, '디바 출정'에서는 다양한 유연성 있는 동원 전략이 사용되었다. 교육과 훈계, 풍자와 아이러니, 공격과 위협의 세 유형의 언어

10. 「중국 대륙 네티즌들의 최애 스팸 게시물은 무엇일까? 양고기와 수제비가 가득 든 국과 고향의 음식이었다.」 2016.1.21. Et today, https://bit.ly/3N6wh3U.
11. * 중국 봉황 TV의 자회사인 피닉스뉴미디어에서 운영하는 포털사이트이다.
12. 「디바 '전사'는 페이스북상에서의 이모티콘 전쟁에 참가한 것을 어떻게 표현하고 있는가?」 2016.1.21, Phoenix New Media, https://bit.ly/3O6cO4T

적 코드가 타이완의 독립주의자들을 공격하는 데에 사용되었다. '카운터밈'에 반격하기 위해 '강력한 밈'이 쓰였고, 독립주의자가 아닌 타이완 동포들과 소통하기 위해 '소통 지향 밈'이 사용되었다.

결론과 성찰

사이버 민족주의 운동은 기술, 문화, 정치의 높은 장벽에 직면하고 있다. 공격 목표와의 거리와 그 불확실성으로 인해 격렬한 대중의 분노는 국내에서 폭발하기 쉽다. 특히 계층 분화, 사회적 모순, 그리고 하층계급의 불만이 심각한 상황에서 사이버 민족주의 운동은 쉽게 포퓰리즘과 결합되어 폭력적인 충돌과 사회적 무규율social indulgence을 촉발할 가능성이 있다. 필립 올든 쿤이 『영혼을 훔치는 사람들』에서 밝힌 루머의 논리는 민족주의에도 똑같이 적용할 수 있다. 어떤 경우에는 행사하는 권력이 적은 집단일수록 더 변덕스러운 권력을 좋아하기 때문에, 민족주의적 정서는 '약자들의 무기'가 될 수 있다. 게다가, 민족주의 이념은 자연스러운 안전감을 주며, 참가자들로 하여금 자신이 권력을 행사하고 있다는 환상을 품게 한다. 그리하여 민족주의 운동은 '합법'과 '애국'이라는 이름 아래 보복과 이익을 추구하는 행위로 변질된다.

그러나 사이버 민족주의 운동으로서 '디바 출정'은 또 다른 모습을 보여주었다. '디바 출정'은 밈 커뮤니케이션 전략을 채택하여 장난스러운 상징 속에 감정적인 표현을 숨겨놓고 대량으로 밈을 제작하였고, 카운터밈으로 반격하고 강력한 밈으로 스팸 공격을 하였으며, 또 '소통 지향 밈'으로 주제를 바꿈으로써 합의 동원을 이루어냈다. 주목을 끌 수 있는 구심점이 사라진 1인 미디어 시대에 합의 동원의 방식이 인적·물질적·조직적 자원뿐 아니라, 상징을 통한 표현과 의미의 구축에도 반영되어 있다는 사실은 주목할 만하다. 밈 커뮤니케이션은 의심할 여지 없이 주목을 끌 수 있는 마법의 무기이며, 말장난을 입에 달고 사는 젊은 세대의 표현 습관과 비슷하기도 하다. 이를 통해 뉴미디어 시대의 젊은 세대가 독자적 집단행동의 논리를 만들고 무시할 수 없는 정치세력이 될 것임을 예측할 수 있다.

밈 커뮤니케이션의 한계도 주목해야 한다. 첫째, 인해전술로 소셜 미디어에 몰려가 게시판을 털어버리는 것은 인적 자원, 물적 자원, 그리고 조직의 동원이라는 측면에서 매우 큰 위험 요소를 지니고 있다. 더욱이 참가자들은 이미지의 선택적 기억과 텍스트의 선택적 여과로 인해 쉽게 이미지의 광란에 빠져들게 된다. 디루카가 말했듯이, "이미지가 끊임없이 전파되는 가운데, 속도는 사색을 소멸시키고, 산만함이 주의를 흐트러뜨리며, 정감이 의미를 가리고, 일별이 응시를 대체했으며, 반복이 원전을 지웠고, 공공의 스크린이 공공 영역을 대체했다"(DeLuca, 2006, p. 87). 둘째, 서로 다른 하위문화에서 만들어진 디지털 밈은 심도 있는 상호작용과 정치적 소통을 방해한다. 밈을 만들고 이해하는 데에는 복잡한 '밈 문해력'이 필요하다(Milner, 2012). 즉 하위문화에서 기원한 밈의 규칙과 패러다임에 기반해, 어떤 밈 장르는 거의 모든 사람이 이해하고 만들어낼 수 있지만, 어떤 밈들은 디지털 밈 하위문화에 대한 심도 깊은 이해가 있어야 한다(Shifman, 2013, p. 100). 문화적 배경의 차이와 장벽은 의심할 여지 없이 의사소통의 단절을 가져온다. 타이완 인터뷰 대상자 중 아홉 명은 이모티콘이 재미있어 보이기는 했지만 낯설어서 무슨 뜻인지 알 수 없었다는 점을 바로 지적했다. 또 다른 두 명은 게시판 도배라는 공격 방법이 "무례했고, 이해하기 어려웠다"고 했다.

집단적 상징의 전시와 그 시각적 효과를 즐기며 노는 행위는, 한편으로는 참가자들에게 이성적이고 깊이 있는 상호작용이 결여되어 있음을 반영한다고 볼 수 있다. 그 결과 "상징은 확인 과정 없이 만들어지고 복사-붙여넣기의 기표의 범람 상태가 되며, 표현 효과는 그 과정 중에 사라지고 말"(陳子豐·林品, 2016)수도 있다. 따라서 오락과 놀이 수준에서 벗어나 깊이 있는 소통의 단계로 들어가는 것은 참가자들의 합리적인 소통에 대한 인식의 제고뿐 아니라, 국가적 차원의 시스템 설계와 전략에도 달려있다. 인터넷의 공공 영역이 제한되고 지나치게 봉쇄되어 있다면, 온건한 사이버 민족주의가 갈등 운동으로 변할 수도 있다는 점은 분명하다.

6장

집합행동

사이버 공간에서의 상호작용 의례

류궈창

류궈창은 쓰촨외국어대학
신문커뮤니케이션학부 교수이다.

서론

차이잉원이 타이완 총통 선거에서 승리를 선언한 뒤, 바이두 톄바의 대규모 커뮤니티인 '리이 바'(일명 '디바')는 싼리 뉴스, 『빈과일보』 등 타이완 친독립 성향 매체의 페이스북 페이지를 폭격하는 'FB성전'[1]을 선포했다. 싸움의 주된 참가자들은 온라인 커뮤니티 '디바'의 전사들이었다. 이 싸움은 글을 포스팅하려면 인터넷 검열을 우회해야 하기 때문에 '디바 출정'이라고도 불렸고, 또 실행과정에서 눈길을 끄는 이모티콘을 많이 사용했기 때문에 'FB 이모티콘 전쟁'이라고 칭해지기도 했다. 사이버 공간에서의 집합행동으로서 그것은 집단 동원, 집단 간 갈등, 자아 정체성, 사회적 인식 등의 측면에서 큰 의미를 가지며, 그에 대한 평가 역시 크게 엇갈리다 못해 의견 충돌을 야기할 정도였다. 그렇다면 이와 같은 사이버 공간에서의 집합행동은 어떤 방식으로 일어나는가? 그리고 그것은 현실사회의 견해나 권력구조와 어떤 관련을 맺는가? 이 장에서는 뒤르켐, 고프만, 콜린스가 제안한 상호작용 의례interaction ritual 이론을 참조하여 이러한 행동을 설명해보고자 한다.

이론 틀과 개념 정의

---

1. * '디바 출정'을 지칭하는 또 다른 명칭이다.

사회적 의례 이론은 뒤르켐의 종교사회학 이론에 기반하여 어빙 고프만, 앤 워필드 롤스, 랜달 콜린스, 데이비드 커처 등에 의해 발전되었다. 롤스는 뒤르켐의 사회적 경험론이 의례적 사회의 집단 참여자들과 그들이 수행한 사회적 과정 사이의 관계에 초점을 맞추고 있다고 주장했다(Rawls, 1996, p. 482). 그 후로, 다양한 분야의 학자들은 종교의식이 사회적 유대에 어떻게 작용하는지 연구하기 시작했다. 이러한 발상을 일상생활에 처음 적용한 사람은 고프만이었다. 콜린스는 사회적 유대의 미시적인 사회적 과정에 대한 분석을 통해 상호작용 의례 이론을 완성하였다(Heider & Warner, 2010, p. 78). 그의 견해에 따르면, 상호작용 의례 이론은 개인이 한 상황에서 다른 상황으로 움직이는 동기의 변화를 설명하고, 사회생활이란 궁극적으로 사람들이 일상생활에서 경험하는 각종 상황들이라는 것을 설명한다. 그리하여 이는 상황에 따라 어떤 일이 일어나는지를 설명하는 데 효과적이면서 널리 사용되는 모델이다(Collins, 2009, pp. 79~81).

〈그림 6.1〉은 크레이그 매더슨이 콜린스의 상호작용 의례 이론을 모델 다이어그램으로 나타낸 것이다(Matheson, 2016, p. 3).

이 모델 다이어그램은 외부로부터 감정적 자극을 받았을 때 집단의 결집, 집단 내부의 정서적 강화, 집단 간의 경계 나누기 등 의례적 요소에 근거하여 고강도의 집합적 열광이 생겨나고, 그리하여 집단의 결속, 개인의 정서적 에너지, 신성한 것, 도덕적 기준 등 의례의 결과가 만들어지는 과정을 보여주고 있

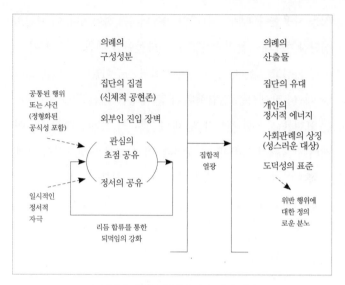

<그림 6.1> 콜린스의 상호작용 의례 이론

다. 이 장에서는 이러한 모델을 바탕으로 관련 뉴스, 참가자들이 사용하는 언어와 이모티콘 분석 및 담론 패턴의 독해를 통해 디바 출정을 해석한다. 비록 상호작용 의례 이론은 개인들이 집단적 의식에 직접 참가하는 상황을 전제로 하지만, 사이버 공간에서의 집합행동 또한 이를 통해 잘 설명된다. 이 장에서 '의례'의 개념은 일반적인 의미에서 일상적이고 반복적인 상징화를 가리킨다(Kertzer, 2015, p. 13).

　여기에 몇 가지 다른 중요한 개념도 설명하고자 한다. 이 글에서 다루는 사건의 명칭은 '디바 출정'이다. 여기에서는 이 사건을 일으킨 톄바 역시 원래 명칭인 '리이 바' 대신에 '디바'라는 명칭을 사용한다. 테바는 온라인 커뮤니티의 하나이다. 이 사건의 집단참여자와 그들의 놀랍도록 일사불란한 행위, 그리고 이 글에서 논하고 있는 디바 출정이 일회성 사건이었다는 점을 고려할 때, 이 장에서는 '집단행위'나 '단체행위' 대신 '집합행동'이라는 표현을 사용할 것이다. '단체'나 '행위'의 개념에 대해서는 아래의 서술에서 다루게 될 것이다. 이 장에서는 상호작용 의례 이론에 따라 정체성 의식, 동기 메커니즘, 집합행동의 담론 논리를 분석하고자 한다.

집합행동의 정체성 의식

사이버 공간은 서로 다른 감정, 사상, 생활방식으로 구성된 사회적 단체로 간주될 수 있기 때문에 사이버 공간에서의 집합 행위는 단체에 대한 소속감을 특징으로 한다. 뒤르켐에 따르면, "사회는 일종의 의례적 질서이며, 사람들 간의 상호작용이라는 정서적 기반 위에 형성된 집합의식collective conscience"이다. 이러한 집합의식은 종종 집단 구성의 기본 요소인 정체성 의식으로 나타난다. 그것은 집합행위의 원동력일 뿐만 아니라 집합행위를 해석하는 관점이기도 하다. 그러나 정체성 의식은 사회심리와 개인 심리의 영향을 받는 복잡한 과정이다. 쿨리와 미드의 상징적 상호작용주의에 따르면, 사람들은 사회적 상호작용에서 타인의 피드백을 내면화함으로써 자신의 성격을 형성한다

(Matheson, 2016, p. 2). 고프만의 연극적 이론dramaturgical theory은 성격이란 사람들이 특정한 환경에서 연기하는 역할이며 관찰자들에게 보이는 인상을 관리하기 위해 사용하는 기술적 메커니즘이라고 주장한다(Matheson, 2016, p. 2). 반면 콜린스(Collins, 2006)에 의하면 문화란 의례의 주요 유형인 권력과 정체성의 산물이며, 사회적 개인은 의례의 강도, 의례의 집중도, 사회적 밀도, 사회적 차이 등 네 가지 차원에서 차별성을 가진다(Matheson, 2016, pp. 2~3). 콜린스의 상호작용 의례 이론(Collins, 2006)에서 정체성 의식은 정서적 에너지의 추구 및 각성과 연관된다.

이 글에서는 집합행동 참여자들 본인의 자아 정체성 의식과 사회가 참여자들에게 부여하는 사회적 정체성이라는 측면에서 참여자들의 정체성과 의식을 두 가지로 나눈다. 하나는 자아 정체성 의식이고, 또 하나는 사회적 정체성의 확립이다.

자기정체성 의식

정체성은 먼저 일종의 자기 분류로 나타난다. "사람들에게 공통의 집단구성원이라는 정체성을 부여하는 것은 매우 매력적이다"(Turner, 2011, p. 30). 사람들은 자기 자신을 분류하여 특정 집단에 스스로 종속된다. 그렇기 때문에 일치된 집합행동이 가능해지는 것이다. 따라서 차별화된 집합행위는 대개 각자 집단에의 소속감을 반영한다. 디바 출정 참가자들의 자아 정체성이라는 관점에서, 이 연구는 크게 두 가지 측면을 제시한다.

첫째, 온라인 커뮤니티 디바의 온라인 출정 참가자라는 정체성

이는 네트워크 집단의 가장 직접적인 정체성이기 때문에 집합행동에 참여한 이들은 디바의 회원이라는 정체성 자체를 '출정'의 상징으로 여겼다. 디바 출정에 참가한 이들이 서로 사이버 공간에서 소통한 결과, 집합과 상호작용을 위한 특별한 공간이 생성되었으며, 이와 더불어 상호 심리적 영역이 등장하였다. 애쉬에 따르면, 집단의 주요 조건은 상호 심리적 영역이며, 집합행위는 각 참여자가 타인의 행동과 자신의 행동 사이에서 관계라는 특징을 가지게 될 때만 발생한다(Asch, 1952, p. 251). 2천만 명이 넘는 이런 온라인 커뮤니티에서는 물리적 경계, 조직 형태, 톄바의 규정 등과는 상관없이 수많은 개별 행동이 자연스럽게 일어나는 것처럼 보인다. 그러나 그 집단은 사실, 주체적인 개인들이 서로 상의하고, 자신들 간의 상호관계를 이해하고, 스스로를 공유된 사회 영역의 공동 구성원으로 여기기 때문에 현실화된 것이다. 그들은 공통의 합의라는 관점에서 자신의 행동을 조정할 수 있다(Turner, 2011, p. 17). 디바의 인기 및 인터넷을 떠들썩하게 했던 이전의 집합행동으로 미루어 볼 때, 디바는 다른 톄바에 비해 상대적으로 높은 사회적 밀도, 의식의 힘, 의례적 집중력을 가진 정체성 집단을 형성하였음을 알 수 있다.

둘째, 국가정체성 의식

국가 정체성 의식은 이 사건의 참가자들에 의해 "대륙 네티

즌"으로 표현되었다. 온라인 설전 중에는 "멋지고 교양 있는 대륙 네티즌", "대륙 네티즌들이 함께 모여 의견을 내놓는다" 등의 표현이 적잖게 등장하는데, 이는 디바 출정에 참가한 이들의 정체성을 일반화한 것이라고 볼 수 있다. 물론 개인의 정체성 의식 표현은 일반화되는 경향이 있게 마련이고, 사람들은 항상 집단 개념을 통해 자신을 규정하게 마련이다. 온라인 커뮤니티 디바가 동원한 집합행동이라는 점을 고려했을 때, 여기에서 참여자 개개인의 정체성은 집단의 권위에 의해 정당성을 갖게 된다. 하지만 개념의 일반화는 자기 역량 강화를 통해 이루어진다. 비록 개념의 외연을 확장했을 때는 이러한 종류의 자기 역량 강화가 정당성을 갖지 못하기에 집단 외부로부터 비판을 받게 마련이지만, 참여자들의 심리 차원에서 봤을 때는 이 정체성 의식이야말로 '진짜' 집단의식이자, 상호의례의 과정에서 가장 두드러진 정체성의 상징이다.

주목해야 할 것은 정체성 의식의 표현전략이다. 이 정체성은 종종 "우리"로 표현되는데, 이는 그에 상응하는 반대 개념인 "너희"를 구성한다. 바로 타이완 네티즌, 특히 '타이완 독립' 지지자들이다. 그것은 또한 나의 공동체와 타자라는 상상을 구현한다. 그러나 "우리"와 "너희"는 모두 '국가'라는 개념에 속하기에, 여기에서 또 "나는 충칭 사람", "나는 허난 사람"과 같은 지역 정체성이 파생된다. 하지만 이러한 지역 정체성은 정체성 의식의 차이를 강조하는 것이 아니라, 차이에 의해 구성된 더 큰 집단 개념에서의 집합의식을 강조하는 것이다. 그것은 "대륙 네티즌"으로 표현되는, 획일화된 "우리" 개념이 야기한 갈등을 누그러뜨리는 기능을 담당한다.

고프만(Goffman, 2008)에 따르면, 정체성의 역할극이란 의례 그 자체이며 공동체의 도덕적 가치를 표현하고 재확인하는 것이다(pp. 29~30). 이러한 자아 정체성 의식은 자기 분류의 결과이다. 집단 구성원과 본인 사이의 유사성을 증가시킴으로써 스스로를 전형화하고(Hogg & Abrams, 2011, p. 27) 다른 구성원을 일반화한다. 따라서 이러한 자기 정체성 의식은 참여자들의 개인적 의식이 아니라 상호인식을 통한 정체성 협상의 결과라고 할 수 있다. 국가 상징과 의례적인 행동에 의해 유발된 강한 민족의식의 표현은 그들이 국가구성원으로서의 시민권을 유달리 강조하였기 때문이다(Schatz & Lavine, 2007).

사회적 정체성의 형성

자기 분류는 사회적 구조 자체의 결과물이다. 하지만 디바의 집합행동에서 일부 사회적 행위자의 경우, 의례적 상호작용이 진행되고 있는 동안에는 정체성을 자각하지 못하다가, 사후에 그것을 표술하는 과정에서 행위자의 정체성을 형성하는 모습을 보였다. 행위자들의 정체성은 다음과 같이 두 가지 유형으로 나눌 수 있다.

1990년대 이후 출생자 세대

톄바의 유저 대부분은 1990년대 이후 출생자 세대에 속한다. 반항적인 청년 하위문화에서는 연령 정체성이 강조되는 경우가 많다. 연령 정체성은 한 세대가 성장하면서 사회적으로 관심을 받고 사회적 담론권을 위해 투쟁하며, 몇 가지 사회적 사건에서 동원과 집적을 통해 큰 영향력을 미친 집합행동을 이루어내는 과정을 통해 표현된다. 청소년에서 성인으로의 전이단계에 갓 접어들었을 때부터 줄곧 이 1990년대 이후 출생자들은 정상적이고 올바른 젊은이라는 평가를 받지 못했다. 하지만 『인민일보』에 실린 「페이스북 디바원정 : 하위문화 이면에서 세계의 담론권을 얻은 1990년대 이후 출생자들」이라는 글을 비롯하여, 이번 일을 통해 1990년대생들에게 합당한 의미를 부여하려는 움직임이 뚜렷이 드러나고 있다. 이는 또한 무의식적인 하위문화 저항이 이데올로기에 의해 의식적으로 범주화되고 있음을 의미한다. 디바 출정이 바로 이러한 집합행동의 일례이다. 하지만 이 행동의 참가자들은 대부분 1990년대 이후 출생자라는 집단의식을 직접적으로 표현하지 않았다. 따라서 이것은 그들의 정체성 의식이나 동일시가 아니라 사회적 행위자의 정체성 확립에 관한 것이 된다. 그리고 이들의 사회적 정체성은 극히 상반된 두 가지 방식으로 구성된다. 하나는 사회적 책임을 짊어지기 시작한 세대라는 것이고, 또 하나는 '무뇌아' 세대라는 것이다. 『환구시보』(Bai, 2016)는 "1990년대 이후 출생자들은 중국이 부상한 시기에 성장했기 때문에 중국의 경제력과 국가 위상에 자부심을 느끼는 성향이 강하다"고 분석했다. 또한 『인민일보』는 「1990년대 이후 출생자들, 너희를 믿는다」라는 사설을 발표하기도 했다. 하지만 반대 의견 역시 존재한다. 일부에서는 이러한 행동이 이들 세대의 맹목적인 오만과 자기만족을 반영한다고 주장한다.

또 다른 관점에서 보면, 1990년대생 혹은 대륙 청년이라는 정체성 상징은 외부에서 너무나 쉽게 생성한 것일지도 모른다. 외부인이 디바 출정 참가자들과 다른 온라인 그룹 간의 차이점을 구분하는 것은 어려운 일이기에, 이 사건을 오늘날 중국 청년들의 민족주의적 인식의 결과로 돌리는 것이다.

둘째, 애국 청년

이는 가장 보편화된 정체성이다. 무엇인가를 정의한다는 것은 어떤 행위가 특정 언어나 행동과 관련을 맺고 있음을 확정하는 것에서 시작하며, 행위의 동기에서부터 추상적 개념 수준까지 거슬러 올라가게 마련이다. 반어법이 아니라 진지한 의미에서, 애국 청년 담론은 전형적인 주류 담론이다. 중국 사회의 이데올로기하에서 그것은 칭찬의 의미이며, 비록 청년 하위문화의 반항적 색채는 제거되었지만, 네트워크 민족주의가 성행하면서 많은 젊은이들로부터 인정받고 있다. 이 집합행동에서 일부 참가자들은 그들의 동기가 애국심 때문이라고 밝혔다. 이를테면 "위대한 중국은 우리들의 노력을 원한다"는 것이다. 이에 『인민일보』는 행위자들의 국가 의식을 근거로 하여 이들을 '애국 청년'으로 칭송하였다. 그러나 최근 개념 속에 반영된 담론 투쟁에는 이와 같은 상징을 쟁취하려는 경쟁이 깔려 있다. '5마오당'五毛黨이라는 폄하 표현이나 '애국 청년'이라는 반어적 용법에 이어 최근에는 '소분홍'이라는 개념이 널리 사용되면서, 이 사건은 일명 '소분홍의 집단 퍼포먼스'로 칭해지기도 한다.

자기 정체성과 사회적 정체성이라는 두 개의 층위를 완전히 분리하는 것은 불가능하다. 정체성 협상 이론에 따르면 정체성 의식은 끊임없이 적응하고 변화하는 역동적인 과정이며, 개인의 자아 인식 및 행동 조정coordination of actions과 더불어 하나로 통합된다. 지침과 피드백의 기제로서, 사회적 정체성이 확립되면 참여자가 자아 정체성을 재정립하는 과정에서 다르게 영향을 미치게 된다. 정서적 요인이 정체성 인식과 유지에 중요한 역할을 하는 반면, 사회적 상호작용에서 정보의 교환은 이상적인 '나'를 반영하게 되며, 이는 자아 인식의 조정까지 포함하게 된다(Svensson, 2014, p. 19). 그러나 좀 더 거시적인 차원에서, 정체성 의식은 훨씬 더 복잡한 사회적 원인을 가지고 있으며, 그 안에는 집단과의 동질성(앤더슨에 따르면), 전통에 기초한 상식, 그리고 역사적 기억 등을 포함한다(Chwe, 2001, p. 88).

집합행위의 동력 메커니즘

정체성 의식은 집합행동에 상응하는 심리적 기제의 역할을 한다. 그러나 상호작용 의례의 집합행동은 그 자체의 특별한 동력 기제를 가지는데, 아래의 몇 가지 양상이 그에 해당한다.

사이버 공간에서 단체 집결과 집합적 열광의 출현

의례가 출현하기 위해서는 사람들이 같은 상황 속에 함께 존재하고 있어야 한다. 뒤르켐은 사람들에 의한 물리적인 집결이 이루어져야 한다고 강조한다(Collins, 2009, p. 69). 집중적인 상호작용을 통해 물리적 공존은 전방위적인 기운으로 바뀌고, 그렇게 해서 뒤르켐이 집합적 열광 또는 집합의식의 형성이라 부르는 공통의 경험이 강화되는 것이다. 이는 상호주관성을 높이는 요인의 하나로 볼 수도 있다(Collins, 2009, p. 70). 그러므로 의례의 가장 중요한 특징은 집회의 개최, 외부 세계와의 분리, 공간적 물질 배치, 행동 설계를 통해 사람들이 공동의 목표에 집중하도록 이끌어주는 것이다. 의례는 집단의 모든 사람이 같은 것에 집중하게 하고, 자기가 무엇을 하고 있는지 알 수 있게 해준다(Collins, 2009, p. 122).

비록 뒤르켐이 상호작용 의례에서 물리적 현존을 강조하고는 있지만(Collins, 2009, p. 69), 그의 이론은 사이버 공간에도 적용될 수 있다. 군중의 물리적 집합과 상호교감이 없더라도, 그와 유사한 상호작용 상황이 주어지기 때문이다. 사이버 공간에서 군중이 집결하는 것은 특수한 상황이 아니라 지극히 일상적인 것이며, 현실의 군중 집회처럼 이미 정해진 심리적·정서적 경험에 바탕을 두고 있지는 않지만, 현실의 집회와 마찬가지로 집합행동을 촉발하는 심리 구조를 가지고 있다. 사이버 공간에서는 시각적인 초점이 크게 약화되지만, 상상력과 일상 경험으로 보완하여 관심의 초점과 정서적 유대감을 높일 수 있다. 제임스 캐리는 전파의 목표란 정보를 얻는 것이 아니라 권력 투쟁으로 가득한 이 세상에서 독자들이 관람객으로 참가하는 극적인 퍼포먼스를 일으키는 것이라고 주장한다(Carey, 2009, p. 9). 독자가 네티즌으로 대체되는 가상 전파의 관점에서 볼 때, 사이버 공간의 행위들은 주로 자아 정체성 표현, 인정받기, 의미의 공유, 그리고 의례적인 과정에 관한 것이라고 결론지을 수 있다. 밀러(Miller, 2008)에 따르면, 소셜 네트워크에서는 친구가 가장 중요한 항목이기 때문에, 소셜 네트워크의 본질은 대화와 소통이 아니라 자신의 관계 네트워크를 구축하고 보여주는 것에 있다(p. 293).

디바 출정이 일어나기 전, 중국 대륙에서는 '저우쯔위 공식 사과'와 '타이완 총통선거 결과'라는 사건이 큰 화제를 모았다. 그러나 사이버 공간의 집합적인 성격이 아니라면, 그러한 사건들은 현실에서 집합적인 행동으로서 촉발되기 어렵다. 디바 출정의 경우, 바이두 톄바에 공지가 올라오자마자 산발적으로 흩어져 있던 관심들이 한곳에 모이면서 단시간에 집회 효과를 연출했다. 그리고 이 과정에서 신성한 상징으로서 국가가 등장하여 집단의 기호가 되었다. 콜린스(Collins, 2009)는 동일한 것에 관심을 쏟고 있는 일군의 사람들이 피동적인 관람객이 아닌 적극적 참여자일 때, 집합적 열광이 점차 발전한다고 보았다. 사이버 공간의 집합행동에서는 이 집합적 열광이 즉각적으로 생성된다. '디바 출정' 공지는 이 사건을 집단 의례의 수준으로 끌어올렸다. 여기에는 물리적 집결을 통한 감정적인 상호작용의 과정도 필요하지 않았다. 이 사건 이전에 있었던 수차례의 게시판 털기 공격이 '디바 출정'이라는 의례의 모델이 되었다.

상징적 집단유대의 생산

사회적 의례의 본질은 사회적 유대에 있다. 의례는 그 자체의 의미를 넘어 사회적 통합과 집단유대로 이어지는 경향이 있는데, 이는 뒤르켐이 세밀하게 분석한 바 있다. 디바의 집합 의례는 다음과 같이 세 차례의 변화를 거쳤다. 첫째는 반항적인 표현 의례를 통해 집단결속을 얻는 것이다. 디바는 축구선수 리이의 별명인 "리이 대제"에 대한 조롱의 뜻으로 붙여진 명칭이다. 이를 계기로 조롱의 뉘앙스가 강한 '비꼬기글'內涵文의 문화적 특성이 눈에 띄게 발전하기 시작하였다. 톄바 유저들에 의해 만들어진 '루저', '여신'女神, '역습'逆襲 등의 인터넷 유행어는 구체적인 집합행동이라기보다 상호작용과 인터넷 유행어의 향연으로 드러나는 단합의 상호의례가 되었다. 두 번째는 과격한 집합행동을 통해 집단유대를 획득하는 것이다. 1990년 이후 출생자

세대가 대거 가세하면서 조롱조의 '비꼬기글'을 위주로 한 문화적 특성이 점차 쇠퇴하였고, 디바의 풀뿌리 특성이 더욱 두드러지게 되었다. 이때 이름 없는 대중들은 집합행동에 의존하게 되고, 집합행동에 참가한 개인들은 인정받고 역량이 강화된 느낌을 갖게 된다. 이런 집합행동의 전형은 게시물 아래에 동일하거나 유사한 댓글을 반복적으로 올리면서 의견을 표출하는 것이다. 따라서 디바는 일반적으로 '게시판 털기'라고 하는 집합행동을 통해 집단 간의 갈등을 처리하는 내부 기제를 가진다. 이러한 행동은 더 이상 이전과 같은 문화적 저항의 특성을 띠지 않고, 집단과의 동일시라는 심리적 동기에 의해 일어난 것이다. 그리고 이는 자연스럽게 사회적 상호작용 의례가 정치적 의례로 발전하는 세 번째 단계로 이어진다. 이런 맥락에서 국가와 톄바의 유일한 차이점은 국가가 더 거대한 정체성의 상징이자, 더 큰 집합행동 효과와 더 강한 심리적 소속감을 만들어낼 수 있다는 점뿐이다.

이는 보편적인 개인의 심리적 기제이기도 하다. 다만 사회와 정치 인식으로부터 투사된 사회심리를 반영하고 있을 뿐이다. 즉 대통합이라는 정치적 이데올로기와 분열의 위기에 놓인 현실 인식이 투사된 것이다. 터너가 실시한 은뎀부[Ndembu] 사회에 대한 조사에 따르면 의례의 역할은 "모든 사람을 하나로 뭉치게 하고 그것을 신성화함으로써 사람들의 일상을 해칠 수 있는 분리 성향을 대신하는 것"이다(Turner, 1957, p. 290). 그러므로 의례는 사람들이 공통된 가치관을 가지고 있다거나, 의례에 대해 동일한 견해를 가지고 있음을 명시할 필요도 없이 사회적 유대를 촉진할 수 있다.

따라서 집합행동은 디바의 역량을 상징하며, '무적의 절대강자'라는 디바의 신화를 유지하는 데 없어서는 안 될 방법이다. 또한 집단의 정체성과 결속력 향상에 필수적인 상호작용 의례이다. 집단유대의 차원에서는 타이완 독립에 대한 반대 시위보다 함께 행동한다는 의례 자체가 훨씬 더 중요한 것이다.

하지만 그러한 의례는 자발적으로 이루어지지 않는다. 디바 출정이 조직되고 개시되는 과정은 이것이 잘 조직된 운동임을 보여준다. 디바의 관리자로부터 시작되어 전체 운동은 치밀하고도 계획적으로 조직되었다. 이들은 메인 그룹채팅방을 만들고, 다시 6개의 하부 그룹으로 나누었다. 이 중에 하나는 선봉대이고, 나머지 5개는 후방수비대로서, 각각 정보 수집(타이완 독립에 관한 연설과 사진), 선전 활동(회원 모집 포스팅), '군수' 제작(이미지 제작 및 문구 작성), 교류(외국어 번역), 전쟁터 청소(페이스북에 게시물 신고)를 담당했다. 행동은 유저들의 의견 반영 없이 그룹 내부의 공지를 통해 시작되었는데, 이는 주최자가 집합행동의 호소력에 대해 확신을 가지고 있었다는 사실, 또 참여자들 내부에는 명백한 계층화가 이루어져 있었다는 사실을 보여준다. 의례의 계층화는 두 가지로 나뉘는데, 하나는 내부자와 외부인 사이의 계층화이고, 또 하나는 추종자와 지도자 사이의 계층화이다(Collins, 2009, p. 79). 고프만의 연극적 이론에 따르면 무대의 배경은 비가시적이지 않다. 디바 유저들의 집단적 유대 의례가 국가 차원의 유대로 진전된 만큼, 디바라는 퍼포먼스 팀의 무대 배경 역시 더 높은 수준으로 올라가야 했다.

물론 사람들이 사회적 환경에서 취하는 행동은 내적 신념보다는 상황에 따라 어쩔 수 없이 이루어지는 경우도 있다(Snyder & Svann, 1976, p. 1041). 이러한 의례에서 사람들은 서로 긴밀하게 결합하게 마련이지만, 반면에 여기에 동조하지 못하는 사람들은 집단에서 도태된다(Kertzer, 2015, p. 112). 따라서 집단의 관점에서 봤을 때, 통합의 의례란 집단의 합의를 재생산하고 재확인하는 것이다. 지식을 공유함으로써 참여자들은 문제를 조율하고, 집단참여의 의례를 환기하게 된다(Chwe, 2001, p. 3). 이러한 종류의 의례는 온라인 단체들에게 있어 내부적으로는 일치를 도모하고, 외부적으로는 다른 단체와의 차별성을 강화하는 역할을 한다. '디바'의 경우, 이 같은 집합 활동의 결과로 기존 유저들이 물러나고 새로운 유저들이 참여하는 물갈이가 이루어졌다.

정서적 에너지의 교환과 도덕적 상상의 교환

개인에게서 감정은 세상에 존재하는 동안 나의 본성과 경험을 형성하고, 내 눈앞에 세계가 존재하는 방식을 바꾸어 놓으며, 시간과 공간에 대한 인식에도 영향을 미친다. 자아 인식은 사람들의 감정에 의해 끊임없이 형성되고 재형성된다. 집단의 경우, 한 집단의 구성원들 사이에 정서적 유대감이 긴밀하게 형성되면, 개인의 사회적 정체성은 개인과 그 사회 간의 감정적 연결을 의미하게 된다. 타즈펠(Tajfel, 1972, p. 31)에 의하면 사회적 정체성이란 자신이 특정한 사회 집단에 속해 있으며, 사회와의 동일시로 인해 모종의 감정과 가치를 획득하게 됨을 인식하는 것이다. 뒤르켐은 일찍이 사람들의 감정이 집단을 통해 얼마나 강해지는지를 상기한 바 있다. 의례와 집단은 서로 상호작용한다. 감정들이 한데 모이게 되면 대개는 더욱 격렬해진다. 사람들은 자기 자신을 식별하기 위해 스스로를 선동하고 자극하는데, 이는 이러한 감정들의 표현만큼이나 격렬한 몸짓을 통해 완전히 전달된다(Durkheim, 2011, p. 559).

뒤르켐(Durkheim, 2011)은 의례란 집합행동에 의해 유발된 감정을 바탕으로 하기 때문에 신념보다 훨씬 더 효과적인 사회적 활력의 원천이라고 주장했다. 콜린스(Collins, 2009)는 정서적 에너지가 상호작용 의례의 핵심 요소라고 했다. 상호작용 의례의 핵심 기제는 서로에 대한 강한 집중, 즉 높은 상호주관성이며, 이는 고도의 감정적 유대감과 통합되어 인식 기호로 연결된 집단 구성원의 소속감을 형성한다. 또한 그것은 자신감과 열정을 느끼고 도덕적으로 허용되는 활동에 전념하는 것이 즐거운 참가자 개개인에게 정서적 에너지를 가져다준다.

디바 출정은 정서적 상호작용이 일어나는 과정을 생생하게 잘 보여주었다. 첫째, 참가자들의 입장에서는 디바 유저라는 유사성과 일상생활에서 인터넷 생활이 중요한 요소라는 점이 집단통합과 정체성 귀속을 위한 공통의 정서적 기반이 되는데, 이를 바탕으로 정서적 에너지가 축적된다. 이 집단에서 국가는 신성한 기호로서 집단의 정체성과 고도로 일치된다. 뒤르켐은 이 신성함의 원천은 신비롭지 않다고 했다(Durkheim, 2011, p. 287). "일반적으로 사회는 사람들을 압도하는 힘만으로 사람들의 마음속 깊은 곳에 신성한 감정을 불러일으키기 마련이다." 그러므로 신성함은 사람의 행위를 제한하는 도덕적 의무인 동시에 남들도 같은 방식으로 행동하기를 바라는 도덕적 기대이기도 하다. 타이완 선거운동이 좌절감이라는 집합 감정을 유발했을 때, 그것은 특정한 행위 표현으로 전환될 수 있는 심리적 기제를 갖게 되었다. 그러다가 '저우쯔위 공개 사과'가 발생하면서, 그 집합 감정이 신성모독이라도 당한 것 같은 정당한 분노로 전환된 것이다. 그러나 이러한 감정은 "기존에 폭력적으로 조직되었던 네트워크를 떠올리게 한다"(Collins, 2009, p. 185). 응징하고자 하는 충동이 행동으로 바뀔 때, '성전'을 위한 집합행동이 형성된다. 이것은 의례적인 성격의 복수이자 참여자들에게는 감정의 절정을 체험하는 것이다. 정서적 에너지야말로 개인이 추구하는 바이기 때문에, 상황이 그들에게 매력적인지의 여부는 상호작용의 의례를 통해 정서적 에너지를 성공적으로 제공할 수 있는가에 따라 달라진다(Collins, 2019, p. 81).

상호의례에서 감정과 관련된 것이 도덕심인데, 집단을 향한 정서적 에너지는 통제적 본성, 곧 뒤르켐이 '도덕 감정'이라고 부르는 것을 가지고 있기 때문이다. 그것은 올바름과 오류, 도덕과 부도덕의 감각을 포함한다. 뒤르켐은 사람들이 상대방과 도덕적이고 조화롭게 지내면, 그들의 행동은 더 많은 자신감, 용기, 그리고 대담함을 갖게 될 것이라고 한다(Durkheim, 1912, 1965, p. 178). 이러한 도덕심은 참가자들이 행동을 취할 수 있는 에너지를 부여하면서, 그것이 위대하고 고상하기에 그들이 하고 있는 일이 가장 중요하고 가치 있다고 여기도록 한다(Collins, 2009, p. 77).

집단 상호작용 의례에서 이 감정은 개인의 주관적인 감정이며, 집단이 개인에게 부과하는 책임과 도덕과도 관련이 있다. 그것의 형식은 실제 내용보다 훨씬 중요하다. 이는 뒤르켐이 장례식의 의례에서 슬픔 감정의 표현에 대해 분석한 것과 같다. "애도는 친족이 죽었을 때 슬퍼하는 개인적인 감정의 자연스러운 표현이 아니라 집단에 의해 강요된 책임감이다"(Durkheim, 2011, p. 547). 의례는 우리의 도덕적 삶을 올바르게 운영하기 위해 반드시 있어야 할 필수요소이다. 마치 음식이 우리의 물질적인 삶을 유지하는 데에 필수적인 것처럼 말이다. 집단은 오직 의례를 통해서만 강화되고 유지된다. 또한, 주지하다시피, 의례는 개인에게도 매우 중요하다(Durkheim, 2011, p. 525). 벨라의 의견에 따르면, 의례만이 우리 자신을 이익의 추구로부터 구해내어, 사회적 세계를 만들어낼 가능성을 가질 수 있다(Bellah, 2003, p. 39).

집합행동의 담론 논리

디바 출정은 담론 수준에서 모순되는 진술들로 가득하며, 절차상의 담론 전환 또한 난무하였다. 이러한 현상을 분석함으로써 이 상호작용 의례 내부의 깊은 집단의식과 사회적 개념을 드러내 보일 수 있을 것이다.

정복, 훈계, 그리고 교류 : 세 가지 주요 담론 패턴

디바 출정에서는 주로 세 가지의 주요 담론 패턴이 제시되었다. 첫 번째는 전쟁과 관련된 은유 체계를 구성한 정복 담론이다. 예를 들어 '출정', '원정', '이모티콘 대전', '성전', '토벌' 등, 디바의 조직 동원과 관련해서는 군사적인 용어가 사용되었다. 출정의 선두에서 해킹으로 방화벽을 뚫고 목표 대상인 계정에 접근하여 댓글을 남긴 이들은 '선두부대', 이모티콘은 '무기', 후방지원은 '보급' 혹은 '후방지원대'라고 불렸다. 밈 중에서는 칼이나 장검 같은 무기 상징이 자주 사용됐다. 동원령의 앞부분은 "오늘 밤 7시 정각, 페이스북으로 출정하여 타이완 독립주의자들을 토벌한다! 디바가 출정하면 풀 한 포기도 안 남는다!"이다. 이러한 담론은 적대 관계를 상징하며, '타이완 독립주의자'에 대한 대륙인들의 강경한 태도를 드러낸다.

두 번째는 훈계 담론으로, 이를 바탕으로 유교적 가정 윤리에 대한 은유 체계가 구축되었다. 장유유서, 가족 질서, 가부장적 권위 등에 대한 전형적인 비유들과 위광중의 시 「향수」나 원이둬의 시 「일곱 아들의 노래」처럼 널리 인용된 애국적인 시구나 노래 가사가 그러한 담론의 구현이다. 나아가 밈도 같은 역할을 담당했다. 어떤 밈은 과장되게 날카로운 긴 칼을 들고 있는 만화 이미지에 "산처럼 높은 아버지의 사랑을 보여줄 때가 왔군"이라는 글이 달려있는데, 여기에서 '아버지의 사랑'이란 '불효자식'을 훈계하는 것으로 구현된다. '이모티콘 전쟁'에서 포스팅된 글들도 "우리 밈을 훔쳤다고? 이 아비가 네놈 자식을 혼내주마", "중국 아버지 얼굴에 먹칠을 하지 말아라" 같은 것들이었다. 이것들은 사회가 구축한 역사적 상상력 및 이를 기반으로 구축된 양안 관계에 대한 구조적 인식을 함축하고 있으며, 사회에서 상대를 모욕하기 위해 사용하는 관용적 표현을 그대로 끌어다 쓰고 있다. 여기서의 인지적, 감정적 표현들은 서로를 강화시켜 주며 참가자들을 집합행동으로 끌어들이는 동기 중 하나가 된다.

세 번째는 교류 담론이다. 이 담론은 주로 중국 대륙의 음식과 관광명소를 보여주며 상대방을 초청하는 모습으로 드러나며, 정치적 개념에 관한 이성적 논의는 거의 수반되지 않는다. 교류 담론은 평등함을 전시하며, 따라서 비교적 개인화된 특성을 가진다. 그렇다고 이 담론이 통합을 위한 민족 상상을 제공한다는 집단 의례의 주요 목적에서 벗어나지는 않는다.

'디바 출정'에서는 이 세 가지 담론이 함께 어울려 나타나는데, 그 방식은 절차적이면서도 전략적이다. 절차적 관점에서 봤을 때, 초기의 집단 동원은 정복이라는 단어를 강조하지만, '정복'의 과정이 진행됨과 더불어 훈계에서 교류로 점진적인 담론 전환이 이루어졌다. 전략적 관점에서 봤을 때, '정복'이라는 단어는 도발적이면서 또한 '게시판 털기'라는 디바 참여자들의 전형적인 집단 의례 전통을 구현하고 있기에 집단 동원에 적합하다. 훈계 담론은 은유적 수사학을 통해 구성된 역사적 기억에 기반한 사회적 합의이다. 그것은 인지적 형식을 가질 뿐만 아니라 강한 감정적, 도덕적 힘을 내포하고 있다. 교류 담론은 비이성적인 감정을 '합리적 표현'으로 전환하고자 하는 전략을 반영하며, '디바 출정'의 합리적인 면모를 보여주려는 증거로 제시되곤 한다.

반복적인 담론 전략

담론 충돌의 전술 측면에서 흥미로운 점은, 디바 출정의 참가자들에게 '밈 군수품'이 끊임없이 보급되긴 했지만, 그것들이 상징하는 의미는 매우 단조롭다는 점이다. 「향수」, 「일곱 아들의 노래」, '팔영팔치' 등이 게시판 도배에 압도적으로 사용되었다. 형식을 맞추어 줄줄이 댓글을 다는 방식 역시 눈에 띈다. 예를 들어 중국 대륙의 미식에 대한 포스팅이 올라오면 그에 대한 댓글과 이모티콘이 "양고기 쌀국수 드셔보세요", "광둥식 베이컨 드셔보세요", "군만두 드셔보세요", "쓰촨 휘궈 드셔보세요", "생선튀김 드셔보세요"처럼 질서 있게 나란히 달렸다.

의례어는 상투적이고 반복적인 경향이 있다(Chwe, 2001, p. 6). 콜린스(Collins, 2009)는 집합상징은 잘 훈련된 상호작용 의례IR 집단에서 반복적으로 사용됨으로써 집단에 통일성을 부여하며, 시간이 흐름에 따라 상징과 상호작용 간의 연결관계가 강해진다고 주장한다. 그것은 기존의 규범뿐만 아니라 심지어 집합행동의 구체적인 조항들까지 표현해낸다. 또한 그것은 개인으로 인해 집합행동이 틀어지지 않도록 사전에 참가자들의 순서를 설정해준다. 집합행동에서 어수선한 개인적 표현은 무효가 되어 버린다. 한편 반복 가능한 내용물은 간결하고 생생하며 리듬이 있어야 하고, 공동체의 상상력과 기억을 가장 단순한 형태로 재구성할 수 있어야 한다. 이러한 단순화와 선별은 집합행동의 주최 측의 담당이며, 톄바에 있는 네티즌들은 주어진 대로만 할 뿐이다. 이러한 반복을 통해 드러나는 일관성과 규율은 집합행동의 의례에 대한 감각을 엄청나게 강화한다. 톄바 계정들은 추상적인 개념에 대해 '압도적 승리'를 거두기 위해 산발적으로 끼어드는 다른 목소리들을 차단하고 개인적인 의사소통 공간을 제거하는 방패막이로 사용되었다.

'벽'의 은유 : 출정의 담론 모순

'출정'이나 '원정' 같은 어휘는 거리와 위험이라는 일종의 지리공간적 의미를 내포하고 있다. 그러나 네트워크 자체는 무한히 열려 있는 교류의 공간이다. 하지만 '벽'이 존재하지 않는다면, '출정 담론'은 그 기반이 사라져버린다. '정복'의 의미와는 별개로, '출정'의 보다 직접적인 의미는 '벽 넘기'이다. 이것은 정보통제에 대한 비유로서, 벽의 주요 기능은 방어를 통해 갇힌 공간 속의 사회적 유대가 침입을 받지 않도록 하는 것이다. '벽 넘기'의 합법성은 차치하더라도, '출정'에는 여전히 두 가지 문제가 도사리고 있었다. 하나는 '벽 넘기' 때문에 '벽'의 본질인 방어 기능을 포기하는 것은 불합리하다는 것이다. 그것의 본질을 포기하려면 '출정'은 일방적인 '공격'이 되어야 하고, 그러면 합리적인 교류는 이루어질 수 없다. 또한 상대방은 '성문이 활짝 열린 상태'에 놓이게 되므로, 소위 원정대로서는 '성안으로 침공한다'는 함축적 의미가 사라져버린다. 그럼에도 불구하고, '벽'은 네트워크 상호작용을 공격과 방어 관계로 변화시켰다. 전쟁과 관련한 은유들은 모두 '벽' 은유의 결과물이다. 그 결과 '출정' 담론이 활성화되자, 표현방식은 타이완 독립주의자들을 설득하고 교육하기 위한 훈계 담론으로 바뀐 것이다. 이것이 곧 은유적인 '벽'의 논리적 자기 일관성이다.

'출정'에서 개인들 간의 진정한 교류로 전환이 일어나면서, 그것의 의미는 반전되었다. 교류 담론은 원래 정해진 집합행동의 경계를 넘어섰고, 그로 인해 집단의 규율과 출정의 정당성에 까지 영향을 미쳤다. '벽'에 의해 정해진 규칙을 어기지 않으면서 '벽 넘기'를 하는 것이 이 집합행동의 가장 근본적인 본질이었다는 사실은 매우 아이러니한 일이다. 그러므로 교류라는 것은 단지 '합리적 표현'을 한다는 피상적 몸짓에 지나지 않는다. 디바의 운영자들 또한 '출정'을 통해 대륙 사람들과 타이완 사람들 간에 의견을 교환하고 상호교류를 할 수 있는 합리적인 플랫폼을 구축한다는 것은 근본적으로 불가능하다고 여겼다. 짧은 시간에 걸친 집합행동 후 디바 유저들은 성벽 반대편으로 후퇴하여 다음 '게시판 털기' 의례를 기다렸다. 이렇게 해서 이 집합행동이 야기한 담론의 문제는 뒤로 남겨졌다.

확실한 것은 정치적 수사에서 가장 인상적인 면모는 온갖 모순된 것들을 하나로 모으는 능력에 있으며, 모순되는 것들을 하나로 모으게 되면 극단적으로 대립하거나 심지어 당황스러운 상황에서도 정치적 효력을 발휘한다는 점이다(Kertzer, 2015, p. 181). 이러한 담론의 역설은 주류 정치사상의 주도적 역할, 참여자의 강한 소속감, 정서적 에너지 교환의 의례적 의의를 잘 보여준다.

결론

일찍이 포스터는 인터넷이란 더 이상 사람들이 사용하는

도구가 아니라 사람들이 살아가는 사회적 환경이라고 지적한 바 있다(Poster, 1997). 20년이 넘는 연구를 통해 보았을 때, 사이버 공간이 현실인지, 물질적 존재가 부재한 상태에서 사회적 상호작용 상황이 진정한 것인지 등은 더 이상 논의의 초점이 되지 않는다. "우리는 네트워크 상호작용에서 구현과 결합의 새로운 모델을 논의해야지, 언제까지나 '탈신체화'만을 이야기하고 있을 수는 없다."(Benski & Fisher, 2014, p. 3). 콜린스의 상호작용 의례 이론은 신체들이 함께 존재하고 있는 상태를 근거로 하고 있지만, 그의 의견에 따르면 상호작용 의례는 사이버 공간에도 동일하게 적용 가능하다. 하지만 동시에 집합적 열광, 집단의 통합, 상징에 대한 충성심 등은 신체들이 함께 존재하고 있는 상태와 같은 강도와 수준에 이를 수 없기 때문에 그 효과는 상대적으로 약할 것이라고 본다(Collins, 2011).

디바 출정의 집단 내에서 일어난 정서적 에너지의 교류로 미루어 볼 때 콜린스(Collins, 2011)의 제안은 무리가 아니다. 최근 몇 년 사이 중국의 사이버 민족주의는 학계의 많은 관심을 받고 있는데, 대개는 즉흥적이고 단기적인 '플래시몹 같은' 행동으로 여겨진다. 상호관계 의례의 네트워크 집합행동으로서 집단 통합의 의례성은 국가 상상의 그것보다도 거대하다. 하지만 르페브르(Lefebvre, 1976)가 주장하듯이 공간은 그 자체로 생산관계를 재생산하는 현장이자, 거대한 대립의 장이 되었다(p. 85). 또한 거시사회학의 관점에서 디바 출정은 파편화된 사회 속에서 개인적 감정, 세계화의 경관 속에서 열린 공간과 닫힌 공간의 갈등, 정보 양식의 변화에 따른 집단 상호작용의 주관적 의식과 상호주관성 구축 등 폭넓은 문제를 던져준다. 향후 이것들에 대해 한층 심화된 연구가 이루어져야 할 것이다.

7장

비주얼 액티비즘의 경합

시각 커뮤니케이션의 관점에서 본
중국의 사이버 민족주의

저우쿠이
먀오웨이산

저우쿠이는 중국 찬메이대학 부교수이고,
먀오웨이산은 중국사회과학원
언론 커뮤니케이션 연구소의 연구원이다.

서론

시각 텍스트와 민족주의 사이에는 항상 긴밀한 연관성이 있어 왔다. 예를 들어, 영토 지도, 국가 토템, 지도자의 이미지는 영토 경계 설정, 집단 정체성 및 상상된 공동체의 사회적 동원에 필수적인 자원이 된다. 현대 중국에서 민족주의와 정체성 정치는 중국의 근대성과 얽힌 핵심 이슈였다. 수많은 학자들이 민족적, 인종적 정체성의 복잡한 역학을 바탕으로 중국에서 '국적'과 '민족주의'를 정의하려고 시도해왔다.

인터넷의 발전과 대중화로 가상 사이버 세계는 민족주의의 새로운 전쟁터가 되었다. 1990년대 중반 이후 민족주의와 관련된 사건들은 유즈넷과 온라인 포럼(예를 들어, 강국포럼 및 QQ 오픈채팅방)을 통해 빠르게 확산되었다. 1996년 베스트셀러가 된 책 『No라고 말할 수 있는 중국』, 1998년 인도네시아 반중 운동, 1999년 미국의 유고슬라비아 주재 중국대사관 폭격 사건 등이 대표적이다. 초기에는 대부분이 글로 된 텍스트(예를 들어 뉴스 보도, 댓글, 후속 글, 답글)의 형식이었으나, 점차 시각 텍스트가 많이 쓰이기 시작했다. 일례로 인도네시아 반중운동 피해자들의 사진이 인터넷 곳곳에 퍼진 결과, 이는 곧 중국 네티즌들의 항의로 이어졌다.

시나, 소후, 넷이즈와 같은 온라인 상업 뉴스 포털이 중국에서 인기를 끌고, 특히 2004년 이후로 블로그가 유행하기 시작하면서, 대중들은 이러한 형태의 온라인 커뮤니케이션에 적극적으로 참여하기 시작하였다. 사이버 민족주의는 20세기 대학의 온라인 게시판과 IT 커뮤니티에 모인 엘리트로부터 일반 대중으로 그 영향력이 확대되면서 새로운 양상을 띠었다. 2001년 미국과 중국 사이의 전투기 충돌 사건, 2005년 반일 시위, 2008년 까르푸 불매운동 등으로 인해 대중들이 직접 이미지와 동영상을 올리며 사이버 민족주의 운동에 동참하면서 열기는 한층 고조됐다. 잭 추는 이런 현상이 '보는 것이 믿는 것이다'라는 인터넷 시각문화의 확산, 휴대폰과 디지털카메라의 보급, 1980년대생들의 시각적 표현 선호와 밀접한 관련이 있다고 본다. 사이버 민족주의 사건에서 시각적 상징의 중요성을 강조하기 위해, 추(Qiu, 2015)는 '이미지 중심 민족주의'라는 개념을 제시했다.

2009년 웨이보와 2011년 위챗의 등장 이후 중국은 소셜 미디어의 시대에 접어들었다. 새로운 미디어 플랫폼은 새로운 사회적 상호작용 방식을 창출하였다. 이에 따라 사이버 민족주의의 빈도와 영향력 역시 향상되어, 2010년 반일 시위와 6월 9일 온라인 성전[1], 2012년 댜오위다오 시위, 2016년 페이스북 이모티콘 전쟁[2], 남중국해 사건 등에서 시각적 상징이 점점 더 중

---

1. 2010년 6월 9일 오후 7시 수십만 명의 중국 네티즌들이 한국 연예인 팬들의 인기 포럼과 웹사이트를 대상으로 집단공격(스팸메일과 비난)을 계획했다. '6·9 성전'이라는 슬로건은 "NC가 모두 죽을 때까지 성전은 끝나지 않는다"였다. (NC는 정신 질환과 뇌 손상을 의미한다.) 이제 '6·9 성전'은 2010년 중국 인터넷 문화 갈등을 상징하는 중요한 사건이 되었다.

요한 역할을 하기 시작했다. 이러한 흐름에 따라 최근의 사이버 민족주의 사건들에서는 시각 텍스트의 구성과 해체로 둘러싸인 새로운 영역이 나타나고 있다. 온라인 시각 담론은 웹 2.0 시대에 사용자제작콘텐츠UGC가 출현한 이래 이미지 중심 민족주의를 선동하는 메커니즘일 뿐만 아니라, 전통적인 민족국가 신화의 서사가 아닌 풀뿌리 사이버 민족주의의 담론 자원을 기반으로 구축된 것이다. 온라인 담론의 구성 과정은 다원적 주체pluralistic subjectivity라는 새로운 특성을 가지고 있으며 시각적 재조합, 온라인 하위문화, 인터넷 밈과 같은 몇 가지 새로운 의사소통 메커니즘과 결합되어 있다.

이 장에서는 웹 1.0에서 웹 2.0으로의 기술 진화라는 맥락 속에서 다원적 주체가 서사 경쟁을 위해 시각 자원을 사용한 방법 및 사이버 액티비즘의 동적 메커니즘과 전략을 고찰하고자 한다.

문헌 검토

---

2. 중국의 페이스북 이모티콘 전쟁은 차이잉원 대만 총통 당선인의 페이스북 페이지, 『빈과일보』 싼리 뉴스에 타이완 독립 반대 메시지를 쏟아부은 온라인 행동이다. 이 행위는 2,100만 명의 네티즌이 가입한 중국의 인기 온라인 포럼 '리이 톄바'가 주도했다. 자칭 '전사들'이라고 하는 대규모의 집단이 힘을 모아 인터넷 통제를 피해서 수천 개의 메시지를 올렸으며, 이 캠페인은 몇 주 동안 계속되었다.

경합하는 복수 주체의 관점에서 바라본 사이버 민족주의

민족주의에 대한 전통적인 연구는 국가, 정부, 엘리트들의 영향에 초점을 맞추고 있다. 엘리트들은 민족주의를 도구로 삼아 대중을 선동하고, 국가의 독립을 쟁취하고, 정권의 정당성을 강화하고, 공공 의제를 설정한다. 그러나 이러한 하향식 접근방식은 대중의 주도권을 홀시하게 된다. 따라서 일부 학자들은 대중이 민족주의에 미치는 영향에 더욱 관심을 기울인다. 인터넷 시대에는 민족주의 연구에서 상향식 접근법이 두드러진다. 인터넷으로 인해 대중은 정치 엘리트들의 조작으로부터 벗어날 수 있게 되었고, 전통적인 헤게모니 담론은 민중적 표현의 도전에 직면하게 되었으며, 대중 민족주의로부터 상대적으로 독립적인 개인적 신념을 발전시킬 수 있게 되었기 때문이다(Gries, 2005). 따라서 새로운 인터넷 시대를 맞아 민족주의는 새롭게 정의되고 표현되고 실행된다. 그 후로 학자들은 2005년 반일 시위(Liu, 2006), 2009년 6·9 온라인 성전(Shi, 2010), 2016년 페이스북 이모티콘 전쟁(陳子豐·林品, 2016) 등 네티즌들이 자발적으로 조직한 유명 민족주의 사건에 대한 연구를 진행하기 시작했다.

그럼에도 불구하고, 양궈빈(Yang, 2009)의 표현처럼, 중국의 사이버 액티비즘은 복수 주체multiple subjects의 상호작용 과정에 기반한다. 이러한 특징은 사이버 민족주의에도 적용되며, 특히 소셜 미디어 시대에는 국가 주도의 애국 교육 운동, 전통문화 민족주의, 사이버 민족주의가 다 함께 중국의 공적 민족주의

public nationalism를 형성하기도 한다. 현대 중국의 민족주의는 이미 개인주의, 초국가주의, 보편주의를 비롯하여 여러 경합하는 요소들이 한데 합쳐진 것이다(Du, 2014). 사이버 민족주의가 담론 실천으로 간주된다면, 민족주의는 그 다양한 양상들, 예를 들어 관방 민족주의와 대중 민족주의 및 중국 내 개별 소수민족들의 민족주의 사이에서 만들어지는 긴장 관계에 직면하게 된다. 그랬을 때 인터넷에서 행위자들은 어떻게 서사의 경합, 타협, 협력을 시작하는가? 어떤 미디어 리소스, 전략 또는 운영을 서로 적용하는가? 동일한 자원에 새로운 의미가 부여되는 경우나 다른 주체에 의해 오용되는 경우는 어떻게 방지하는가? 경합을 기반으로 삼는 관점은 기존의 하향식이나 상향식 같은 일방적 접근방법을 뛰어넘어 인터넷 공간에서 벌어지는 역동적인 게임의 과정을 살펴볼 수 있게 할 것이다.

민족주의의 시각적 상상

사이버 민족주의를 일종의 서술 담론으로 다루는 것은 정보의 유통, 주제 토론, 정체성 구축, 민족주의의 행동 조직 등을 포함한다(Ma, 2014). 대부분의 기존 연구는 시각적 표현은 홀시한 채 텍스트 담론에 집중해왔다.

상상된 공동체의 형성 과정 속에서 시각적 커뮤니케이션은 상상 속의 국경을 가시적으로 만들 수 있다. 일부 학자들은 민족주의와 지도의 관계에서, 지도가 이미 형성된 영토를 상상하게 하는 역할을 한다고 주장했다(Batuman, 2010). 지도는 현실을 과학적으로 추상화하여 재현할 뿐만 아니라 역사적으로도 늘 현실에 선행했다. 새로이 국가권력을 장악하는 자들의 경우, 그들의 행정 혹은 군사작전은 지도 제작의 담론을 반영하며, 또 그것을 극대화하는 역할을 담당한다(Anderson, 2006, 163). 이미지 역사의 관점에서는 대중 예술 속의 민족주의적 표현에 대한 연구가 이루어져 왔다(Hargrove & McWilliam, 2005). 또한 일부 학자들은 민족주의와, 시각적 상징으로 사용된 국가 토템의 관계를 연구했다(Dominguez, 1993). 피터 버크는 17세기에 루이 14세가 유화, 목판화, 조각, 문학, 배지, 연극, 발레, 오페라 형태의 시각 예술을 채택하여 시각적 커뮤니케이션을 통해 자신을 홍보한 방법에 대해 논했다. 그는 광고와 이데올로기 조작을 통해 주권을 멋지게 치장하는 방법을 보여주며 정치권력과 시각 예술의 상호작용을 보여주었다.

시각적 표현은 오랫동안 중국 민족주의에서 필수적인 부분이었다. 혁명 시기에는 목판화, 포스터와 같은 시각적 홍보물이 사람들에게 동기를 부여하고 문맹률을 낮추는 주요 방법이었다(周海燕, 2013). 1949년 이후, 정부의 선전 활동은 시각적, 서사적 층위에서 공산주의와 사회주의 이데올로기를 일상생활의 이야기로 전환시켰고, 이리하여 시각 문화의 정치적 기능이 유감없이 발휘되었다.

인터넷 시대에 시각적 표현은 정보(예를 들어, 이미지, 비디오, 애니메이션, 게임, 가상현실 등)의 중요한 창구 역할을 할 뿐만 아니라 네티즌의 의사소통과 사회화 방식, 그리고 그들의 집단행동과 역사 기억까지 크게 변화시키면서 학계의 주목을 받고 있다(Bamhurst et al., 2004; Barnhurst & Quinn, 2012; Miiller, 2007; Griffin et al., 2013). 최근 몇 년간 시각적 표현은 사이버 민족주의 사건에 가장 큰 영향을 미치는 커뮤니케이션 상징이 되었다. 1999년 유고슬라비아 주재 중국대사관 폭격, 2008년 올림픽 성화 집회 중단, 2012년 댜오위다오 시위 등의 사건에서 시각적 상징과 표현이 대거 등장하면서 민심을 자극하고 정체성을 형성하는 중요한 도구의 기능을 했다. 직관적이고 눈에 띄며 공감을 자아내는 시각적 표현은 소통 능력을 갖게 되며, 민족주의 선동에 필수적인 요소가 되었다. 따라서 일부 학자들은 최근의 사이버 민족주의를 '이미지 중심 민족주의'로 간주할 수 있다고 여긴다(Qiu, 2015).

연구 방법

이 장의 데이터는 필자 2인이 진행한 민족지학 연구를 통해 수집된 것으로, 그 내용은 다음과 같다. (1) 우리는 지난 6년 동안 관영, 상업 미디어와 1인 미디어 분야의 주요 웹사이트 관리자들과 정기적으로 인터뷰를 실시했다. 이를 통해 관련 정보, 이미지, 비디오, 댓글 및 네티즌 피드백을 수집하였다. (2) 우리는 사이버 민족주의 사건이 빈번한 웹사이트, 인터넷 포럼, 커뮤니티(바이두 톄바, '철혈 커뮤니티', '강국 포럼', 톈야 등을 포함)에서 네티즌의 주요 관점, 소통 경로, 상호작용을 관찰, 기록하고 조사하는 인터넷 참여 관찰을 수행했다. (3) 특정 이슈와 관련된 이미지와 동영상을 최대한 포괄적으로 검색하기 위해 사이버 민족주의 사건별로 바이두와 구글의 검색 결과로 구성된 시각적 데이터베이스를 구축했다. (4) 관련 인물이나 단체도 추적하여 소통을 진행했다. 그 대상에는 영상물 제작자 및 전문가뿐만 아니라 일부 지원단체까지 포함되었다. 예를 들어, 〈그 해, 그 토끼, 그 일들〉의 인기와 관해서는 바이두 게시판, 웨이보, 더우반 등 지지자들이 많이 모이는 사이트에서 심도 있는 관찰을 진행했다. 관련자 및 단체와의 인터넷 상호작용과 소통은 긴밀한 신뢰 관계를 구축했고, 이를 통해 시각적 의사소통에 관해 더 심도 있고 사적인 데이터를 취득할 수 있었다.

시각적 민족주의의 전통적 모델 : 이미지 중심 민족주의

위에서 언급했듯이, 사이버 민족주의는 과거와 현재의 정치적 자극으로부터 촉발된 방어적 행동이다. 직관적이고 눈에 띄며 공감을 자아내는 시각적 표현은 커뮤니케이션 능력을 부여받으며, 민족주의 선동에 필수적인 요소가 되었다. 따라서 추(Qiu, 2015)는 최근 사이버 민족주의를 '이미지 중심 민족주의'라고 본다.

1998년은 인터넷 시대의 시작으로 간주된다. 중국 인터넷네트워크정보센터CNNIC의 통계에 따르면 그해에 중국의 인터넷 이용자 수가 처음으로 100만 명을 넘어섰다. 같은 해 인도네시아에서 반중 시위가 발생했다. 1999년 미국의 유고슬라비아 주재 중국대사관 폭격으로 인해 만들어진 '강국포럼'은 중국 사이버 민족주의 활동의 이정표(王軍, 2006)가 되었다. 유혈이 낭자하고 잔혹한 장면을 담은 수많은 사진들이 인터넷을 통해 퍼지고 민족주의 온라인 포럼을 도배하면서 중국 대륙의 사이버 민족주의는 초기 단계에 접어들게 되었다. 1999년 유고슬라비아 주재 중국대사관 폭격 사건과 2001년 남중국해 사건 당시에는 관련 이미지들이 중국 인터넷 도메인의 사이트에 널리 퍼지며 전 세계적으로 화제를 모았다.

사이버 민족주의는 2003년부터 2006년 사이에 사회적, 정치적 현상으로 광범위하게 퍼져나갔다. 당시는 중일 관계에 있어서 민감한 사안과 역사적 마찰로 인해 양국 간의 긴장이 여전히 고조되고 있음에도 불구하고 경제 관계는 강화되고 있던 시기였다. 2001년 8월 고이즈미 전 일본 총리가 야스쿠니 신사를 처음 방문하면서 중일 관계에 심각한 갈등이 일어났다. 2003년, 중국에서 대규모 반일 시위가 일어났다. 2003년 8월 4일, 헤이룽장성 치치하얼에서 2차 세계대전 당시 일본 관동군이 남겨놓은 화학무기로 인해 36명의 중국인 노동자가 중독되고 1명이 사망한 사건이 발생한 것이다. 2005년과 2006년에 걸친 고이즈미의 야스쿠니 신사 방문은 중국 네티즌들의 강한 불만을 불러일으켰다. 그해 9월 7일부터 10월 5일까지 『중국청년보』가 실시한 설문조사에 따르면 응답자의 83%는 이번 사건이 일본인의 이미지에 손상을 입힌다고 생각했고, 86%는 보상 문제가 해결되지 않는 이유로 일본이 2차 세계대전에 대한 책임을 회피하기 때문이라고 답했다. 일본 정부가 2차 세계대전 당시의 만행을 인정하지 않는 행태를 비난하고자, 몇몇 웹사이트에서는 100만 명 이상의 서명을 받아내었고, 이로써 사이버 민족주의가 처음 뉴스 보도에 등장하게 되었다(Kui, 2015).

2004년 MIT는 '문화의 시각화'라는 제목의 대규모 공개 온라인 강좌MOOC를 열었는데, 강좌 동영상 속에 중국인들에게 모욕감을 줄 만한 내용의 판화작품3이 등장하면서 사이버 민족주의 열기는 최고조에 달했다. 정태적인 역사 이미지가 인터넷 공개강좌의 자료가 되고, 그것의 역사적, 학술적 맥락이 인터넷 커뮤니케이션의 '탈문맥화'와 중일 관계의 정치적 긴장 상태라는 '재문맥화'에 마주치게 되면서, 이 고대 판화는 본국과 해외 중국인 학생들 사이에서 큰 파장을 일으키며 국제적인 사건의 도화선이 되었다(〈그림 7.1〉 참조).

웹 1.0의 기술적 특징 속에서 중국 사이버 민족주의의 첫 단계는 〈그림 7.2〉과 같은 형식을 보인다. 사이버 민족주의가

---

3. * 에도시대의 판화인 우키요에(浮世絵).

〈그림 7.1〉 논란의 일본 우키요에. 일본군이 포로로 잡힌 청나라 군인들을 참수하고 있다.

일어난 계기와 커뮤니케이션 메커니즘은 다음과 같은 특징을 가진다.

(1) 집단 트라우마의 역사적 기억이라는 맥락에서 시각 텍스트는 사이버 민족주의를 자극하는 중요한 원천이 된다. 이는 이미지 중심의 방어적 반응이다. 대부분의 사이버 민족주의 사건은 이 단계에서 외부 자극에 의해 발생하며, 시각적 텍스트가 감정을 자극하는 데서 중요한 역할을 한다.

(2) 시각적 텍스트로부터의 자극은 대중들 사이에서 강한 감정 반응을 일으킬 수 있다. 또한 온라인 사이버 민족주의 행동 및 특정 상황의 경우 오프라인 시위에 참여하도록 동기를 부여한다.

(3) 인터넷 기술의 대중화 과정은 시간을 두고 진행되었기에, 초

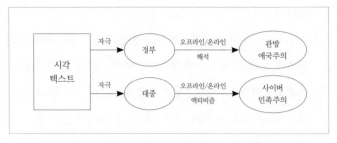

〈그림 7.2〉 이미지 중심의 사이버 민족주의 모델

기 사이버 민족주의자들은 대부분 정보통신 기술 분야의
엘리트들이었으며, 이들은 대학 BBS, IT 커뮤니티 및 기타
웹 1.0 시대의 전형적인 가상 커뮤니티를 중심으로 활동하
였다. 일부 가상 커뮤니티의 이름은 '강국포럼', '철혈 커뮤니
티' 등 민족주의적 뉘앙스가 강했다. 그러나 인터넷의 대중
화와 함께 일반인 사용자들이 사이버 민족주의에 새로이
참여하기 시작하면서 엘리트 민족주의에서 대중 민족주의
로의 전환이 이루어졌다.

(4) 시각 커뮤니케이션의 왜곡과 오해 : 시각 커뮤니케이션을 통
한 감정적 흥분은 비합리성이라는 속성을 가진다. 출처를
알 수 없는 피가 낭자한 사진이나 검증되지 않은 소위 '팩트'
같은 시각적 텍스트는 대개 탈문맥화된 환경에서 과장되면
서 사람들의 시선을 사로잡는다. 이들은 중국인들의 집단적
기억 속에 깊이 뿌리내린 '굴욕적' 역사에 영합해 현대 정치
가 은밀히 추진하는 거대한 사이버 민족주의의 물결을 형

성한다.

(5) 정부는 보통 이러한 시각적 텍스트를 관방 애국주의 서사
에 포함시키고, 조심스레 사이버 민족주의를 포함한 대중적
민족주의를 관방 가치체계 속으로 끌어들이고자 한다. 그럼
에도 불구하고, 사이버 민족주의는 풀뿌리적인 속성을 가
지고 있으며 항상 현상에 도전하기 때문에 관방 애국심과
경쟁적인 관계를 맺게 된다.

**시각적 민족주의의 새로운 모델 : 다중 주체 사이에서 경합하는 비주얼
액티비즘**

현행 연구는 대개 상술한 중국 사이버 민족주의의 첫 단계
에만 초점을 맞추고 있다. 트위터, 페이스북, 위챗이 주요 통신
플랫폼이 된 소셜 미디어 시대의 사이버 민족주의를 연구하는
이는 소수에 불과하다. 시각 커뮤니케이션과 민족주의의 상호
작용은 웹 2.0 시대에도 지속되어 왔다. 온라인 하위문화 및 인
터넷 밈과 같은 새로운 특징과 더불어 시각 텍스트는 현대 사
이버 민족주의의 시작을 알릴 뿐만 아니라 인터넷 전쟁의 무기
고 역할을 한다. 이는 기존 연구에서 거의 다루지 않았던 부분
이다.

저항의 관점에서 보면 시각적 표현은 대중의 정치적 태도를
형성할 뿐만 아니라(Edelman, 2001), 저항 과정 자체도 이미지의

경쟁, 교체, 제거, 대체를 무한 반복하는 과정으로 볼 수 있다(Khatib, 2013). 월가 점령 시위 때 시위대가 일률적으로 착용한 'V 가면'로부터 태국 반정부시위대의 '레드 셔츠', 타이완의 태양화 학생운동, 홍콩 센트럴을 점령한 우산혁명, 이집트에서 진행된 '우리는 모두 칼리드 사이드' 운동[4]까지, 사회적 시위에서의 시각적 표현은 이미지 사건과 이미지 정치에 대한 연구에 많은 영감을 주었다(Delicath & DeLuca, 2003 ; Grabe & Bucy, 2009). 사실 시각적 표현과 대중의 저항 운동은 분리될 수 없다. 시위자는 먼저 시각적 기호로 스스로를 표현하고, 그 후 사진과 비디오를 통해 다시 나타나며, 끝내 더 큰 사회적 규모로 노출된다(Doerr et al., 2013). 중국의 담론실천의 경합 속에서 시각 텍스트를 통해 만들어진 여론과 정부 선전 사이의 상호작용은 순수 텍스트의 경우보다 더 복잡하다. 이러한 바탕 위에서, 이 장에서는 이미지 경합의 비주얼 액티비즘 메커니즘 속에서 사이버 민족주의의 새로운 모델을 제시한다(〈그림 7.3〉 참조).

이미지 경합 서사 주체의 다원주의

　　중국의 사이버 액티비즘은 다중 주체 간의 상호작용 과정

---

4. * 2010년 이집트에서 칼리드 사이드라는 청년이 소셜 미디어에 경찰의 마약 밀매를 알리는 내용을 올렸다가 경찰의 폭행으로 사망하는 사건이 발생했다. 이집트인들은 칼리드 사이드의 죽음을 추모하고 이집트 정부에 항의하는 뜻으로 '우리는 모두 칼리드 사이드'라는 페이스북 페이지를 만들고 저항운동을 펼친 결과, 무바라크 대통령의 사임을 이끌어냈다.

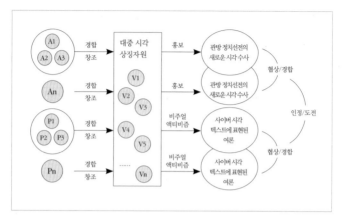

〈그림 7.3〉 이미지 경합 비주얼 액티비즘의 메커니즘 속에서의 사이버 민족주의. A1, A2, A3…, An은 복수의 권한기관들을, P1, P2, P3, …Pn은 복수의 대중 집단을, V1, V2, V3,…Vn은 복수의 시각 상징 자원을 나타낸다.

이다(Yang, 2009). 이러한 다원적 주체들은 새로운 시각적 수사를 표현하는 경합 과정에서 정부 당국과 대중 집단에 의해 드러난다. 이는 과거에 민족주의나 애국주의 차원에서 '합의'를 강조했던 것과 극명한 대조를 이루며 최근 남중국해 중재, KFC 반대 시위 등을 통해 여론의 분기가 점점 뚜렷해지고 있다.

다중적 대중 주체

다원적 대중 주체의 관점에서 봤을 때, 많은 학자들은 유형론에 의해 민족주의와 민족 정체성을 구분하려고 하는데, 그중 가장 두드러진 것이 시민 민족주의와 종족 민족주의이다. 시민 민족주의자들은 국가 정체성의 정당성이 일련의 정치 원칙과 조직 시스템에 대한 사람들의 자발적인 참여에서 비롯된다고 믿는다. 반대로 종족 민족주의자들은 국가 정체성의 정당성은 공통의 언어, 성격, 조상 등 자연적 요인에 의해 결정된 사람들의 자아 정체성을 뿌리로 한다고 주장한다. 따라서 시민적 민족 정체성은 후천적인 의도적 판단에서 비롯되는 반면, 종족적 민족 정체성은 오랜 시간에 걸쳐 문화와 역사가 자연적으로 진화한 결과이다. 그러나 일부 학자들은 이러한 이분법이 민족 정체성의 역동적인 형성 과정을 설명하지 못한다고 하며, 경계 메커니즘과 상징 자원 이론을 제안한다. 시민 민족주의와 종족 민족주의의 역동적이고 경합적인 건설 과정에서 양측은 문화, 가치, 역사, 지리 등 상징적인 자원을 동원하는 경향이 있다. 짐머(Zimmer, 2003)는 민족 정체성 구축은 사람들이 어떤 상징적 자원을 동원하느냐뿐만 아니라 이러한 자원을 어떻게 활용하는가와도 관련이 있다고 본다.

사이버 민족주의에 대한 기존의 논쟁 속에서, 다중 주체들의 가치 사이에서 유사한 차별성이 나타나는 문제는 줄곧 핵심적인 부분이었다. 시민 정체성은 개인의 주관적인 선택에서 비롯되는 특정한 정치적 가치와 제도에 대한 자발적 참여를 강조한다. 그러나 종족적 정체성은 조상과의 혈연관계를 강조하며, 담론 전략으로 보통 '형제애', '피는 물보다 진하다' 등을 포함한다. 이러한 정체성의 차이는 중국 대륙 내의 관련 논의뿐만 아니라 중국 대륙, 타이완, 홍콩 간의 '이미지의 경합'과 관련된 논의에도 반영된다. '디바 출정'의 사례에서 보듯, 중국 대륙 참가자들은 '조국의 아름다운 풍경', '어딜 가나 맛있는 음식', '가부장적 은유' 등 상징 이미지 자원을 활용한 시각적 서사 전략을 구사했고, 타이완 네티즌들은 그들의 전략으로 제도적 정체성 등 시민적 상징 자원을 활용했다.

다중 권한 주체

권한 조직의 다원적 주체성에 대한 문제는 갈수록 중요해지고 있다. 전통적으로, 관방의 애국 서사는 하나로 통합된 목소리로 간주되었다. 그러나 권력체계의 구조적 변화, 체제 내 연결 관계의 진화, 새로운 권력주체의 진입과 함께 '통합된 목소리'는 '숨겨진 다원주의'에서 '명시된 다원주의'로 바뀌며 다원화되었다. 대부분의 사이버 민족주의 이슈는 다음과 같은 현상을 보여준다. 중앙정부와 지방자치단체, 그 외 정부 부처들은 각자의 주체성을 드러내고자 혁신적인 전략으로 새로운 채널과 플랫폼에 최신의 서사 자원을 적용하기 위해 경쟁한다. 민족주의의 틀 안에서 특정 민족주의 사건이 생겼을 때 관방이 어떻게 대응하고 평가하는지를 비롯해, 이에 관련된 각종 해석과 행동들은 다원화된 주체들의 복잡하고도 경합하는 표현양상을 형성하게 마련이다.

상황이 이렇게 된 주요 원인은 당국의 소셜 미디어 활용이다. 기존의 채널과 선전 규칙은 일원화된 상태였지만, 이제는 다수의 채널과 다수의 주관적 표현으로 대체되었다. 최근 남중국해 중재에 따른 일련의 민족주의적 사건의 경우, 〈공산주의 청년단〉 중앙위원회의 웨이보 공식 계정과 『인민일보』의 위챗 공식계정 간에 의견이 너무 엇갈리다 보니 〈공산주의 청년단〉의 팔로워들이 『인민일보』의 팔로워들을 '푸톈 조직'莆田系(악성 광고와 열악한 의료수준으로 인해 중국의 의료 시스템을 위험에 빠뜨렸던 사립 병원 조직)이라고 비난할 정도였다. 또 하나의 예는 레이양 사건5으로, 경찰의 소셜 미디어가 여론으로부터 쏟아지는 비난과 질문에 대응하는 플랫폼이 되어 버린 케이스이다. 중국에서는 '상상된 공동체'인 권력 기구의 다원적 주체성이 여러 차례에 걸쳐 중요한 이슈가 되었다. 중앙에서 지방 정부까지, 서로 다른 권력 시스템 사이에서, 또 내부적으로 여러 층위에서, 주체성 표현은 새로운 서술 자원과 전략을 가지고 소셜 미디어를 통해 수행된다.

이미지 경합 서사 전략의 다원주의

---

5. 레이양(雷洋)은 중국의 환경 과학자로 베이징 창핑구에서 경찰과 언쟁을 벌이다가 사망했다. 레이는 발마사지가게에서 성매매 알선 혐의로 체포되었는데, 경찰차에 탑승한 후 몸이 안 좋아 병원으로 이송되었고, 그날 밤 병원에서 사망했다. 그의 죽음을 둘러싼 불명확한 정황은 경찰의 만행에 대한 고발로 이어졌고, 그 결과 사법 당국은 국영 TV에 사건과 관련한 정보를 제공하도록 하였다. 레이의 모교인 런민대 학생들이 개설한 온라인 청원은 경찰의 설명에 의혹을 제기하며 그의 죽음에 대한 수사를 촉구했다.

협상

UGC를 탑재한 웹 2.0 시대에 정부가 예전처럼 상징 자원을 모두 독점하는 것은 불가능하다. 가식적인 문체, 관료주의적 어투, 뻣뻣하고 상투적인 표현들에 대한 혐오로 인해 대중은 소위 주류 언론을 점차 외면하고, 심지어는 버리게 된다. 현재 중국 정부로서 가장 시급한 문제는 관방의 주류 언론과 소셜 미디어를 연결해 여론에 대한 주도권을 높임으로써 정당성을 강화하는 것이다. '관방매체와 소셜 미디어를 연결한다'는 기치하에 정부는 본래의 담화 양식과 정형화된 상투적 방식을 포기하고 역동적인 협상 과정에서 새로운 상징적 자원과 서술 방식을 재편하고 되찾아야 하는 것이다.

2013년 정부에서 운영하는 동영상 크리에이터 팀인 '부흥의 길 스튜디오'復興路上工作室는 〈지도자는 어떻게 단련되는가〉領导人是怎样炼成的라는 제목의 짧은 동영상을 발표했다. 그리고 2015년 말, 이 스튜디오는 영어 노래 〈13 뭐라고? 제13차 5개년 계획에 대한 노래〉The 13 What?: A song about China's 13th 5-year-plan를 발표하여 국내외에서 큰 관심을 받았다. 컨트리뮤직 스타일과 생기발랄한 시각적 서사는 정치 커뮤니케이션 수사 전략의 대표적인 변화 사례로서 외신의 주목을 받았다. 중국의 '5개년 계획'은 중화인민공화국 초기에 구소련에서 따온 사회경제발전 전략이다. 따라서 그것은 설계와 선전 측면에서 구소련의 특징을 많이 지니고 있다. 그러나 13차 5개년 계획의 홍보 전략에서 우리는 전

〈그림 7.4〉 새로운 시각 수사 속에서의 정치적 커뮤니케이션

레 없는 변화가 일어났음을 확인할 수 있다.

2013년 12월 28일, 시진핑 중국 국가주석이 칭펑^{庆丰} 만두 가게로 걸어 들어갔다. 그는 줄을 서서 음식을 주문하고 계산을 한 후 다른 손님들과 이야기를 나누고 사진을 찍으며 점심을 먹었다. 이날 오후 1시 20분, 한 웨이보 계정이 흥분한 어조로 이 뉴스를 가장 먼저 포스팅했다. "이거 실화냐! 시따따^{习大大}(시진핑의 애칭) 칭펑 만두에서 식사 중! 사진 있음." 1분 후, 9백만 명의 팔로워를 거느린 신화 통신의 공식 계정인 '신화 시점'^{新华视点}이 이 포스트를 공유했다. 즉흥적인 행동이라 하더라도, 일반적으로 국가지도자의 행보는 신화통신이나 CCTV 같은 중앙 언론 채널이 제일 먼저 보도하게 마련이지만, 처음으로 웨이보를 비롯한 소셜 미디어가 시 주석의 만두 가게 깜짝 방문 사실을 공개하고 전파하는 역할을 맡은 것이다.

통합

중국 당국은 인터넷에서 만들어진 친정부적 시각 자원을 자국의 담론 체계 속으로 통합하고자 한다. 예를 들어, '역광비행'이라는 닉네임의 밀리터리 애호가가 애국심을 주제로 만든 만화 〈그 해, 그 토끼, 그 일들〉은 중국 현대사에서 일어났던 중요한 군사적, 정치적 사건들을 그려낸 것이다. 이 만화는 2011년부터 토끼를 애국자의 새로운 이미지 상징으로 내세우면서 용, 사자, 판다처럼 보편적이고 전통적인 국가 토템은 거의 사용하지 않았다. 이 만화 자체가 관방 매체로부터 높은 평가를 받은 것은 물론이거니와, 이로 인해 토끼라는 상징이 관방의 애국적 표현 속으로 통합되었다(〈그림 7.5〉 참조).

〈공산주의 청년단〉 중앙위원회 공식 웨이보 계정에서는 다음과 같이 설명한다. "중국 네티즌들은 왜 중국을 토끼라고 할까? 토끼로 대표되는 애국심과 민족주의, 그리고 그와 같은 표현방식은 지금이기 때문에 가능한 것이다. 이는 관방 담론과 인터넷 담론의 놀라운 공진으로, '주선율'과 '모에'萌('귀여움'을 뜻하는 인터넷 용어) 문화의 합성물이다." 또 다른 웨이보 계정에는 다음과 같은 설명이 올라왔다. "이것들은 모두 20년 전 인터

〈그림 7.5〉 '역광비행'이라는 닉네임의 밀리터리 애호가가 만든 만화 〈그 해, 그 토끼, 그 일들〉

넷과 함께 등장한 사이버 문학과 예술이다. 토끼 아이콘의 인기는 갈수록 높아지고 있다. 9월 11일 중국 공산당 정치국 회의에서 「사회주의 문예의 번영과 발전에 관한 의견」이 승인되었는데, 이 문서에서는 특히 사이버 문학과 예술의 발전을 강조하고 있다."

전유

〈그림 7.6〉 서술어를 결합한 다의어 비주얼 텍스트를 통해 네티즌들은 기의가 지시하는 바를 겨냥하고, 우회된 기표를 전략적 지시로 간주한다.

시각 텍스트의 다의적 특성으로 인해 똑같은 시각 기호라 하더라도 서로 다른 주제와 가치관에 따라 주관적으로 해석되어 전유된다. 중국 대륙 네티즌들이 차이잉원 타이완 민진당 총재, 아베 신조 일본 총리, 인기 가수 황쯔타오, 일본 구마모토현의 마스코트 구마몬까지 포함한 밈을 사용한 것이 대표적이다. 그들이 이러한 시각적 텍스트를 '자기가 사용하기 위해' 합성하면서 이들 시각적 기호의 기의와 기표 사이에는 분열이 나타났다. 어떤 상황에서는 원래 상대편을 위해 만들어진 것이 우리편에게 유리하게 쓰일 수도 있다. '디바 출정'에서 벌어진 밈 전쟁에서 네티즌들은 다의적인 시각 텍스트와 설명을 결합하여 기의를 재창조하고 기표를 전유하는 것을 전략 목표로 삼았다.

텍스트보다 이미지를 검열하는 것이 훨씬 더 어렵기 때문에 전통적인 관방민족주의가 대중적 민족주의를 끌어들이는 것은 갈수록 난이도가 높아진다. 한편 시각 텍스트는 사이버 세계에서 사회 구성원들이 의사소통을 할 수 있는 대안적인 경로이기도 하다. 대중과 정부 간의 긴장 상태로 인해, 시각 이미지는 텍스트를 중심으로 한 인터넷 검열을 일시적으로 회피할 수 있다는 점에서 이제 인터넷 통신의 보편적인 수단이 되었다.

결론

이 장에서는 사이버 민족주의에서 다중 주체가 서사의 경합을 위해 시각적 자원을 사용하는 방법을 시각 커뮤니케이션의 관점에서 설명하고자 하였다. 추의 '이미지 중심 민족주의'라는 개념의 영향을 받아, 이 장에서는 다음과 같은 내용을 다루고 있다. 웹 1.0 시대에 발생한 사이버 민족주의 사건은 대개 외부의 자극에 의해 발생하였으며, 이 과정에서 시각적 상징이 감정에 호소하는 역할을 했고, 강한 감정적 반응이 온라인과 오프라인 행동으로 이어졌다. 이 단계에서는 시각적인 이미지가 탈문맥화된 환경 속에서 강력한 영향력과 정서적 호소력을 가질 수 있었고, 사회의 집단 기억과 공명하면서 사이버 민족주의라는 정서적 파장을 일으켰다. 주요 참가자는 정부와 대중으로, 이들은 각자 관방 애국심과 사이버 민족주의를 구축하며 권위를 쟁취하기 위해 경합하였다.

그러나 웹 2.0 시대에는 참여 주체들의 다원화와 시각적 상징 자원의 쟁탈전으로 인해 '이미지 경합 민족주의'라는 새로운 패러다임이 등장했다. 다중 요소의 경합에서 내부적 관계는 더욱 민감해지고 더욱 많은 의미를 가지게 된다. 대중들은 시민성과 종족성을 구별하면서 시각 상징에 따라 선호도가 달라지는 양상을 보인다. 정부는 '하나의 정부, 하나의 목소리'가 아니라 뉴미디어를 통해 다양한 주체의 목소리를 전달할 수 있는 기회를 갖게 되었는데, 이는 체제 내부의 복잡성을 반영하는 결과를 가져왔다. 시각 자원의 경합을 통해 이 다중 주체들은 사회적 맥락과 주제 유형 및 서로 간의 관계에 기초한 협상, 통합, 전유, 저항 등의 전략으로 웹 1.0 시대의 '통제와 저항'이라는 이분법을 초월하였다.

이 장에서는 시각적 이미지를 출발점으로 삼아 중국 사이버 민족주의를 역사적 순서에 따라 구성해 보았다. 기존의 '이미지 중심 민족주의'를 바탕으로 우리는 '이미지 경합 민족주의'라는 개념을 제안함으로써 다중 주체 사이에 벌어지는 상징적 시각 자원의 경합을 부각했다. 최근 몇 년 동안 새로운 세대의 네티즌의 성장, 새로운 테크놀로지가 시각 자료에 미친 영향, 그리고 점점 더 활발해지는 인터넷 문화로 인해 시각 이미지는 학계의 더 많은 관심을 받고 있으며, 사이버 민족주의 경합의 새로운 장을 열었다고 할 수 있을 것이다.

8장

네 아이돌을 사랑하듯
네 나라를 사랑하라

뉴미디어와 팬덤 민족주의의 등장

류하이룽

류하이룽은 런민대학
언론커뮤니케이션학부 교수이다.

서론

2016년 1월 20일, 디바는 "디바가 출정하면 풀 한 포기도 안 남는다"라는 구호와 함께 다수의 페이스북 페이지를 대상으로 한 공격을 시작했다. 이 소셜 미디어 전쟁이 대중매체와 네트워크 하위문화에 익숙하지 않은 사람들의 호기심을 불러일으켰다면, 이제 디바 출정은 주류로 들어와 일상적인 의례로 성장하기에 이르렀다.

디바는 바이두의 커뮤니티 게시판 기능인 톄바에 있는 온라인 커뮤니티로, 처음에는 중국의 축구 공격수 리이의 팬들에 의해 만들어졌다. 2005년, 리이가 자신의 볼 키핑 실력이 FIFA 월드컵 챔피언인 티에리 앙리에 못지않다고 자화자찬하면서, 중국 국가대표 축구팀의 부진한 실력에 실망한 홈팬들 사이에서 엄청난 논란과 비난을 일으킨 일이 있었다. 리이의 근거 없는 주장에 사람들은 '리이 대제'라는 별명을 붙여주며 조롱하였고, 덩달아 그의 바이두 팬 커뮤니티인 리이 바 또한 중국어로 '대제大帝의 톄바貼吧'라는 뜻을 가진 '디바'로 불리게 되었다. 이 팬 커뮤니티는 네티즌들이 조롱의 뜻으로 리이와 중국 축구 종목에 빙의하여 마음껏 불만을 표출하는 온라인 포럼으로 변모했고, 일개 스포츠 커뮤니티에서 점차 독특하고 풍자적인 하위문화를 가진 중국 최대의 온라인 클럽(사용자 2천 7백만 명 이상, 게시물 9억 6천만 개 이상)으로 변모했다.

2016년 12월 31일 오후 9시 30분, 디바는 웨이밍런[1]을 지지하며 재차 페이스북 출정을 감행하였다. 웨이밍런뿐만 아니라 차이잉원, 싼리 뉴스, 『빈과일보』, 『자유시보』, 타이완 육군사령부 등의 페이스북 페이지에 게시물이 쇄도했다. 타이완 난터우현南投縣에 거주하는 웨이밍런이 2017년 1월 1일에 타이완의 장화현彰化縣에서 중화인민공화국 국기와 중국공산당 당기의 게양식을 개최하면서 사람들에게 참석을 독려한 사건 때문에 일어난 일이다.

이어 2017년 1월 20일 오후, @JiuersYouth(전 디바 출정 주도자)가 이번에는 일본의 호텔 체인인 APA를 상대로 온라인 전쟁을 제안하는 게시물을 올렸다. APA 그룹이 난징 대학살 및 기타 역사적 사건들을 부인하는 우익 책자를 호텔 객실마다 비치해두고, 이 책을 치워 달라는 요구를 거부한 사실이 웨이보를 통해 알려졌기 때문이다. 이들은 APA의 CEO인 모토야 도시오元谷外志雄가 우파 정치를 선전하기 위해 설립한 단체인 쇼헤이주쿠勝兵塾와 햐쿠타 나오키百田尚樹, 세키헤이 타로石平太郎 등 일본 우익 인사들의 페이스북 홈페이지지도 대상으로 삼았다. 그러나 이번 행동은 더 이상 '출정' 같이 전쟁을 연상시키는 개념

---

1. * 웨이밍런(魏明仁)은 타이완의 건설업자인데, 타이완이 중국에 흡수통일되어야 한다고 주장하며 타이완에 있는 불교 사찰을 '중화인민공화국 타이완성 사회주의 민족사상 애국교육기지'로 만들고, 마오쩌둥의 초상화와 오성홍기를 게양하여 화제가 된 인물이다.

으로 분류되지 않고, '역사를 위한 중국 청년들의 목소리'라는, 더욱 진지하고 주류적으로 방식으로 표현되어, 심지어는 타이완 네티즌의 호응을 얻기도 했다.

약 10년이 넘는 기간 동안, 디바의 분노에 찬 소셜 미디어 전쟁은 줄곧 바이두 톄바 커뮤니티 내부로 한정되어 왔지만, 2016년 초부터는 '해외로' 진출하기 시작했다. 연예인 저우쯔위 사건과 민진당 후보인 차이잉원의 '총통선거' 승리에 분노한 디바 유저들은 네티즌들을 호출하여 차이잉원, 싼리 뉴스, 『빈과일보』, 『자유시보』 등의 페이스북 페이지로 몰려갔다. 이 온라인 활동은 많은 관심을 끌었고 민족주의 활동의 새로운 패턴을 만들어 냈다. 이후 '디바 출정'으로 알려진 이 패턴은 중국인 여성 승객을 인종차별한 영국 항공사 버진 애틀랜틱에 대한 보이콧, 타이완 독립을 지지하는 배우 다이리런 보이콧, '자오웨이 배후의 자본에 의한 여론통제'에 대한 항의, 그리고 앞에 언급한 2017년 벽두의 두 사건 등을 통해 반복되었고, 민족주의적 활동의 고정적인 패턴이 되었다.

학자들은 2016년 디바 출정에 대한 연구를 통해 참가자들의 논리, 상징의 사용, 정서의 동원, 행동의 조직 등과 관련하여 의미 있는 분석을 내놓았다. 이 장에서는 이러한 논의와 기타 관련 연구를 바탕으로 뉴미디어 기술과 민족주의의 관계를 커뮤니케이션 연구의 관점에서 검토하고자 한다. 핵심 질문은 다음과 같다. (1) 새로운 정보통신기술(이하 ICT)이라는 조건 속에서 민족주의는 어떻게 변화하였는가? (2) 이 과정에서 새로운 ICT는 어떤 역할을 하였는가?

이 장에서는 뉴미디어, 특히 소셜 미디어가 중국 젊은 민족주의자들의 활동 환경을 해체하고 재구성했으며, 과거에는 무관했던 사고방식과 행위 논리를 연결하게 되면서 민족주의적 표현에 사용된 상징과 형식을 변화시켰다고 본다. 그것은 또한 신세대 민족주의자들이 자신들의 활동을 동원하고 조직하고 진행할 뿐만 아니라, 무엇보다도 민족주의 자체를 탈바꿈시킨 플랫폼을 마련하였다. 민족주의가 매스미디어 기반에서 뉴미디어 기반으로 바뀌면서 참가자들은 뉴미디어를 국가 정체성의 매개체로 길들이는 데 성공하였으며, 동시에 자신들의 행동 역시 뉴미디어에 의해 바뀌게 되었다. 뉴미디어를 통해 국가 간 차이와 오해가 없어지는 대신, 팬들이 자신의 아이돌을 사랑하듯이 조국을 사랑한다는 의미의 '팬덤 민족주의'가 등장한 것이다.

통신 기술과 민족주의

민족주의와 사이버 민족주의

먼저, 여기서 '민족주의'라는 개념을 명확히 해야 할 것이다. 사람들은 일반적으로 좋은 민족주의(애국주의)와 나쁜 민족주의(쇼비니즘)를 구분하려는 성향이 있다. 그러나 이 글에서는,

상황에 따라 비판의 소지가 있겠지만, 민족주의를 중립적인 학문적 개념으로 사용하고자 한다.

민족주의는 엄청나게 다양한 뜻을 포괄하는 모호한 개념이다. 그러나 그것의 근본적인 목표는 국가 자치, 국민 통합, 그리고 국가 정체성이다. 민족주의의 핵심 개념은 진정성, 연속성, 존엄성, 운명, 애착(사랑), 그리고 조국이다(Smith, 2013). 민족주의에 관한 전통적인 이론에 의하면, 민족주의의 주요 문제는 정치적 정당성이며, 정치 단위와 민족 단위는 말 그대로 "하나의 국가, 하나의 민족"으로 일치되어야 한다(Kedourie, 1993 ; Gellner, 2008). 식민지 민족주의 운동의 제3의 물결(Anderson, 2006) 이후에는 민족 자치의 문제가 여전히 존재함에도 불구하고, 더는 그것만이 유일한 쟁점은 아니다. 민족주의의 핵심 이슈는 영토와 정치 문제뿐만 아니라 국가 정체성과 문화에 관한 것까지 포함한다(Calhoun, 1997). 관주도 민족주의 정치의 이면에서 기능하고 있는 진짜 민족주의의 유령은 전통적인 정치와는 거리가 먼 문화적 이슈와 일상적 소비로 촉발된 '구시대의' 민족주의 이념이다. 이것이야말로 이 글에서 풀뿌리 민족주의 활동에 더 주목하고, 국가 차원의 민족주의 운동보다는 개인의 문화적 경험이 거대한 정치와 어떻게 연결되는지에 주목하는 이유이다.

중국과 오랑캐의 구별華夷之辨은 5천 년 전 고대 중국에서부터 있었다. '중화민족'이라는 독특한 개념은 오랑캐들의 침략과 도전 속에서 형성되었다. 일부 역사학자들은 중국의 전통적인

'한족' 의식은 서구적인 맥락의 민족의식과 전혀 다르다고 주장한다(Pye, 1993). 다른 유형의 민족주의와 마찬가지로, 민족주의의 이데올로기적 유산의 여러 측면 중에서도 이러한 상징, 신화, 기억, 가치, 전통은 이미 현재의 정치적 목표에 맞게 재구성되고 재해석되었다. 따라서 이 장에서 '민족주의'는 주로 1840년 아편전쟁 이후 서구열강의 침략에 자극받아 형성된 근대 민족주의를 가리킨다(Anderson, 2006).

서양 열강들은 두 가지 측면에서 중국에서 민족주의적 의식을 불러일으켰다. 첫째, 중국인들은 외세의 침략에 방어하기 위해 내분은 잠시 뒤로 하고 중국인들 간의 결속을 다졌다. 둘째, 원치 않던 서구열강과의 만남으로 인해 중국에는 근대적 민족국가 개념이 소개되었고, 민족 독립과 함께 중국 민족주의의 본보기가 되었다. 게다가 혁명가들은 명나라의 멸망 이후 잠재되어 있던 전통적인 반만주족 정서를 활용하였다. 따라서 중국에 현대적 의미의 민족주의가 등장한 것은 19세기와 20세기 초이다(Fitzgerald, 1996). 민족 독립을 지향하는 민족주의는 쑨원이 이끄는 국민당의 선전뿐 아니라 중국 공산당의 반봉건주의, 반제국주의 선전에서도 현대 중국혁명의 가장 핵심적인 요소 중 하나였다.

공산당은 처음부터 매우 민족주의적인 성향을 띠었다. 그들의 민족주의 이데올로기는 때로는 공산주의의 신념에 우선하기도 했다. 중국은 민족의 독립과 통합을 수호하기 위해서라면

소련과 베트남처럼 공산주의 이념을 채택한 나라들과도 군사적 충돌을 마다하지 않았다.

1949년 이후로 국제주의라는 슬로건을 받아들이긴 했지만, 중국 공산당은 대내외 선전에서 민족주의적 담론을 버리지 않았다. 이념과 현실 간의 충돌이 발생하게 되면 민족주의는 정치적 정당성을 입증하는 근본적인 근거가 되곤 했다. 특히 1989년 소련 붕괴 이후 공산주의 이념이 퇴조할 때 민족주의는 중국인들의 결속을 위해 가장 중요한 이념적 자원이었다. 그래서 일부 학자들은 중국 민족주의란 자신들의 정치적 정당성을 유지하기 위해 정치 엘리트들이 의도적으로 선전하고 키워낸 산물이라고 보기도 한다(Zhao, 2000).

그러나 이러한 엘리트 중심의 설명은 중국 민족주의 정서의 풀뿌리 전통을 무시하는 것이다. 관주도 민족주의와 엘리트 민족주의 외에도 풀뿌리 민족주의는 전통문화와 교육의 결과로서, 중국 사회 속에서 지속적인 공감대를 형성해왔다. 풀뿌리 민족주의는 관주도 민족주의를 추종하는 것처럼 보이지만 전자는 단순한 후자의 복제물이 아니며, 때로는 국가의 외교정책과 충돌을 빚기도 한다. 또한 정치 경제의 관점에서 봤을 때, 엘리트 중심의 설명은 1990년대 이후로 미디어가 시장화되면서 경제적 이익을 위해 미디어 생산자들이 의도적으로 민족주의 정서를 부추긴 점을 간과하게 된다(黃煜·李金銓, 2003).

이 장에서 사이버 민족주의는 주로 풀뿌리 민족주의를 가리킨다. 중국어로 '사이버 민족주의'라는 용어는 2003년에야 등장했지만(李慕瑾, 2003), 인터넷이 중국에 도입된 1990년대 말에 이미 정치적 현상으로 나타나기 시작했다. 1999년 NATO가 옛 유고슬라비아 주재 중국 대사관을 폭격한 것에 대해 'NATO의 유고대사관 폭격에 대한 강력 항의 포럼'이 등장하였고, 이는 나중에 '강국포럼'이 되었다. 이후 정치적 사건들이 연달아 발생하면서 사이버 민족주의의 물결이 잇따랐다. 민다홍은 1990년 대부터 21세기 초까지 중국 네티즌들이 외교 문제에 대해서는 민족주의적 입장을 취하면서 국내 정치에 대해서는 비판적 현실주의의 입장을 취해왔다고 본다(閔大洪, 2009). 정융녠은 중국 내 사이버 민족주의의 출현을 국제관계의 관점에서 설명하면서, 이는 중국의 부상 및 국제질서의 재편과 관련된다고 주장한다(Zheng, 1999).

커뮤니케이션 기술과 민족주의

스미스(Smith, 2013)에 따르면 민족주의는 원초적인 것도 아니며, 통치 엘리트들에 의해 창조된 것도 아니다. 오히려, 그것은 문화-역사적 전통에서 선택된 특정한 자원의 재해석에 의해 형성된다. 즉, 국가의 상상력을 구성하는 것은 민족주의 담론이다. 그런 점에서 민족주의를 이해하기 위해서는 소통의 관점이 무엇보다 중요하다. 이뿐만 아니라, 기술/문화 복합체로서의 통신 기술은 민족주의적 담론을 구성하는 데 필수적인 역할을 한다.

그럼에도 불구하고, 통신 기술은 기존의 민족주의 연구에서 홀시되어 왔다. 통신 기술과 민족주의를 처음으로 연결시킨 이는 매클루언이다. 그는 『미디어의 이해』에 실린 「인쇄된 말:민족주의의 건축가」라는 장에서 인쇄된 책은 전파되기 쉬우며, 인쇄물의 반복 가능성과 획일성으로 인해 구어가 광범위한 대중 매체 및 동질화된 다양한 지역에 전파될 수 있었다고 주장한다. 그리하여 혈족의 확장된 형태인 부족이 동질화된 개인의 집합체로 대체되었다는 것이다(McLuhan, 1994).

앤더슨은 민족주의 이론가 중에서도 통신 기술에 가장 주목한 사람이다. 저서 『상상된 공동체:민족주의의 기원과 보급에 대한 고찰』에서 그는 인쇄문화 역사가인 아이젠슈타인의 논의를 받아들여, 면대면 공동체를 넘어 모르는 사람들로 이루어진 집단인 상상된 공동체를 구축하는 데서 인쇄술이 핵심 요소라고 확신하였다. 새로운 형태의 인쇄기가 특정한 지방어로 쓰인 신문과 소설을 대량으로 발행하면서 사람들은 집단기억을 일깨워 활용할 수 있게 되었고, 집단 정체성이라는 상상력을 형성하기 위해 복수 명사(예를 들어 "우리 중국인")를 사용하게 되었다.

하지만 인쇄 기술만으로는 모든 것이 설명되지 않는다. 그것은 자본주의 운영방식에 의해 촉진되어야 한다. 민족이라는 상상을 담은 그 인쇄물들은 수익성 있는 상품이 되어야만 대량

복제와 전파가 가능해진다. 앤더슨은 또 중국을 예로 들었다. 중국은 오랫동안 대규모의 인쇄 기술을 갖추고 있었지만, 자본주의적 생산이 부재했기 때문에 앤더슨의 표현에 따르면 '인쇄 자본주의'의 형성이 저해되었고, 그로 인해 근대 민족주의 발전에서 유럽에 뒤처지게 되었다(Anderson, 2006). 물론 고대 중국의 인쇄 산업도 일정한 규모에 이르렀기 때문에 이러한 설명은 다소 단순화된 것일 수도 있다(McDermott, 2006). 중국의 경우, 인쇄 문화는 '상상의 공동체'를 형성하는 데 있어 가장 중요한 요소가 아닐 수도 있다. 두아라(Duara, 1996)는 앤더슨이 구전 문화와 신화의 영향을 홀시한다는 점을 지적한 바 있다. 그러나 주목할 점은 앤더슨이 통신 기술을 별개의 요소로 받아들이지 않았다는 것이다. 그는 생산관계 역시 고려되어야 한다고 주장했다. 하지만 앤더슨은 문화적 요소를 강조하면서도 기술/문화적 복합체로서 기술 역시 생산의 관계라는 것을 인지하지 못하였고, 결국 기술을 생산관계에서 분리하는 오류를 범했다. 인쇄 기술은 그에 대한 사회적 수요가 있어야 비로소 사회에 영향을 미치게 된다. 마찬가지로 인쇄된 제품 또한 특정한 기능과 의미를 부여받아야 생산 관계로서 대량 인쇄가 현실화된다.

이것은 통신 기술에 관한 기존 민족주의 이론에서 흔히 범해진 오류이다. 이들은 통신 기술이 민족주의 이념과 관행을 일방적으로 결정하거나 정의한다고 믿거나, 기술을 민족주의 확산의 단순한 도구로 보았다. 둘 다 통신 기술과 민족주의 이념과 관행 사이의 복잡성을 폄훼한다. 통신 기술은 길들여지고 일정한 의미를 부여받아야만 기술/문화 복합체로서 우리 일상의 일부가 될 수 있다. 사용자들이 미디어에 부여하는 사회적 의미는 미디어 보급의 실현을 제약한다. 문화적 형태로서 기술이 문화 건설과 일상적 상호작용의 일부가 될 때, 그것은 비로소 인식, 경험, 나아가 행동을 중재하게 될 것이다. 미디어와 사회관계 간의 상호 길들이기에 대한 문화적 관점에서의 고찰은 통신 기술과 민족주의 사이의 관계를 이해함에 있어서 매우 효과적이다(Silverstone, 1994).

이 문제에 대해 한층 심도 있는 논의에 앞서, 현재의 미디어 맥락에서 중국 민족주의의 특징의 변화를 살펴볼 필요가 있다. 첫째, 현재의 사이버 민족주의는 21세기 초 쉬우Xu Wu가 묘사한 것과 명백한 차이를 보인다. 초기 사이버 민족주의의 주요 논제들은 기본적으로 정치적 사건이나 대중 매체에서 비롯된 것이지만, 새로운 사이버 민족주의 활동은 대개 인터넷에서 설정된 상향식 의제에서 비롯된다. 예컨대 디바 원정의 도화선이 되었던 쯔위 사건과 APA호텔의 우익 책자 사건은 웨이보에서 출발해 사이버 공간에서 무르익었다. 인터넷의 탈중심화된, 날 것 그대로의 표현들은 민족주의 이데올로기의 재창출을 위한 무수한 상징적 자원을 제공한다. 이러한 종류의 상향식 자기 동원self-mobilization으로 인해 민족주의는 더욱 접근하기 쉬워졌고, 일상생활과 개인 정체성에 더 쉽게 연결되었다.

이러한 새로운 의제 설정 패턴은 민족주의만의 독특한 현상은 아니며, 오히려 뉴미디어 시대에 매우 흔히 나타나는 것들이다. 상대적으로, 뉴미디어 맥락 환경 속에서 민족주의 동원과 표현의 상징이야말로 더욱 주목할 만하다.

뉴미디어와 민족주의 표현

뉴미디어와 디바 표현 스타일의 형성

매클루언(McLuhan, 1994)에 따르면, 미디어는 곧 메시지이며, 궁극적으로 인식과 표현을 변화시킨다. 특정 미디어 기술을 둘러싸고 형성된 미디어 분야와 담론 네트워크는 사회의 표현 구조에 심오한 변화를 가져올 것이다(Regis, 1991 ; Kittler, 1992). 이에 비해, 사피어–워프Sapir-Whorf 가설은 언어가 세계에 대한 인식과 사고방식을 주조할 것이라고 주장한다. 중국의 인터넷은 20년 이상에 걸쳐 발달하면서 수많은 신조어를 생산했으며, 또한 독특한 구두 표현 방식과 온라인 하위문화 세계관의 형성에 기여해왔다. 디바 출정은 전통적인 반어법, 농담, 가부장적 표현 방식뿐만 아니라, 눈에 띄게 다양해진 문체의 변화까지 모두 반영한다. 그 언어는 더는 예전처럼 급진적이지 않으며, 전반으로 더 교양 있고 부드러워졌다.

1840년 아편전쟁 이후 중국의 굴욕적인 역사에 대한 집단적인 기억은 원한, 분노, 그리고 강렬하거나 급진적인 상태의 증오를 특징으로 하는 민족주의적 활동으로 이어졌다. 20세기에서 21세기로의 전환기에 인터넷 시대가 시작된 이래, 이런 종류의 감정과 표현은 민족주의 활동에서 계속되어 왔다. 『No라고 말할 수 있는 중국』(1996)이라는 책으로부터 NATO의 구^舊유고슬라비아 주재 중국대사관 폭격에 대한 항의 시위까지 사이버 민족주의는 주로 거칠고 분노에 찬 방식으로 표현되었다. 그러나 2016년 초의 디바 출정에서 사용된 표현과 상징은 전통적인 민족주의 표현과 과거의 '커뮤니티 털기' 같은 행위에서 사용되던 표현과는 근본적으로 다른 것이었다.

먼저, 원한으로 표출되는 강렬한 감정들은 반어, 패러디, 그리고 가벼운 어조의 농담으로 대체된다. 심지어 '진실을 잘 모르는 동지'와의 소통을 위해 '사랑'이라는 테마가 압도적으로 많이 사용된다. 콘텐츠 분석 결과, 차이잉원의 페이스북 페이지에서 디바 출정의 참가자들이 10회 이상 사용한 댓글 템플릿 중 91%가 '사랑'에 대한 테마였다(王喆, 2016).

또한 상징의 사용에서 단조로운 정치적 구호는 화려하고 패러디적이며 의미가 모호한 이모티콘으로 대체되었다. 여전히 '팔영팔치' 같은 정치적 구호들도 있었지만, 이 중국 공산당의 도덕 규율은 이모티콘 형태로 사용되면서 본래의 의미를 잃고 풍자적인 것이 되어 버렸다. 일부 학자들은 도킨스의 '밈' 개념을 사용하여 모호하고 매력적이며 복제하기 쉬운 온라인 시각 기호를 설명하였다(郭小安·楊紹婷, 2016). 일상적 표현의 규범에서 벗어난 이 기호들은 워낙 전염성이 강해 공격을 당하는 타이완 언론사조차 똑같은 반어적이고 자기 비하적인 이모티콘을 이용해 반격에 나설 정도였다. 그런데 그 언론사들이 디바의 이모티콘에서 워터마크를 제거하지 않고 원본 그대로 재활용하는 바람에 재차 디바 출정 참가자들의 무수한 조롱을 받는 일이 벌어지기도 했다.

이러한 표현방식의 변화에는 다양한 원인이 있다. 이를테면 21세기 초 이후 양안 관계의 전반적인 상승 추세, 양안 청년 세대 간의 문화적 교류 강화, 심지어 1990년대 이후 출생 세대, 밀레니얼 세대와 이전 세대 사이의 문화적 세대 차이 등을 들 수 있다. 그러나 통신 기술 자체의 변화가 핵심적인 역할을 했다는 것은 부인할 수 없다. 앞서 언급한 세대 차이 역시 통신 기술의 영향을 받은 것이다.

디바 문화의 형성은 인터넷 기술의 출현과 밀접한 관련이 있다. 사용자가 직접 관심 주제를 만들고, 이 관심 주제를 근거로 생성된 온라인 커뮤니티를 특징으로 하는 바이두 톄바는 오랫동안 구체적이면서도 단순한 주제 분류체계를 유지해왔으나, 이러한 기존의 한계를 깨고 사회집단의 분류라는 복잡한 체계를 발전시켰다. 그것은 또한 윌리엄스(William, 1977)가 말한 '감정의 구조'를 받아들여 마침내 감성의 공동체를 형성했다. 이전에는 고립되어 있던 사람들이 이제는 서로 연결된 것이다. 하층계급이거나 현 상태에 불만을 품은 청년들은 남들이 자신을 조롱할 때 주로 사용하는 '루저'라는 단어로 스스로를 지칭하며, 자기 비하와 반어법을 통해 자기들끼리 즐긴다. 인터넷이 없었다면 대중매체와 제도권에서는 이들을 무시했을 것이다. 그러나 바이두 톄바처럼 열린 시스템에서 한데 모인 그들은 독특한 패러디, 비꼬기, 자기 비하, 냉소주의 등을 통해 유명해졌다. 예를 들어, 디바라는 이름은 중국 축구선수인 리이의 허세를 비꼬기 위해 붙여진 것이다. '리이 대제의 바'李毅大帝吧라는 아이러니한 이름은 원래 부정과 혐오의 감정을 담고 있지만, 겉으로는 진심으로 그를 숭배하는 것처럼 보인다. 예를 들어, 어떤 이는 기원전 2세기 중국 역사의 아버지인 사마천의 『사기』史記를 모방하여 독특한 비꼬기글로 〈리이 대제 실록〉李毅大帝本紀을 쓰기도 했다. 그러나 비아냥의 목표물이 중국 축구에서 사회 문제와 개인적인 경험으로 옮겨가면서, 표현의 방식은 인터넷 검열을 피하기 위해 애매모호하게 반문화와 연결된다.

이들은 '루저'의 뒤를 이어 '키 작고 못생기고 가난한 남자'矮醜窮, 矮矬窮, '촌스럽고 뚱뚱한 여자'土肥圓, '여자 루저'女屌絲, '키 크고 돈 많고 잘생긴 남자'高富帥, '피부가 희고 돈 많고 예쁜 여자'白富美, '성 경험이 많은 여자'黑木耳, '성 경험이 없는 여자'粉木耳 같은 신조어를 만들어내거나, '여신'女神, '돈 많은 남자의 아이를 임신한 채 버림받은 여자와 결혼한 별 볼 일 없는 남자'喜當爹, '루저의 역습'逆襲처럼 이미 인터넷에서 많이 쓰이는 단어들에 새로운 의미를 부여한다. 그들은 독특한 상징체계를 만들고, 그 상징들과 함께 바로 이 하위문화의 집단적인 사회적 상상력과 가치를 담아내기 위해 저속한 글들을 만들어낸다. 그들은 "난 무릎 꿇었다, 키 크고 돈 많고 잘생긴 놈아", "무릎 꿇었으니까 제발 그만 해", "지린다", "무릎 꿇고 핥아" 같은 표현들을 즐겨 사용한다. 자기 비하와 항복에 의한 그들의 '정신 실패'에서 그들은 현대 중국의 구조적인 문화 갈등, 즉 중산층 이데올로기의 유혹과 사회적 계층화 내지 고착화라는 현실 사이의 첨예한 갈등을 표현하고 대응할 방법을 모색하는 것이다. (Lin, 연도미상)

디바 유저들 사이에서 인기를 끈 비꼬기글인 「나는 네트워크 관리인이었다」^{我曾經是個網管}에서 글쓴이는 스스로를 사회의 밑바닥에 있는 루저이며, 자신의 역경에 대해 무력하고 자존감이 낮다고 하면서, 그렇지만 성공한 이들의 음모와 파렴치함에 혐오감을 느끼고, 사회 밑바닥의 슬픔에서 비롯된 도덕적 우월감이 충만하다고 한다. 이런 식으로 자신의 위상을 설정한 그들은 오만한 연예인들과 맹목적인 추종자들에게 적대감을 갖고, 종종 연예인들의 팬 커뮤니티에서 도배질과 방해 공작으로 안티팬 행위를 벌인다.

디바는 운영자가 교체되면서 슬로건을 "리이 팬은 죽지 않는다(이쓰부꽈)"^{毅絲不掛}(중국어로 "실오라기 하나 걸치지 않는다[이쓰부꽈])"一絲不掛와 발음이 같다)에서 한결 적극적인 어조의 "우리는 모두 황제다"眾人皆帝로 바꾸었다. 그러나 '창의성과 패러디'를 특징으로 하는 표현 방식은 전반적으로 유지되었다. 밑바닥의 열등감과 반항심이 어우러져 독특한 표현양식이 되고, 이는 다양한 활동을 통해 전파되어 마침내 중국 사이버 문화의 일부가 되었다. 농담, 패러디, 아이러니, 자기 비하, 냉소, 고의적인 천박함, 정의감, 가부장적 이데올로기, 포퓰리즘으로 특징지어지는 이런 표현 방식은 디바 출정에 사용된 상징에도 그대로 반영됐다.

부유하는 모호성과 게임플레이

2016년 초의 디바 출정에서는 농담이나 비아냥뿐만 아니라, 낙천적이고 부드러운 측면이 놀랍도록 긍정적이고 온건한 요소들과 결합되는 모습을 보였다. 이를테면 타이완의 독립파 네티즌들을 '감동시키기' 위해 사용된 역사 유적지, 아름다운 풍경, 향토 미식의 사진들에서 그러한 면모가 드러난다.

분석가들은 대개 이러한 변화를 소위 1990년대생 '소분홍'이 합류한 결과라고 본다(王洪喆 외, 2016). 그러나 특정한 맥락에서 해석을 할 경우에는, 조화롭게 보이는 풍경과 음식 사진에도 풍자적인 요소가 담겨있다. 수년 전, 일부 타이완 연예인들이 오락프로그램에 출연하여 중국 본토는 도시환경이 열악하고 공중화장실의 위생 상태가 견딜 수 없을 정도이며, 심지어 본토 사람들은 차예단을 살 돈도 없다고 발언하여, 본토 네티즌들의 공분을 불러일으킨 적이 있었다. 그런 맥락에서 본토 도시의 급속한 발전과 풍성한 미식을 보여주는 사진들은 사실 풍자적인 의미를 내포하고 있다.

그럼에도 염두에 두어야 할 것은, 반쪽짜리 진실과 미묘한 농담, 자기 비하가 빚어낸 애매함으로 인해 디바의 표현은 정확히 무슨 의미인지 특정하기 힘들다는 점이다. 예를 들어, 일부 분석가들은 그것을 출정이라고 하지만, 참가자들은 그저 재미있는 놀이였을 뿐이라고 생각한다(Fengshangyue, 2016). 일부 연구자들은 획일적인 이모티콘을 급진적인 가부장주의의 표현이라고 여기지만, 여성 유저들은 자신들이 자발적으로 그 장난을 함께 즐겼다고 주장한다(嚴薔, 2016). 마찬가지로, 풍경과 미식 이미지에는 풍자적인 의미 외에도, 전통적인 민족주의자들의 보수적인 의미 역시 존재한다. 오랫동안 연구자들은 국가의 경관과 국가 정체성 간의 관계에 주목해왔는데, 경관은 곧 국토를 상징한다. 그것은 순수하게 객관적이거나 자연스러운 것이 절대 아니고, 특정 집단의 의사결정과 의미 형성을 반영하고 이들의 정치적 정체성을 매개하는 것이다(Smith, 2013).

새로운 사이버 민족주의는 상징의 모호성 외에도 커뮤니케이션 유희라는 특징을 가진다. 커뮤니케이션 유희란 스티븐슨(Stephenson, 1967)이 매스커뮤니케이션의 유희 이론을 구축하면서 만든 핵심 개념이다. 스티븐슨(Stephenson, 1967)은 효용을 위한 커뮤니케이션(업무로서의 커뮤니케이션) 외에도 비효용적인 커뮤니케이션 그 자체를 목적으로 삼으며, 자기만족과 향상을 추구하는 커뮤니케이션(유희로서의 커뮤니케이션)이 있다고 주장한다. 후자의 경우, 정보의 전송은 더는 주요 목적이 아니다. 더 중요한 것은 커뮤니케이션을 하는 사람의 즐거움과 자유다. 주목할 만한 점은 출정 참가자들 간의 통일된 정체성 구축(王喆, 2016) 외에도 디바의 커뮤니케이션 유희는 외부 소통과 관계 발전이라는 목적 또한 충족시킨다는 점이다. 수많은 참가자는 '장난'이라는 단어를 사용했는데, 일단 그 '장난'이 남성우월주의적인 언어와 내용을 담고 있었다는 점은 논외로 한다면, 이것은 적어도 디바 유저들에게 있어서는 커뮤니케이션 유희였음을 알 수 있다. 마첸주馬前卒라는 아이디의 즈후 유저[2]는 다음과 같이 설명하였다.

디바 출정에 관한 한, 본토 네티즌들은 이데올로기를 재치 있는 말과 결합하는 데 더 능숙하다. 홍콩, 마카오, 해외의 네티즌들은 본토 네티즌들과 분리되어 있기 때문에 문화적 창의성이 약하고, 진지한 이슈에 대해 심도 있는 논의가 힘들다. 중국어 인터넷 구조의 발전이라는 관점에서 보면, 그들은 중국 본

---

2. * 3장에서 언급된 1980년대생 민족주의 오피니언 리더 중의 하나인 런충하오이다.

토가 아니라 만리방화벽에 의해 차단된 것이다. (馬前卒, 2016)

디바 유저로 대표되는 본토 네티즌들에게 장난스러운 표현은 심리적 우월감을 불러일으킬 만한 일종의 문화자본이다. 그것은 능수능란한 유머의 구사, 미묘한 비아냥, 이미지 싸움으로 적을 '깨부술' 지혜의 발휘를 핵심으로 한다. 그것은 순수한 언어(여기에는 이미지도 포함된다) 게임이다. 현실적인 관점에서 보면 그것은 한낱 정신 승리에 지나지 않지만, 참가자들의 입장에서는 커뮤니케이션이라는 목적을 달성한 셈이다. 타이완 소셜 미디어의 담당자들은 점차 본토 젊은이들의 표현 방식에 익숙해지면서 이것이 게임이라는 것을 알게 되었다. 그들은 이데올로기는 중요하지 않다는 것을 알게 되었고, 본토 네티즌들에게 같은 방식으로 받아치기 시작하였다.

한 참가자는 다음과 같이 말한다. "우리는 그냥 겉모양만 전쟁이에요. 다들 손에는 무기가 아니라 빵을 들고 있어요."

커뮤니케이션에서 최악의 상황은 내용의 옳고 그름이 아니라 욕망이 상실되는 것이다. 그것은 마치 연인 간의 싸움과 같아, 싸우는 것마저 하기 싫어지면 그들의 관계는 끝인 것과 마찬가지다. 나는 우리가 이런 식으로 수많은 타이완 독립 지지 청년들을 각성시키거나, 통일전선을 진전시키거나, 심지어 다른 나라 사람들이 우리에 대해 가지고 있는 인상을 개선할 수 있으리라고 기대하지 않는다. 그러나 중요한 것은, 우리가 이미 논의한 바와 같이, 모든 전투와 이미지 싸움은 아름다운 경치와 음식 이야기로 끝났다. 즉, 우리에게 소통하려는 욕망이 있다면, 결국은 침묵보다 이것이 낫다는 것이다. 페이스북 공방전은 어느 한쪽을 설득하려는 것이 아니라 서로를 적으로 취급해서는 안 된다는 점을 양측이 깨닫게 하려는 것이었다. 그들은 진짜 사람들이니까. (Fengshangyue, 2016)

물론, 이런 '대화'라는 희망 사항이 실제로 기대만큼 커뮤니케이션을 활성화할 수 있을지는 수신자의 입장에서도 따져봐야 한다. 2016년 초 디바 출정이 사용한 이미지의 표현과 텍스트는 모두 간체자로 되어 있었다. 하지만 타이완은 번체자를 사용한다. 그들은 수신자의 관점에서 커뮤니케이션의 효과를 생각해본 적이 없는 것이다. 마치 해협 반대편에 있는 이들이 자신들의 하위문화 언어를 이해하지 못하는 것이 송신자들보다는 수신자들의 문제 때문이라고 믿는 것과 마찬가지이다. 이처럼 사이버 민족주의의 표현에서 풍자의 뒤에 숨어있는 헤게모니와 상징적인 폭력은 주목을 요한다.

뉴미디어를 통한 동원, 조직 및 구현

인터넷 연구자인 라인골드(Rheingold, 2002)는 인터넷 기술의 촉진과 함께 '군중'이 새로운 방식으로 효과적인 협력 메커니즘을 확립할 수 있다고 주장했다. 셔키(Shirky, 2008)는 규칙과 상벌 메커니즘이 주어지면, 산발적으로 보이는 인터넷 사용자들이 특정 목표를 달성하기 위해 엄격하게 조직될 수 있다고 주장하면서 '조직 없는 조직화'라는 개념을 만들어냈다. 디바 출정에서도 비슷한 메커니즘을 찾아볼 수 있다. 출정의 참가자들은 톄바, 웨이보, QQ 오픈채팅방 및 기타 소셜 미디어에서 '소집'되어 QQ 오픈채팅방을 통해 업무를 분담하면서 협업했다. 조직으로는 두 개의 메인 그룹과 한 개의 선봉대, 그리고 각자 역할을 분담하는 6개의 일반 그룹이 있었다. 일반 그룹들의 역할은 각각 정보 수집(타이완 독립 지지 의견과 이미지의 수집), 선전과 조직(회원 모집 포스팅), 군수 제작(이미지 제작과 문구 작성), 대외 교류(재외 중국인들과 번역기), 전쟁터 청소(게시물에 좋아요 누르기 혹은 신고하기 등 페이스북의 잡무), 광둥어로 나뉜다. 그들은 또한 욕하지 않기, 모욕적인 이미지를 사용하지 않기, 국가 지도자나 음란물 이미지 올리지 않기, 타이완 사람이 아닌, 오직 타이완 독립에만 반대의견을 표하기 등의 규칙을 세웠다.

비록 엄격한 조직을 갖추었지만, 이들은 오래 지속되지 않았고, 공격이 끝나자마자 해산되었다. 일련의 커뮤니케이션 행위를 통해 온라인에서 동원·조직·수행되면서, 순식간에 시작되고 끝나버린 이 '플래시몹' 행위들은 전통적인 민족주의의 조직과 동원을 뛰어넘었다. 물론, 이것은 인터넷을 매개로 한 사회운 동에서 새로운 것은 아니다. 다만 출정 참가자들의 행동 패턴이 전통적인 정치운동보다는 상업화된 팬클럽과 온라인 게임을 통해 양성된 것이라는 점은 주목할 만하다.

연구자들은 디바 출정에서 새로운 세력을 발견했는데, 이들 은 많은 논평가가 '소분홍'이라고 지칭하는 이들로, 순수한 홍 색 공산주의 후손이 아닌, 젊고 애국적인 팬 커뮤니티 회원들 을 의미한다. 이들 대부분은 정치보다 연예 뉴스와 온라인 문 학에 관심이 많고 연예인과 아이돌에 열광하며 사이버 민족주 의 활동에 자발적으로 참여하는, 1990년대 이후에 출생한 여성 들이다. 일반적으로 남성적 현상으로 여겨지는 기존의 민족주 의(Özkirimli, 2010)와 비교했을 때, 디바 출정은 어느 정도 여성 스러움을 반영했다.

사전 조사에 의하면, 그 이유는 디바 출정에서 사용된 표현 스타일이 이전의 '커뮤니티 털기'에 비해 확실히 부드러워졌을 뿐만 아니라 행동 논리도 팬 커뮤니티와 비슷해졌기 때문이다. 첫째, 팬들은 연예인들의 작품을 소극적으로 소비하는 것 외에 도, 아이돌을 내적 현실과 외적 현실 간의 '과도기적 대상'으로 보고 그들의 이미지 구축에 적극적인 역할을 한다. 그들은 자 신이 좋아하는 아이돌의 삶과 일을 자신들의 커리어로 여기고, 아이돌의 이익을 보호하며, 자신이 사랑하는 스타들이 만족스 러운 배역을 따내지 못하거나 삶에서 부당한 일을 겪게 될 때

목소리를 높이며, 다른 연예인과 팬들을 상대로 말싸움을 벌인다. 둘째, 팬 집단 내부에는 엄격한 조직과 업무 분담이 이루어진다. 사이버 공간에서는 팬 집단 사이에서 다툼이 종종 일어날 뿐만 아니라, 공연 기획, 아이돌을 보러 공항에서 기다리기, 새로운 팬 영입하기, 생일파티 등 아이돌의 인기를 과시하는 이벤트들이 자주 벌어지기 때문이다. 이 모든 특징들은 디바 출정에서 매우 눈에 띄게 드러난 것들이다(Sandvoss, 2005).

국가와 지역을 초월한 전 지구적 팬덤 활동을 자주 하다 보면 팬 집단들은 현지 팬들과의 사이에서 억울함이나 불화를 경험하는 경우가 많다. 게다가, 애국심이 연예인들과 팬들에게 있어 경쟁자들과 싸우는 무기가 되어 버렸다. 본토 연예인의 팬들은 자신들이 좋아하는 아이돌의 위상을 높이기 위해 다른 지역 출신의 연예인들이 "중국을 무시한다"고 비난한다. 이로 인해 '소분홍'은 일상적인 상업 소비에서 국가와 민족, 개인 정체성 사이의 경계가 모호해진다.

> 그것은 '나의 조국보다 더 중요한 아이돌은 없다'에서 '내가 가장 사랑하는 아이돌은 조국'으로 논리 사슬이 한 걸음 더 발전한 것이다. 다만 과거 '6·9 성전'(디바가 2010년 한국 남성 그룹 〈슈퍼주니어〉의 중국 팬들을 상대로 벌인 유명한 출정 중 하나)의 상대편이 지금 같은 편이 되어 같은 '아이돌'을 공유하게 된 것이 바로 이 한 걸음 때문이다. 당시 외국의 아이돌을 숭배

하는 자신들의 입장을 당당하게 방어하지 못했던 중국 팬들이 이제는 이 전략을 차용해 그 어느 특정 아이돌도 아닌, 자신들의 조국을 '최고존엄 아이돌'로 숭배하고 있다. (安帛, 2017)

팬덤의 행동 논리 외에도, 온라인 게임이 사이버 민족주의 활동의 조직과 동원에 미치는 영향이 과소평가되어서는 안 된다. 초국가적인 팬 활동과 마찬가지로 온라인 게임, 특히 초국가적인 온라인 게임 또한 국가 정체성의 주요 온상이다. 사람들은 게임을 하면서 언어와 문화적 차이로 인해 국가 간의 경계를 더 쉽게 인식하게 된다. 경쟁과 위협 속에서, 그들은 스스로를 보호하기 위해 지역적으로 가까운 그룹에 의지하게 되고, 그렇게 해서 자신의 국가 정체성을 느끼기 시작한다(王洪喆 외, 2016).

외국 온라인 게임에 대한 행정적인 승인 제도로 인해 국가 정체성을 실감하게 되는 경우도 종종 발생한다. 네트워크 퍼블리싱 서비스 관리 규정은 온라인 퍼블리싱이 허용되지 않는 콘텐츠를 명시하고 있어 신작 게임을 수입하기 위해서는 행정 승인이 필수적이다 보니, 중국 내 출시가 다른 나라보다 늦거나 무기한 연기되는 경우가 많다. 그러므로 중국의 일부 요령 있는 게이머들은 종종 다른 지역의 서버를 이용해 플레이할 수밖에 없게 되는데, 외국 서버에서 비웃음과 배척을 당하다 보면 남의 나라에 얹혀사는 것 같은 수모감을 느끼게 된다. 정치와 무관할 것 같은 상업적 게임에서 국가 정체성이 현실보다 더 잘 느껴지는 것이다. 예를 들어 2010년 중국에서는 행정 승인 절차가 길어지면서 '월드 오브 워크래프트'의 출시가 거듭 지연되었다. 이에 대응하여 바이두 워크래프트 바에 〈칸니메이의 인터넷 중독 전쟁〉이라는 동영상이 올라왔는데, 이 동영상은 다음과 같은 슬픈 독백과 함께 끝난다.

> 올 한 해, 다른 게이머들도 나도, 홍수와 지진 사태에 눈물을 흘렸고, 올림픽을 응원했지. 뭐든지 우리나라가 다른 나라에 지는 건 싫거든. 하지만 올 한 해, 당신네 덕분에, 우리는 다른 나라의 유저들처럼 게임을 즐길 수 없었지. 우리는 쫓겨났고, 차단당할 위험을 무릅쓴 채 미국과 유럽의 서버로 갈 수밖에 없었지. 걔들은 우리를 골드 파머gold farmer라고 불렀어. 타이완 서버에서는 우리를 대륙 메뚜기라고 하더라. 너무나 굴욕적이었지만, 우리는 묵묵히 참을 수밖에. 왜 우리는 시간당 4마오짜리 싸구려 게임마저 즐길 수 없는 거지? (王洪喆 외, 2016)

온라인 게임 플레이어들은 팬 집단에 비해 동원력과 조직력(Salter, 2011)이 뛰어나다. 집단행동이 게임에서의 팀플과 크게 다를 바 없기 때문이다. 게임을 통해 일상적으로 해오던 것이기 때문에 그들은 이미 집합행동 방식에 익숙하다. 따라서 이들은 일련의 디바 출정에서 뛰어난 조직력과 체계성을 보인 것이다.

한마디로 이전에는 멀게만 여겨지던 국가이지만, 온라인 팬 집단과 온라인 게임 유저들은 일상의 경험을 통해 그것이 가깝고도 실체가 있는 존재임을 느낀다. 온라인 상업 소비는 개인과 국가를 합병시켰고, 그 결과 인터넷 세대는 그들의 자아 정체성에 국가를 투영함으로써 민족주의적 주체로 바뀌었다. 그간 그들이 온라인 소비라는 일상적 행위를 통해 습득한 다양한 자원과 기술은 사이버 민족주의 활동을 통해 발휘되었고, 디바출정의 사고 패턴과 행동 논리는 이 모든 것을 반영하고 있다.

뉴미디어와 팬덤 민족주의의 출현

경계의 소멸과 길들이기

이 장의 전반부에서는 최근 몇 년간 일어난 중국 민족주의의 변화와 관련해 사전 설명을 했다. 그렇다면 이 변화들은 어떻게 이해되어야 할까? 그것이 의미하는 바는 무엇인가? 배후의 이유는 무엇인가? 그리고 이러한 변화 속에서 미디어의 역할은 무엇인가? 결론에서는 이러한 질문들을 다룰 것이다.

중국의 사이버 민족주의는 1990년대 중반 중국에 인터넷이 도입되면서 함께 등장하였다. 애초에 인터넷은 단순히 국제관계와 현실의 민족주의를 반영하거나 활용하기 위한 도구였고, 단지 민족주의를 보조하는 역할에 지나지 않았다. 중국 사이버 민족주의를 체계적으로 논의한 초기 논문에 따르면 사이버 민족주의의 발전은 기본적으로 정치적 사건에 의해 좌우되었는데, 이를 통해 당시 사이버 민족주의의 논리를 알 수 있다(王洪喆 외, 2016). 그러나 그 후 인터넷 네이티브 세대, 즉 1990년대 이후에 출생한 세대가 주류로 등장하면서 인터넷에서 민족주의도 변화하기 시작했다. 사실 이러한 경향이 나타난 것은 1980년대생들이 민족주의 활동에 합류한 뒤로 시작된 것이다. 『야망의 시대』*Age of ambition*(2014)에서 오스노스는 2008년을 전후해 젊은 네티즌들 사이에서 부상한 민족주의를 묘사하면서 이러한 변화를 지적했다. 왕홍저의 연구팀(王洪喆 외, 2016)은 이제 중국 사이버 민족주의의 주요 기준은 현실 세계의 정치적 사건이 아니라 세대 차이임을 밝혀냈다. 이들은 참가자들의 세대를 구체적으로 1970년대생, 1980년대생, 1990년대생으로 나누고, 세대에 따른 사이버 민족주의의 특징을 요약했다. 1960년대생과 1970년대생 참가자들(1998~2005)은 국제 관계에 더 관심을 갖고 현실에 더 비판적이었다. 하지만 정보 수집 능력이 더 뛰어난 1980년대생 세대가 주류가 되면서(2008~2010), 정치 대신 소비의 범주에서 풀뿌리 민족주의가 생성되었다. 1990년대생들이 등장하면서(2010~) 세계화된 상업 문화 소비는 지역 정체성을 없애기는커녕, 오히려 국민 정서와 정체성을 강화했다. 그들은 팬 활동과 온라인 게임에서의 표현, 행동, 조직 방식을 사이버 민족주의 활동에 적용함으로써 온라인 활동의 전체 지형도를 바꾸어놓고 있다.

중국의 사이버 민족주의를 실제 정치적 사건이 아닌 세대 차이의 관점에서 살펴보는 것은 상당히 시사하는 바가 크다. 그러나 세대 간 구분은 사이버 민족주의의 이해에 도움이 되는 편리한 분류법일 뿐이다. 그것은 이유가 아니라 결과일 뿐이고, 설명되어야 할 변수이지 상황을 설명해주는 변수가 아니다. 세대 차이는 여러 가지 복잡한 요인의 결과이다. 1960년대생부터 1990년대생까지의 세대는 개혁개방 이후 급격한 발전과 사회 변화를 목격했기에, 시대적 특징을 지니고 있을 수밖에 없다. 그러므로 다양한 정치, 경제, 문화, 사회적 요인들 외에도, 통신 기술의 역할 또한 부인할 수 없다.

메이로위츠(Meyrowitz, 1986)에 따르면, 통신 기술은 상황을 형성하는 특별한 메커니즘이다. 그는 텔레비전을 예로 들어, 전자 매체의 가장 큰 효과는 오랫동안 인쇄물을 통해 확립된 사회적 공간 감각을 훼손한 것이라고 주장한다. 인쇄물을 통한 세계의 재현은 무엇보다 언어를 매개로 한다. 따라서 지식인과 문맹자 사이에, 그리고 특정 텍스트의 읽기에 관심이 있는 사람과 그렇지 않은 사람 사이에 사회적 상황의 분리가 일어나게 되었다. 그 결과, 어린이와 성인, 남성과 여성, 엘리트와 대중, 백인과 흑인 간에 다르게 나타나는 현실에 대한 상상력이 미디어 공간에 의해 구축되었다. 고프만이 제시한 극작 이론에 따르면 공간에 대한 인식은 개인의 행동을 위한 사회적 상황을 구성하기 때문에 미디어 이용 습관이 다른 사람들은 서로 다른 행동 패턴을 가질 것이다. 텔레비전의 발명은 인쇄물에 의해 확립된 공간 의식을 깨고 다양한 행동 상황 사이의 경계를 모호하게 하여, 다양한 사회 집단의 행동을 변화시키고(예를 들어, 아동의 성인화) 심지어 사회 개혁을 촉발시켰다(예를 들어, 인권 운동 및 페미니스트 운동).

메이로위츠(Meyrowitz, 1986)의 논의는 기본적으로 텔레비전에 한정되어 있지만, 장기적으로 보면 텔레비전과 인쇄물 모두 대중 매체이며, 둘 사이의 유일한 차이점은 소비의 문턱이다. 그러나 인터넷의 출현은 대중 매체에 의해 창조되고 유지된 공간 감각을 깨뜨렸을 뿐만 아니라, 정보 획득, 오락, 상업적 소비, 교육, 사회적 상호작용, 조직 관리, 정치적 동원 및 각기 다른 사회적 메커니즘에 의해 수행되던 기능들을 하나의 플랫폼 속으로 통합시켰다. 1960년대생과 1970년대생들은 기본적으로 인터넷을 기존의 생활방식과 융합시킨 반면, 1980년대생과 1990년대생 세대는 완전히 인터넷에 의해 생활방식을 만들어가고, 교육, 사회적 상호작용, 게임, 뉴스 획득, 소비, 감정적 커뮤니케이션 등에 대한 욕구를 충족한다. 그들의 윗세대들에게 정치는 현실적이고 진지한 것이지만, 그들에게는 정치와 덕질, 게임하기, 그리고 다른 형태의 오락 사이에 실질적인 차이가 없다. 그들은 연예인을 쫓아다니고 게임을 하다가 국가 정체성 문제에 마주치기도 하고, 게임과 팬덤 활동의 행동과 표현 스타일을 통해 정치적 이슈를 해결하기도 한다. 결국 팬덤이나 온라인 게임의 행동 논리가 자연스럽게 표현되고 민족주의 논리와 같은 스크린

위에서 통합되면서, 메이로위츠가 말한 '중도'의 행태를 구성하게 된다.

앞서 논의한 바와 같이 통신 기술과 민족주의의 관계는 일방적인 영향 관계가 아니라 상호 길들이기 관계이다. 미디어는 단순한 민족주의의 도구에 그치는 것도 아니고, 민족주의의 형태를 결정하는 역할에 한정되는 것도 아니다. 사용자들은 인터넷을 그들의 일상생활 공간이자, 세계를 상상하고 세계와 연결되는 인터페이스로 여긴다. 그것은 마치 공기와 물처럼 자연스러운 존재이다. 따라서 인터넷은 청년 네티즌들의 국가 상상을 중재하거나 구축해 왔다. 사용자들 또한 후자에 의미를 부여함으로써 미디어를 변화시켰다. 인터넷은 지리적인 공간과 문화를 초월한 탈중심적이고, 평등하며, 유토피아적인 통신 기술이지만, 디바 출정에서는 정반대의 역할을 하며 민족주의의 온상이 되어버렸다. 10대 인터넷 사용자들은 사이버 공간에서의 행동을 통해 국가에 대한 감정을 느끼고 국가 정체성을 확인한다. 따라서 민족주의와 인터넷은 상호작용한다. 좀 더 구체적으로 말하면, 젊은 사이버 민족주의자들이 새로운 인터넷 기술을 길들이는 양상은 공간, 시간, 언어의 세 가지 차원에서 찾아볼 수 있다.

공간에 관해 말하자면, 수많은 '소분홍'들은 처음으로 정부의 규제를 어기고 사이버 공간에서 국경을 상징하는 방화벽을 넘어 페이스북이라는 낯선 이국의 공간에 상륙하는 경험을 했다. 이들은 페이스북에 적응이 안 된다거나 페이스북의 사용자 경험이 국내 웹사이트보다 나을 게 없다고 불평했다. 디바 출정과 관련해 널리 회자된 일화가 있는데, 일부 참가자들이 싼리 뉴스의 페이스북 페이지를 공격하려고 하다가 제대로 찾지 못하고 엉뚱하게 싼리 엔터테인먼트 스타뉴스娛樂星聞 페이지를 찾아갔다가, 친절한 스타뉴스 페이스북 관리자의 안내를 받아 마침내 싼리 뉴스의 페이지를 찾아갈 수 있었다는 것이다(Hansey, 2016). 앤더슨과 칼훈이 고찰한 것처럼, 지도는 19세기 이후 국가에 대한 상상력을 구성하는 데서 중요한 역할을 해왔다. 일상의 경험과는 전혀 다른 지도제작자의 관점, 정확하게 그려진 국경, 나라별로 다르게 색칠된 블록, 이 모든 '과학적' 발명품들이 민족 이데올로기를 창조하거나 강화하는 데 도움을 준다. 디바의 전투에 참가한 젊은 출정군들은 사이버 공간의 만리방화벽을 넘은 뒤, 먼저 타이완 친독립 세력의 페이스북 페이지로 안내되어 자신들의 흔적을 남겼다. 이러한 종류의 경험이나 심지어 해외 공간으로의 모험은 참가자들의 국가에 대한 감정을 강화시켰다.

디바의 온라인 민족주의 활동을 '출정'이라는 단어로 비유한 것은 특정 시간대에 특정 웹 페이지에 공격이 집중되고, 심지어 서버가 과부하로 인해 다운되면서 시각적으로 효과가 드러났기 때문이다. 한편, 참가자들은 라이브 비디오 스트리밍 플랫폼을 통해 전 과정을 방송함으로써 활동 과정을 구체적인 이미지로 더욱 시각화했다. 동시다발적으로 진행되는 집체 행동을 시각적으로 보여줌으로써 관중들은 신체적으로 밀집된 것 같은 특별한 경험을 하였다. 동시에 집단으로 댓글들이 달리고, QQ 오픈채팅방과 바이두 톄바가 사전동원을 한 결과, 앤더슨(Anderson, 2006)이 말한 낯선 이들의 '상상의 공동체'가 촉진되었다. 일부 학자들은 이를 콜린스가 말한, 참여를 통해 집합적 열광과 정서적 에너지를 이끌어내는 '상호작용 의례의 사슬'이라고 한다(劉國強, 2016). 꽤 많은 참가자가 이 활동을 회고하면서, 출정 이후에 애국심이 더 강해졌다고 생각한 이유가 바로 여기에 있다(王喆, 2016).

같은 언어를 사용하는지 아닌지의 여부는 공동체의 상상에서 중요한 단서이다. '소분홍'은 방화벽을 넘어 타이완의 언론기관과 정치인들의 페이스북 페이지를 획일적인 이모티콘과 디바 특유의 말장난으로 도배했다. 그들의 자기 퍼포먼스는 해협 건너편의 사람들을 매우 혼란스럽게 했고 하위문화 집단의 구성원으로서 그들의 정체성을 강화시켰다. 중국 본토의 인터넷 표현 스타일이 낯선 타이완 사람들은 둔감한 반응을 보였고, 소분홍들은 이를 새로운 조롱거리로 삼으며, '성공적인 공격'을 했다는 착각에 사로잡혔다. 그리하여 자기충족적인 예언이 실현되었다.

그러나 패권적 언어의 우세는 민족 간의 차이, 분리, 반목을 강화하고, 이는 민족 통합이라는 목표와 모순된다. 쯔위의 사과 동영상이 공감대를 형성하고 변화를 가져왔는가? 아니면 반대로, 더 많은 분노와 반감을 불러일으켰나? 즉, 관제 민족주의 정치와 정체성 정치에 기반한 팬덤 민족주의 사이에는 여전히 긴장이 존재하고 있으며, 후자는 타이완과 중국 본토의 통일을 목표로 하는 전자에 스스로를 종속시키지 않을 수도 있다. 단순하게 둘을 동등한 것으로 간주하게 되면 사고와 행동 논리에서의 차이를 홀시하게 되는 것이다.

팬덤 민족주의의 출현

결론적으로 1990년대 이후에 출생한 세대로 구성된 사이버 민족주의자들은 정체성 구축 과정에서 이전에는 무관했던 인터넷 기술과 민족주의가 하나로 융합되면서 사이버 민족주의의 기본적 특성이 바뀌었다. '팬덤 민족주의'란 이러한 새로운 유형의 사이버 민족주의를 위해 만들어진 개념으로, 간단히 말해서 '아이돌을 사랑하는 것처럼 국가를 사랑하는 것'이다. 이전의 민족주의자들과 다른 점이라면, 이들 소분홍은 연예인 덕질을 통해 배운 것을 국가와의 관계에 적용한다는 점이다. 그들은 국가에 대한 자신들의 지분을 주장하고, 감정적으로 몰입하고, 세계의 다른 나라들과의 모든 경쟁에서 조국이 이기도록 도와야 한다는 책임감을 가지며, 조국이 부당한 상황에 처했을 때 경쟁자들과 맞서 싸운다. 그들은 국가를 동등한 주체로 인격화하고, 존경이나 숭배가 아니라 직접 참여한다. 심리학적 관점에서 이것은 그들이 아이돌을 대하는 방식과 매우 유사하다. 국가를 외부 세계와 소통하고 자아 정체성을 구축하기 위한, 내적 현실과 외적 현실 사이의 '과도기적 대상'으로 여기기 때문이다. "민족주의적 '소분홍'에게 국가는 또 하나의 아이돌, 혹은 '최애 아이돌'일 뿐이다. 그들이 국가를 사랑한다는 것은 아이돌 중에서 가장 도덕적인 아이돌을 사랑한다는 의미일 수도 있다. 한편, 마치 멋진 아이돌처럼, 국가는 강력한 라이벌들과 싸워야 한다. 적이 강하고 전투가 치열할수록 그들은 자신의 덕질이 옳았다는 것을 입증하게 된다"(嚴薔, 2016).

상술한 분석에 의거해, 팬덤 민족주의는 다음과 같은 여덟 가지의 특징을 가진다.

(1) 웹 2.0 기술, 특히 소셜 미디어를 조직, 동원, 행동의 플랫폼으로 삼아 성장한다.
(2) 참가자 대부분은 '소분홍'으로 지칭되는 여성 팬 집단을 비롯해, 일상생활에서 정치에 거의 관심이 없는 젊은 네티즌들이다.
(3) 그들의 표현 방식은 인터넷 하위문화의 특징을 지닌다. 그들이 드러내는 감정은 더 이상 전통적인 민족주의에서 흔히 보이던 증오와 분노가 아니라 주로 빈정거림과 반어이며, 심지어 긍정적인 감정까지 포함한다.
(4) 참가자들의 국가에 대한 애착은 아이돌에 대한 팬들의 애

착과 매우 유사하다. 즉, 그들은 아이돌을 사랑하는 방식으로 조국을 사랑한다.

(5) 그들은 온라인 게임의 유저나 팬 집단과 동일한 방식으로 동원되고 조직화되며 합동작전을 취한다.

(6) 그들은 수동적으로 사회 엘리트의 선전·선동을 받아들이는 대신 직접 국가의 의미를 건설하고 생산하는 것에 적극적으로 참여하며, 자신들이 상상하는 것을 국가에 투영한다.

(7) 청년 하위문화의 구성원들과 마찬가지로, 참가자들은 일정한 지위와 사회적 인정을 얻고자 저항적인 태도를 취한다. 그들은 자신들의 애국적 활동이 주류 사회의 실리주의와 냉소주의와는 반대로 이상주의와 영웅주의 행동에 기반한 것이라고 생각한다.

(8) 전 지구적 문화의 영향 속에서 사이버 민족주의 활동의 참가자 모두가 편협한 것은 아니다. 상당수는 서구 문화에 익숙하거나 해외 유학을 한, 양질의 교육을 받은 십 대들이다.

논의할 문제 : 반항적인 순종

팬덤 민족주의의 출현과 통신 기술과의 연관성에 대해 논의하다 보면 자연스럽게 이를 어떻게 이해하고 평가할 것인가 하는 문제에 다다르게 된다. 비록 이것이 이 장의 핵심은 아니지만, 논의되어야 할 가치는 있다. 그와 관련하여 다음의 몇 가지 문제를 고려해보자.

첫째, 팬덤 민족주의의 주체는 모두 세뇌당한 무뇌아나 분노에 찬 청년(편칭)이라고 속단하면 안 된다. 그들의 행동은 사회적 맥락에서 이해되어야 한다. 청년들이 반항적인 것은 당연한 일이지만, 반항이 주류가 되면 이때는 오히려 복종이야말로 일종의 반항이 되어버린다. 애국심은 한때 주류적인 가치였다. 그러나 실리주의와 냉소주의가 사회에 만연하면서 권력에 의해 전파된 이상주의와 영웅주의를 해체하고, 자유주의와 개인주의가 집단주의를 제치고 주류가 되자, 이제는 반대로 평범한 애국주의, 집단주의, 이상주의, 영웅주의가 반항적인 것이 되었다. 부정의 부정이라는 논리에 따라, 독립적인 정체성을 원하는 청년 하위문화가 오히려 국가 권위에 복종하는 모습을 보이는 것이다.

따라서 소분홍의 행동 이면의 진짜 동기는 조국에 대한 사랑보다는 사회적 인정을 받고 싶은 욕망일 것이다. 양궈빈(杨国斌, 2016)이 지적한 것처럼 디바 출정은 다른 문화를 목표로 한 출정이라기보다는 셀프 퍼포먼스에 가깝다. 이처럼 서로 다른 문화 간 소통에서 진정한 수혜자는, 예를 들면 타임스퀘어의 중국 홍보 광고처럼, 이 향연 속에서 개성 있는 표현을 통해 애국 청년들로 이루어진 익명의 공동체라는 정체성과 상상을 만들어낸 참가자 자신들이다. 그것은 마치 연예인을 좋아하는 것과 같다. 중요한 것은 아이돌이 아니라 자아를 찾아가는 것이다. 이렇게 함으로써 과도기적 환상을 통해 자신의 내면과 외부 세계를 연결하는 것이다(Winnicott, 1953).

팬덤 민족주의의 주체는 평균적으로 상당히 어린 연령대이지만, 그렇다고 해서 비이성적이거나 얄팍한 것은 아니다. 반대로, 그들은 넓은 견문과 양질의 교육 수준을 갖추었으며, 정치, 소비문화, 남성 패권에 대해 자신들만의 견해를 지니고 있다. 심지어 그들 중 일부는 해외 유학 중인 대학생이나 대학원생이다.('시차당') 저우는 중국에서 가장 큰 규모의 밀리터리 팬 사이트 중 하나인 '철혈 커뮤니티'의 밀리터리 마니아들을 분석하면서 '박식한 민족주의'라는 개념을 고안해내었다. 비슷한 현상은 소분홍에게서도 나타난다. 그들은 화젯거리를 만들어낼 줄 알정도로 미디어에 능통하며, 동시에 디바 출정 활동의 커뮤니케이션 효과가 제한적이라는 것도 인지하고 있다. 그들은 대단히 열정적으로 참여하면서도, 출정이 실제로 현상에 어떤 변화를 가져올 수 있으리라고 믿지 않으며, 또한 이러한 활동을 옹호하는 이들이 주장하는 것처럼 선전과 교육 기능에 대해서도 낙관적이지 않다. 디바 출정 이후 한 인류학자는 여성 팬들이 가부장적 표현(예를 들어 국가를 아버지로, 친독립 성향의 타이완인을 아들로 지칭한 것)을 차용한 것에 유감을 표했는데, 곧바로 '진장문학성'(중국에서 가장 오래되고 영향력이 큰 여성문학 사이트 중의 하나로, '소분홍'이라는 개념이 여기에서 생겨남)의 유저들이 그 발언의 오류를 바로잡기에 나섰다. 자신들은 가부장제에 굴복하지 않았다는 것이다. 오히려 정반대로 그들은 스스로에게 권력을 부여하기 위해 그것을 조롱의 방식으로 해체하고자 했다는 것이다(嚴薔, 2016). 비록 이 설명에 대해서는 논의의 여지가 있지만, 적어도 소분홍이 권력 문제에 대해서는 상당히 민감하다는 것을 알 수 있다.

셋째, 전 지구적 소비문화의 영향이 고려되어야 한다. 상술한 바와 같이, 비정치적인 팬 문화, 전 지구적 온라인 게임, 그리고 개인적인 상품 소비는 국가 경계를 모호하게 하는 대신, 결과적으로 참가자들의 국민 정서를 자극했다. 비록 소비자들이 연예인과 언론의 상업적 운영 배후에 있는 자본주의적 조작에 대해 인지하고 있다 하더라도, 상업 소비에서의 민족주의적 경험이 정치적 포퓰리즘으로 변질하거나 심각한 정치와 소비자 논리를 뒤섞어버리게 될 가능성도 무시할 수 없다.

마지막으로, 논쟁거리를 제시하자면, 팬덤 민족주의를 어떻게 평가해야 할 것인가? 2016년 디바 출정 이후 정부는 방화벽을 이용한 중국의 네트워크 통제를 위반한 이 자발적 활동에 대응해야 하는 난관에 봉착했다. 그럼에도 불구하고, 관영 언론은 이들이 국가 규정을 위반한 것은 언급하지 않은 채, 조심스럽게나마 이 출정과 젊은 참가자들의 애국적 열정에 대해 긍정적인 입장을 보였다. 이 활동을 놓고 대중의 의견은 크게 엇갈리는데, 이는 현대 중국의 정치적 이데올로기가 파편화되었음을 반영한다. 여기서는 옳고 그름을 판단하는 대신, 단순화된 사고방식을 넘어 커뮤니케이션 연구의 관점에서 그간 홀시된 부분을 살펴보고자 한다.

2016년 12월 24일 온라인에는 타이완의 유명 작가 룽잉타이龍應台가 홍콩대학교에서 '하나의 노래, 하나의 시대'一首歌, 一個時代라는 제목으로 진행한 강연 영상이 공개됐다. 룽이 청중들에게 가장 기억에 남는 노래의 제목을 말해보라고 하자, 알버트 차우周偉立 홍콩 침회대학 부총장은 〈나의 조국〉我的祖國이라고 대답했는데, 이 곡은 유명한 1950년대 애국영화의 주제가로, 중국공산당의 홍색문화를 대표하는 곡이기도 하다. 이 노래를 모르는 룽이 차우에게 노래의 앞부분을 불러 달라고 하자, 강당에 있던 1천 명의 교수들과 학생들은 다 같이 앞부분만이 아니라 노래 끝까지, 처음에는 작은 소리였다가 나중에는 큰소리로 합창했다. 최근 몇 년 사이 홍콩과 중국 본토 간의 문화적, 정치적 갈등을 고려할 때 이 영상은 사람들의 '상식'에 도전장을 던졌다. 예를 들어, 민족주의는 반드시 순수한 정치적 개념이 아니라 개인이나 특정 집단의 일상적인 기억일 수 있다. 그 노래는 서정적인 멜로디와 예술적인 풍경 묘사로 이루어져 있다. 비록 국가와 정치를 명백하게 언급하지 않지만, 한국전쟁 당시 상감령上甘嶺 전투의 참호전이라는 배경을 생각하면 이 노래는 강한 정치적 함축성을 가지게 된다. 국가 경관과 정체성의 연관성을 논하자면, 상술한 바와 같이, '큰 강'을 비롯한 아름다운 경치들은 꼭 전쟁이라는 상황이 아니더라도 국가와 그 주권을 비유하는 것들이다. 문화상품과 정치는 상관관계가 모호하기 때문에 전자는 다양한 개인의 기억에 정치를 담아낼 수 있다. 따라서 단일 논리에 의한 해석은 궁극적으로 편향될 수밖에 없다.

팬덤 민족주의도 마찬가지다. 국가가 주관적 세계와 객관적 세계 사이의 '과도기적 대상'으로 여겨지게 되면, 그것은 모호성과 유동성을 부여받게 된다. 그것은 커뮤니케이션 놀이나 팬 활동뿐만 아니라 애국적인 정치 활동이나 맹목적인 정치 공격이 될 수도 있다. 사이버 민족주의자들은 엘리트들에 의해 만들어진 국가의 의미를 단순히 소비하는 역할에 그치지 않는다. 오히려 그들은 민족주의의 재생산에 적극적으로 참여하며, 다원적이고 민중적인 차원에서 그 의미를 건설하기 시작했다. 그렇게 함으로써 그들은 공식적인 해석에서 벗어나 개방적이고, 강력하고, 자주적이고, 평화롭고, 포용적이고…등등의 이상적인 중국 이미지를 구축했고, 그 위에 자기 기대를 투영했다. 이는 다소 환상에 불과하지만 국가에 대한 담론은 진짜 중국의 건설과 그 이미지를 상상할 수 있는 공간을 제공하기도 한다. 국가 정체성의 재해석은 폐쇄적이기보다는 개방적이고, 통일적이기보다는 다원적이며, 다양한 정체성을 억압하는 것보다는 보완하는 것이어야 한다.

팬들은 언젠가 성장할 것이고, 그들의 삶의 초점은 환상 속의 '과도기적 대상'에서 현실 세계로 옮겨갈 것이다. 따라서 현재 그들이 보이는 태도에 대해 단순한 결론을 서둘러 내리는 대신,

앞으로 팬덤 민족주의에 대한 그들의 기억, 그리고 그들이 이러한 기억을 어떻게 현실에 대한 보다 긍정적인 태도로 바꿀 것인지에 더 많은 관심을 가져야 할 것이다.

궈샤오안 郭曉安
충칭대학(重慶大學) 언론학부 교수. 정치 커뮤니케이션 분야 전공.

리훙메이 李紅梅
마이애미대학교 오하이오주 (Miami University, Ohio) 전략커뮤니케이션 전공 부교수. 주요 연구 분야는 광고와 소비자 문화, 세계화, 국가 브랜딩, 공공 외교, 젠더, 중국 문화와 사회, 커뮤니케이션 신기술 문화 등이다. 저서로는 *Advertising and Consumer Culture in China* (2016), *The Middle Class in Emerging Societies* (2015, 공동 엮은이) 등이 있다.

리스민 李思閩
베이징인쇄학원(北京印刷學院) 조교수. 주요 연구 분야는 미디어와 사회 변동, 사이버문화 연구, 대안 미디어 연구, 질적연구방법론 등이다.

류궈창 劉國強
쓰촨외국어대학(四川外國語大學) 신문커뮤니케이션학부 교수. 주요 연구 분야는 국제 커뮤니케이션, 영화와 TV, 미디어 문화, 미디어 담론 연구 등이다.

류하이룽 劉海龍
중국 런민대학(人民大學) 언론커뮤니케이션학부 교수로 재직 중이다. 주요 연구 분야는 정치커뮤니케이션, 중국 미디어 연구사, 지식 커뮤니케이션 등이다.

먀오웨이산 苗偉山
중국사회과학원(中國社會科學院) 언론 커뮤니케이션 연구소 조교수. 주요 연구 분야는 뉴미디어, 기술, 중국의 사회 변동이다.

왕훙저 王洪喆
베이징대학(北京大學) 언론커뮤니케이션 학부 조교수. 주요 연구 분야는 디지털 기술, 미디어사(史), 사이버문화 등이다.

왕저 王喆
저장대(浙江大學) 매스미디어학과 조교수. 주요 연구 분야는 소셜 미디어 연구, 정치 커뮤니케이션, 과학기술사회(STS) 연구 등이다.

양샤오팅 楊紹婷
충칭대학(重慶大學) 법학대학 언론법 전공 박사과정생.

우징 吳靖
베이징대학(北京大學) 언론커뮤니케이션 학부 교수. 주요 연구 분야는 미디어와 문화연구, 미디어와 공론장, 정체성과 이데올로기 등이다. 저서로는 『文化現代性的視覺表達: 觀看 凝視與對視』(2012)이 있다.

저우쿠이 周逵
중국 촨메이대학(傳媒大學) 부교수. 주요 연구 분야는 정치 커뮤니케이션, 글로벌 커뮤니케이션, 시각 커뮤니케이션이다.

양궈빈 楊國斌
펜실베이니아 대학(University of Pennsylvania) 아넨버그 커뮤니케이션 스쿨(Annenberg School for Communication) 및 사회학과 교수. 주요 저서로 *The Power of the Internet in China: Citizen Activism Online, The Red Guard Generation and Political Activism in China* 등이 있다.

:: 참고문헌

1장 21세기 중국에서 사이버 민족주의의 수행

중국어 문헌

人民網(2015). 人民網與情監測室發布6月網絡輿論共識度報告.

邱林川·陳韜文(2011). 前言:邁向新媒體事件研究. 載邱林川, 陳韜文(主編),『新媒事件研究』. 北京:中國人民大學出版社.

吳世文(2014). 轉向新媒體事件研究:理論命名, 研究視域與理論問題.『現代傳播』, 4, 132~136.

영어 문헌

Alexander, J. C., Giesen, B., & Mast, J. L. (Eds.). (2006). *Social performance: Symbolic action, cultural pragmatics, and ritual*. Cambridge, UK: Cambridge University Press.

Anderson, B. (1991). *Imagined communities*. London: Verso. [베네딕트 앤더슨,『상상된 공동체』, 서지원 옮김, 길, 2018.]

Ankersmit, F. R. (1997). *Aesthetic politics: Political philosophy beyond fact and value*. Stanford, CA: Stanford University Press.

Appadurai, Arjun. (1996). *Modernity at large*. Minneapolis, MN: University of Minnesota Press. [아르준 아파두라이,『고삐 풀린 현대성』, 채호석·차원현·배개화 옮김, 현실문화, 2004.]

Cai, Y. (2010). *Collective resistance in China: Why popular protests succeed or fail*. Stanford, CA: Stanford University Press.

Calhoun, C. (1997). *Nationalism*. Buckingham: Open University Press.

Colins, R. (2004). *Interaction ritual chains*. Princeton, NJ: Princeton University Press.

De Kloet, J., & Fung, A. Y. H. (2016). *Youth cultures in China*. Cambridge, UK: Polity Press. [예룬 더클룻·앤소니 펑,『차이나 유스 컬처』, 김정아 옮김, 시그마북스, 2017.]

Esherick, J. (1998). Cherishing sources from afar. *Modern China*, 24(2), 135~161.

Fligstein, N., & McAdam, D. (2011). Toward a general theory of strategic action fields.

Sociological Theory, 29, 1~26.

Guo, S. (2015). Startling by each click : 'word-of-mouse' publicity and critically manufacturing time-travel romance online. *Chinese Literature Today*, 5(1), 74~83.

Hebdige, D. (1979). *Subculture : The meaning of style*. London : Methuen. [딕 헵디지, 『하위문화』, 현실문화, 1998.]

Herold, D. K., & Marolt, R. (2011). *Online society in China : Creating, celebrating, and instrumentalising the online carnival*. New York, NY : Routledge.

Hevia, J. (1995). *Cherishing men from afar*. Durham, NC : Duke University Press.

Hildebrandt, T. (2013). *Social organizations and the authoritarian state in China*. New York, NY : Cambridge University Press.

Ho, R, & Edmonds, R. L. (2008). *China's embedded activism : Opportunities and constraints of a social movement*. New York, NY : Routledge.

McAdam, D. (1982). *Political process and the development of black insurgency 1930-1970*. Chicago, IL : University of Chicago Press.

McCarthy, J., & Wolfson, M. (1992). Consensus movements, conflict movements, and the cooperation of civic and state infrastructures. In A. Morris & C. Mueller(Eds.), *Frontiers in social movement theory* (pp. 273~297). New Haven, CT : Yale University Press.

Moffitt, B., & Tormey, S. (2013). Rethinking populism : Politics, mediatisation and political style. *Political Studies*, 62, 381~397. doi : 10.1111/1467-9248.12032

O'Brien, K. J., & Li, L. (2006). *Rightful resistance in rural China*. Cambridge, UK : Cambridge University Press.

Pels, D. (2003). Aesthetic representation and political style : Re-balancing identity and difference in media democracy. In J. Corner & D. Pels (Eds.), *Media and the restyling of politics : Consumerism, celebrity and cynicism* (pp. 41~66). London : Sage.

Qiu, J. (2015). Go Baobao! Image-driven nationalism, generation post-1980s, and mainland students in Hong Kong, *positions*, 23, 145~165.

Taylor, C. (2004). *Modern social imaginaries*. Durham, NC : Duke University Press. [찰스 테일러, 『근대의 사회적 상상』, 이상길 옮김, 이음, 2010.]

Tilly, C. (1995). *Popular contention in Great Britain, 1758-1834*. Cambridge, MA : Harvard University Press.

Wu, X. (2007). *Chinese cyber nationalism : Evolution, characteristics, and implications*. Lanham, MD : Lexington Books.

Xie, Y. G. (2015). 2014 nian zhongguo wangluo yuqing yanjiu baogao [Survey report on Internet public opinion in 2014 in China]. *Journalism Review*, 2, 21~28.

Yan, Y. (2009). *The individualization of Chinese society*. New York, NY : Bloomsbury Academic.

Yang, G. (2003). The Internet and the rise of a transnational Chinese cultural sphere. *Media, Culture & Society*, 25(4), 469~490.

Yang, G. B. (2013). *The power of the Internet in China : Citizen activism online*. New York, NY : Columbia University Press.

Yang, G., & Wang, W. (2016). The political styles of online activism in China. In D. Black, O. Khoo, & K. Iwabuchi (Eds.), *Contemporary culture and media in Asia* (pp. 191~205). Lanham, MD : Rowman & Littlefield.

2장 중국 민족주의의 역사적 이해

중국어 문헌

BBC中文網(2016.1.16). 周子瑜事件持續發酵兩岸三地反應強烈. http://www.bbc.com/zhongwen/simp/china/2016/01/160116_taiwan_chou_tzu_yu. (접속일자 : 2016. 10. 31)

儲百亮·王霜舟(2016.1.17). 台灣藝人周子瑜爲國旗事件道歉, 島內强烈反彈. New York Times, https://cn.nytimes.com/china/20160117/cl7taiwansinger/. (접속일자 : 2017. 9. 9)

CNNIC(2016. 7). 中國互聯網絡發展狀況統計報告. http://www.cnnic.net/hlwfzyj/hlwxzbg/hlwtjbg/201608/P020160803336737470363.pdf(접속일자 : 2016. 10. 31)

ET today(2016. 1. 16). 周子瑜道歉, 陸官媒 : 這次對陣"台獨勢力"大陸網友完勝. http://www.ettoday.net/news/20160116/631777.htm. (접속일자 : 2016. 10. 31)

鳳傳媒(2016. 1. 16). 『人民日報』評周子瑜道歉 : 一個中國原則不容挑戰. http://www.storm.mg/article/78704. (접속일자 : 2016. 9. 26)

江澤民(2000. 6. 28). 思想政治工作面臨的新形勢新情況. 中國共産黨新聞文獻資料. http://cpc.people.com.cn/GB/64184/64186/66689/4494496.html. (접속일자 : 2016. 7. 17)

自由時報(2016. 1. 16). 照著稿念 … 周子瑜"被道歉". http://news.ltn.com.tw/news/focus/paper/949758. (접속일자 : 2016. 10. 31)

三立新聞網(2016. 1. 15). 爲國旗事件公開道歉 網友心疼周子瑜 : 跟IS人質有啥差別.

http://www.setn.com/News.aspx?NewsID=118767. (접속일자 : 2016. 9. 26)

宋強·張藏藏·喬邊·唐正宇·古淸生(1996). 中國可以說不. 北京 : 中華工商聯出版社. [쑹 창·짱창창·챠오벤·꾸칭셩·탕쩡위, 『No라고 말할 수 있는 중국』, 강식진 옮김, 동방 미디어, 1999.]

王洪喆·李思閩·吳靖(2016). 從"迷妹"到"小粉紅" : 新媒介商業文化環境下的國族身份 生產和動員機制硏究. 國際新聞界(11), 33~53.

嚴思祺(2014). 台灣民調 : 台獨支持率攀新高. BBC中文網 http://www.bbc.com/zhon-gwen/simp/china/2014/07/140714_polls_tw_independence. (접속일자 : 2017. 7. 17)

영어 문헌

Anderson, B. (1991). *Imagined communities : Reflections on the origin and spread of nation-alism*. London : Verso. [베네딕트 앤더슨, 『상상된 공동체』, 서지원 옮김, 길, 2018.]

Bauman, Z. (1995). Searching for a center that holds. In M. Featherstone, S. Lash and R. Robertson (Eds.), *Global modernities*. London : Sage Publications.

Chen, J., & Dickson, B. (2010). *Allies of the state : Private entrepreneurs and democratic change in China*. Cambridge, MA : Harvard University Press.

Chen, X. (1995). *Occidentalism : A theory of counter-discourse in post-Mao China*. New York : Oxford University Press. [샤오메이 천, 『옥시덴탈리즘』, 정진배 옮김, 강, 2001.]

Corcuff, S. (2011). Taiwan's mainlanders under President Chen Shui-bian. In G.Schubert & J. Damm (Eds.), *Taiwanese identity in the 21st century : Domestic, re-gional and global perspectives* (pp. 113~129). Hoboken, NJ : Taylor & Francis.

Damm, J. (2011). From "overseas Chinese" to "overseas Taiwanese" : Questions of iden-tity and belonging. In G. Schubert & J. Damm (Eds.), *Taiwanese identity in the 21st century : Domestic, regional and global perspectives* (pp. 218~236). Hoboken, NJ : Tay-lor & Francis.

Duara, P. (1993, July). De-constructing the Chinese nation. *The Australian Journal of Chinese Affairs*, 30, 1~26.

Duara, P. (1997). Transnationalism and the predicament of sovereignty : China, 1900~1945. *The American Historical Review*, 102(4), 1030~1051.

Gellner, E. (1964). *Thought and change*. London : Weidenfeld and Nicolson.

Gellner, E. (1983). *Nations and nationalism*. Ithaca, NY : Cornell University Press.

Giddens, A. (1985). *The nation-state and violence*. Berkeley and Los Angeles, CA : Uni-versity of California Press.

Gries, P. H. (2005). *China's new nationalism : Pride, politics, and diplomacy.* Oakland, CA : University of California Press.

Harvey, D. (2005). *A brief history of neoliberalism.* New York, NY : Oxford University Press. [데이비드 하비, 『신자유주의』, 최병두 옮김, 한울, 2010.]

Heylen, A. (2011). Legacies of memory and belonging in Taiwan history. In G. Schubert & J. Damm (Eds.), *Taiwanese identity in the 21st century : Domestic, regional and global perspectives* (pp. 17~34). Hoboken, NJ : Taylor & Francis.

He, B., & Guo, Y. (2000). *Nationalism, national identity and democratization in China.* Aldershot, UK, and Brooksfield, VT : Ashgate.

Initium (January 16, 2016). Zhou Ziyu daoqian fengbo. https://theinitium.com/article/20160116-taiwan-huangan-tzuyu/(접속일자 : 2016. 7. 16)

Jacobs, J. B. (2005). "Taiwanization" in Taiwan's politics. In J. Makeham, & A. Hsiau(Eds.), *Cultural, ethnic, and political nationalism in contemporary Taiwan*(pp. 17~54). Basingstoke, UK : Palgrave Macmillan.

Li, H. (2006). *Advertising and consumption in post-Mao China : Between the local and the global.* http://digitallibrary.usc.edu/cdm/ref/collection/pl5799colll27/id/36649.

Li, H. (2008). Branding Chinese products : Between nationalism and transnationalism. *International Journal of Communication,* 2, 1125~1163.

Li, H. (2009). Marketing Japanese products in the context of Chinese nationalism. *Critical Studies in Media Communication,* 26(5), 435~456.

Li, H. (2010). Chinese diaspora, the internet, and the image of China : A case study of the Beijing Olympic torch relay. In J. Wang (Ed.), *Soft power in China : Public diplomacy through communication* (pp. 135~156), New York, NY : Palgrave Macmillan.

Li, H. (2011a). The gendered performance at the Beijing Olympics : The construction of Olympic misses and cheerleaders. *Communication Theory,* 21, 368~391.

Li, H. (2011b). Parody and resistance on the Chinese Internet. In D. Herold & P. W. Marolt (Eds.), *Online society in China*(pp. 71~88). Abingdon, UK : Routledge.

Li, H. (2012). The Chinese diaspora and China's public diplomacy : Contentious politics for the Beijing Olympic float in the Pasadena Rose Parade. *International Journal of Communication,* 6, 2245~2279.

Li, H. (2016). *Advertising and consumer culture in China.* Oxford, UK : Polity Press.

Makeham, J., & Hsiau, A. (Eds.). (2005). *Cultural, ethnic and political nationalism in contemporary Taiwan : Bentuhua.* New York, NY : Palgrave Macmillan.

Pusey, J. R. (1983). *China and Charles Darwin*. Cambridge, MA : Harvard University Press.

Schubert, G., & Braig, S. (2011). How to face an embracing China? The DPP's identity politics and cross-Strait relations during and after the Chen Shui bian era. In G. Schubert & J. Damm (Eds.), *Taiwanese identity in the 21st century : Domestic, regional and global perspectives* (pp. 72~94). Hoboken, NJ : Taylor & Francis.

Schubert, G., & Damm, J. (2011a). Introduction. In G. Schubert & J. Damm (Eds.), *Taiwanese identity in the 21st century : Domestic, regional and global perspectives* (pp. 1~14). Hoboken, NJ : Taylor & Francis.

Schubert, G., & Gamm, J. (2011b) (Eds.). *Taiwanese identity in the 21st century : Domestic, regional and global perspectives*. Hoboken, NJ : Taylor & Francis.

Shirk, S. (2007). *China : Fragile superpower*. New York, NY : Oxford University Press. [수잔 셔크, 『판도라의 상자 중국』, 강준영·장영희 옮김, 한국외국어대학교출판부 지식출판원(HUINE), 2013.]

Wang, H. (2003). *China's new order*. Theodore Huters (Ed.). Cambridge, MA : Harvard University Press.

Wang, J. (2005). Consumer nationalism and corporate reputation management in the global era. *Corporate Communications*, 10(3), 223~239.

Wang, J. (2006). The politics of goods : A case study of consumer nationalism and media discourse in contemporary China. *Asian Journal of Communication*, 16(2), 187~206.

Wang, Z. (2016). Di Ba chu zheng, cun cao bu sheng. *Chinese Journal of Journalism & Communication*, 11, 75~90.

Wu, X. (2005, August). Cyber nationalism : Nationalism as a McLuhanite message at the information age. Paper presented at the 88th Annual Convention of the Association for Education in Journalism and Mass Communication (AEJMC), August 10~13, 2005, San Antonio, TX.

Wu, Y. S. (2011). The evolution of the KMT's stance on the One China principle : Nationalism in flux. In G. Schubert & J. Damm (Eds.), *Taiwanese identity in the 21st century : Domestic, regional and global perspectives* (pp. 51~71). Hoboken, NJ : Taylor & Francis.

Zhang, X. (2001). The making of the post-Tiananmen intellectual field : A critical overview. In X. Zhang (Ed.), *Whither China? Intellectual politics in contemporary China* (pp. 1~75). Durham, NC, and London : Duke University Press.

3장 팬에서 '소분홍'으로

중국어 문헌

白信(2016). 從Nashi到小粉紅 : 中固靑年運動的俄羅斯化. (2016.10.6.) https://
theinitium.com/article/20160226-opinion-nashi-xiaoienhong-china-youth-
movement-baixin/

陳子豐·林品(2016). 從"帝吧出征"事件看網絡粉絲社群的政治表達. 『文化縱橫』, 3,
86~92.

被得·海斯·格裏斯(2005). 淺析中國民族主義 : 歷史, 人民和情感. 『世界經濟與政治』,
11, 42~48.

洪愷(2016). 中國當代靑年群體中的新右翼思潮. 『文化級橫』, 6, 46~51.

黃煜·李銓(2003). 90年代中國大陸民族主義的媒體建構. 『台灣社會硏究季刊』, 50,
49~79.

李慕瑾(2003. 9. 23). 網絡民族主義掀開中國民族主義新篇章. 『國際先驅導報』.

閔大洪(2009). 對中國民族主義的觀察, 分析――以中日, 中韓關系爲對象. 『中國網絡傳
播硏究』, 3, 131~143.

Shi, X. (2016). To Little Pink : What is easier than "patriotism"? July, 18. http://culture.
ifeng.com/a/20160717/49369480_0.shtml.

王洪喆(2016). 不可折疊的時空與不可降維的身體一電子遊戲的城市空間社會史. 『中國
圖書評論』, 4, 34~42.

吳靖·雲國强(2007). 迷人的父權制――韓國家庭劇中的現代性與男性氣質. 『新聞大
學』, 2(92), 84~89.

嚴薔(2016). 『愛國小粉紅, 粉絲戰爭, 與天朝主義賽博格――"小粉幻"身份, 到底由誰, 如
何來表述?』, 端傳媒, 觀點, 7. 22. https://theinitium.com/article/20160722-opinion-
yanqiang-pink-cyborg/

趙菁(2013). 國家, 市場, 互聯網 : 對零八年中國大陸民族主義話語的批判性分析. 中華
傳播學會2013年年會.

Zou, S. (2016). How to understand Internet Expedition. Jan. 26. http://www.chinese-
pen.org/blog/archives/45586.

영어 문헌

Etling, B., Faris, R., & Palfrey, J. (2010). Political change in the digital age : The fragility and promise of online organizing. *SAIS Review*, 30(2), 37~49. http://doi.org/10.1353/sais.2010.0016

Gries, R H. (2004). *China's new nationalism : Pride, politics, and diplomacy*. Berkeley, CA : University of California Press.

Hughes, C. R. (2000). Beijing rides a nationalist cyber-tiger. (접속일자 : 2016. 10. 31) October 7, 2016, from http://www.wsj.com/articles/SB969481844862316960

Jenkins, H. (2006). *Convergence culture : Where old and new media collide*. New York, NY : NYU Press. [헨리 젠킨스, 『컨버전스 컬처』, 김정희원·김동신 옮김, 비즈앤비즈, 2008.]

Liu, S. (2006). China's popular nationalism on the internet : Report on the 2005 anti-Japan network struggles. *Inter-Asia Cultural Studies*, 7(1), 144~155.

Osnos, E. (2008, July 8). Angry youth : The new generation's neocon nationalists. *The New Yorker*.

Wu, X. (2007). *Chinese cyber nationalism : Evolution, characteristics, and implications*. Lanham, MD : Lexington Books.

Yang, G. (2003). The internet keyand the rise of a transnational Chinese cultural sphere. *Media, Culture & Society*, 25(4), 469~490.

Yang, G. (2009). *The power of the internet in China : Citizen activism online*. New York, NY : Columbia University Press.

Zhang, W (2016). *The internet and new social formation in China : Fandom publics in the making*. New York, NY : Routledge.

Zhao, S. (2000). Chinese nationalism and its international orientations. *Political Science Quarterly*, 115(1), 1~33. http://doi.org/10.2307/2658031

Zhou, Y. (2005). Informed nationalism : Military websites in Chinese cyberspace. *Journal of Contemporary China*, 14(44), 543~562.

Zhou, Y. (2006). *Historicizing online politics : Telegraphy, the internet, and political participation in China*. Stanford, CA : Stanford University Press.

4장 "오늘 밤 우리는 모두 디바 멤버들이다"

중국어 문헌

黃厚銘·林意仁(2013). 流動的群聚(mobility) : 網路起哄的社會心理基礎.『新聞學研

究』, 115, 49~79

江宜樺(1998). 『自由主義, 民族主義與國家認同』. 台北 : 揚智文化.

江澤民(1995. 1. 31). 爲促進祖國統一大業的完城而繼續奮鬪. 『人民日報』, http://www.
gwytb.gov.cn/zt/jiang/201101/t20110105_1676843.htm.

李金銓, 黃煜(2003). 90年代中國大陸民族主義的媒體建構. 『台灣社會研究季刊』, 50,
49~79.

李永剛(2008). 國家防火牆 : 中國互聯網的監管邏輯. 『二十一世紀』, 4月號, 79~87.

李超民 · 李禮(2013). "屌絲"現象的後現代話語檢視. 『中國青年研究』, 1, 13~16.

羅以澄 · 趙平喜(2012). "爆吧"集體行動中公民參與表達的實現及其規制――以"69聖戰"
事件爲例. 『現代傳播』, 34(12), 22~27.

楊國斌(2013). 『連線力 : 中國網民在行動』, 鄧燕華譯. 桂林 : 廣西師範大學出版社.

英三嘉哥(2015. 12. 2). 【帝吧威武】恭賀李毅吧突破2000W粉絲. http://tieba.baidu.com/
p/4192611197.

張灝(1995). 『梁啟超與中國思想的過渡(1890~1907)』, 崔志海 · 葛夫平譯. 南京 : 江蘇人
民出版社.

영어 문헌

Anderson, B. (1991). *Imagined communities : Reflections on the origin and spread of nation-
alism* (2nd ed.). London, UK : Verso. [베네딕트 앤더슨, 『상상된 공동체』, 서지원 옮김,
길, 2018.]

Bauman, Z. (2001). On mass, individuals, and peg communities. In N. Lee & R. Munro
(Eds.), *The consumption of mass* (pp. 102~113). Oxford, UK; Malden, MA : Blackwell.

Beck, U., & Beck-Gernsheim, E. (2002). *Individualization : Institutionalized individual-
ism and its social and political consequences*. London, UK; Thousand Oaks, CA : Sage.

Clark, D. (2003). The death and life of punk, the last subculture. In D. Muggleton & R.
Weinzierl (Eds.), *The post-subcultures reader* (pp. 223~236). London, UK : Blooms-
bury Academic.

Durkheim, E. (1995). *The elementary forms of the religious life* (Karen E. Fields, Trans.).
New York, NY : Free Press.

Gellner, E. (1983). *Nations and nationalism*. Ithaca, NY : Cornell University Press.

Handerlman, D. (2007). The Cartesian divide of the nation-state : Emotion and bureau-
cratic logic. In H. Wulff (Ed.), *The emotions : A cultural reader* (pp. 119~140). Oxford,
UK ; New York : Berg.

Hebdige, D. (1979). *Subculture : The meaning of style*. London, UK : Methuen. [딕 헵디지, 『하위문화』, 현실문화, 1998.]

Hughes, C. R. (2001). Nationalist chat : Internet reaction on China-US relations. World Today, 57(6), 7~8.

Lagerkvist, J. (2005). The rise of online public opinion in the PRC. *China : An International Journal*, 3(1), 119~130.

MacKinnon, R. (2011). China's "networked authoritarianism". *Journal of Democracy*, 22(2), 32~46.

Mori, Y. (2004). Intellectual discourses on the World Cup in Japan and the unspoken consensus of Japaneseness. *Inter-Asia Cultural Studies*, 5(1), 106~114.

Morley, D. (1999). 'To boldly go … ' : The 'third generation' of reception studies. In P. Alasuutari (Ed.), *Rethinking the media audience : The new agenda* (pp. 195~205). London, UK : Sage.

Qiu, L. C. (2006). The changing web of Chinese nationalism. *Global Media and Communication*, 2, 125.

Thornton, S. (1995). *Club cultures : Music, media and subcultural capital*. Cambridge, UK : Polity Press.

Williams, R. (1977). *Marxism and literature*. Oxford, UK : Oxford University Press.

Wong, B. W. (2010). Ethnocentric perception re-explored : Online Chinese nationalism toward Taiwan. In S. Shen, & S. Breslin (Eds.), *Online Chinese nationalism and China's bilateral relations* (pp. 109~128). Lanham, MD : Lexington Books.

5장 사이버 민족주의 운동에서의 밈 커뮤니케이션과 합의 동원

중국어 문헌

安珊珊·楊伯漵(2011). 中文BBS論壇中涉日議題的網絡民族主義呈現. 『青年研究』, 2, 48~60.

葡建華(2011). 當代青年學生網絡民族主義的參與方式與疏導. 『中國青年研究』, 7, 30~34.

曹進·靳琰(2016). 網絡強勢語言模因傳播力的學理闡釋. 『國際新聞界』, 2, 37~56

陳龍(2009). Web2.0時代"草根傳播"的民粹主義傾向. 『國際新聞界』, 8, 76~80.

陳堯(2011). 網絡民粹主義的躁動 : 從虛擬集聚到社會運動. 『學術月刊』, 6, 24~29.

陳子豐·林品(2016). 從"帝吧出征"事件看網絡粉絲社群的政治表達. 『文化縱橫』, 3,

86~92.

竇東徽·劉肖岑(2013). 社會心理學視角下的網絡迷因.『北京師範大學學報』(社會科學版), 6, 38~48.

雷蔚真·王瓏錕(2012). 從網絡視頻再生產看通俗文化中的微觀抗爭.『新聞與傳播研究』, 2, 68~78.

李開盛(2010). 中國外交要善用網絡輿論.『學習月刊』, 21, 43~44.

劉強(2016). 網絡民粹主義國際與國內危害.『人民論壇』, 13, 34~36.

劉濤(2016). 視覺抗爭：表演式抗爭的劇目結構與符號矩陣.『西北師大學報』(社會科學版), 4, 5~15.

閔大洪(2009). 對中國網絡民族主義的觀察 分析—以中日 中韓關系爲對象.『中國網絡傳播研究』, 131~143.

石義彬·吳鼎銘(2013). 影像話語的抗爭—以公民社會理論爲視角.『武漢大學學報』(人文科學版), 4, 109~113.

湯景泰(2016). 網絡社群的政治參與與集體行動 —以FB"表情包大戰"爲例.『新聞大學』, 3, 96~101.

王賀新(2011). 影像抗爭—對"宜黃強拆事件"的個案研究.『國際新聞界』, 6, 28~34.

吳燕瓊(2009). 國內近五年來模因論研究述評.『福州大學學報』(哲學社會科 學版), 3, 81~84.

蕭功秦(1994). 民族主義與中國轉型時期的意識形態.『戰略與管理』, 4, 21~25.

楊國斌(2013).『連線力：中國網民在行動』(鄧燕華譯). 南寧：廣西師範大學出版社(원저는 2009년 출판).

楊飛龍·王軍(2010). 網絡空間下中國大眾民族主義的動員與疏導.『黑龍江民族叢刊』, 1, 23~29.

葉敏(2010). 互聯網與中國民主政治發展：機遇與挑戰.『前沿』, 23, 24~28.

於建嶸(2013). 自媒體時代公眾參與的困境與破路徑—2012年重大群體性事件爲例.『上海大學學報』(社會科學版), 4, 1~8.

曾潤喜·魏馮(2016). "互聯網+"緣何爆紅?—基於網絡流行語輿情表征的互文性解讀.『情報雜志』, 4, 55~59.

趙敦華(2007). 爲普遍主義辯護——兼評中國文化特殊主義思潮.『學術月刊』, 5, 34~40.

趙瑞 ·楊子潔 2013). 網絡輿論與中國外交的互動—基於東亞網絡民族主義案例的考察.『南京郵電大學學報』(社會科學版), 3, 25~30.

朱立群(2007). 觀念轉變, 領導能力與中國外交的變化.『國際政治研究』, 1, 9~20.

영어 문헌

Anderson, B. (2005). *Imagined communities: Reflections on the origin and spread of nationalism* (Trans). Shanghai: Shanghai People's Publishing House. (Original work published 1983.) [베네딕트 앤더슨, 『상상된 공동체』, 서지원 옮김, 길, 2018.]

Blackmore, S. (1999). *The meme machine*. Oxford, UK: Oxford University Press. [수전 블랙모어, 『문화를 창조하는 새로운 복제자 밈』, 김명남 옮김, 바다출판사, 2010.]

Blair, J. A. (2004). The rhetoric of visual arguments. In C. A. Hill and M. Helmers (Eds.), *Defining visual rhetoric*. Mahwah, NJ: Lawrence Erlbaum.

Burgess, J. (2008) All your chocolate rain are belong to us? Viral video, YouTube and the dynamics of participatory culture. In G. Lovink & S. Niederer (Eds.), *Video Vortex Reader: Responses to YouTube* (pp. 101~109). Amsterdam: Institute of Network Cultures.

Carey, J. W. (1989). *Communication as culture: Essays on media and society*. Boston, MA: Hyman.

Dawkins, R. (2006). *The selfish gene*. Oxford, UK: Oxford University Press. (Original work published 1976.) [리처드 도킨스, 『이기적 유전자』, 홍영남·이상임 옮김, 을유문화사, 2018.]

DeLuca, K. M. (1999). *Image politics: The new rhetoric of environmental activism*. Mahwah, NJ: Guilford Press.

DeLuca, K. M. (2006). The speed of immanent images: The dangers of reading photographs. In D. S. Hope (Ed.), *Visual communication: Perception, rhetoric, and technology* (pp. 79~90). New York, NY: Hampton Press.

Edwards, B., & McCarthy, J. (2004). Resources and social movements mobilization. In D. A. Snow, S. A. Soule, & H. Kriesi (Eds.), *The Blackwell companion to social movements* (pp. 116~152). Malden, MA: Blackwell.

Gellner, E. (1983). *Nations and nationalism*. Oxford, UK: Blackwell.

Jakobson, R. (1960). *Closing statement: Linguistics and poetics*. Cambridge, MA: MIT Press.

Jenkins, H. (2006) *Convergence culture: Where old and new media collide*. New York, NY: New York University Press. [헨리 젠킨스, 『컨버전스 컬처』, 김정희원·김동신 옮김, 비즈앤비즈, 2008.]

Lankshear, C., & Knobel, M. (2007). *A new literacies sampler*. New York, NY: Peter Lang.

Lofland, J. (1989). Consensus movements : City twinning and derailed dissent in the American eighties. Research in Social Movements : Conflict and Change, 11, 163~196.

McCarthy, J. D., & Wolfson, M. (1988). Exploring sources of rapid social movement growth : The role of organizational form, consensus support, and elements of the American State. Paper presented at the workshop on Frontiers in Social Movement Theory, Ann Arbor, MI, June 8~10.

McCarthy, J. D., Britt, D. & Wolfson, M. (1991) The institutional channeling of social movements by the State in the United States. In L. Kriesberg (Eds.), Research in Social Movements, Conflict and Change.Vol. 13. (pp. 45~76). Greenwich Conn. : JAI Press Inc.

McCarthy, J. D., & Zald, M. N. (1977). *The trend of social movements in America*. Morristown, NJ : General Learning Corporation.

Melucci, A. (1994). *A strange kind of newness : What's "new" in new social movements?* Philadelphia, PA : Temple University Press.

Milner, R. (2012). *The world made meme : Discourse and identity in participatory media*(Unpublished doctoral dissertation). University of Kansas, Lawrence, KS.

Mina, An Xiao (2014). Batman, Pandaman and the Blind Man : A case study in social change memes and Internet censorship in China. *Journal of Visual Culture*, 13(3) : 359~375.

Morris, A. D. (2002). *Frontiers in social movement theory* (Trans.). Beijing : Peking University Press. (Original work published 1992.)

Niu, Hongbao (2013). National nationalism and cultural nationalism : Trends of Chinese nationalism in 2012. *People's Tribune*, 3, 18~19.

Qiu, Jack (2015). Go baobao! Image-driven nationalism, generation post-1980s, and mainland students in Hong Kong. *Positions : East Asia Cultures Critique*, 23(1), 145~165.

Rentschler, C. A., & Thrift, S. C. (2015). Doing feminism in the network : Networked laughter and the "Binders Full of Women" meme. Feminist Theory, 16(3) : 329~359.

Shifman, L. (2012). An anatomy of a YouTube meme. *New Media & Society*, 14(2), 187~203.

Shifman, L. (2013). *Memes in digital culture*. Cambridge, MA : MIT Press.

Sunstein, C. (2003). *Popublic com* (Trans.). Shanghai : Shanghai People's Publishing

House. (Original work published 2001.)

6장 집합행동 : 사이버 공간에서의 상호작용 의례

영어 문헌

Asch, S. E. (1952). *Social psychology*. Englewood Cliffs, NJ : Prentice-Hall.

Bai, Yunyi (2016, January 25). Understanding the national view of the generation after 90s from "Diba Expedition" event. *Global Times*, p. 7.

Bellah, R. (2003). The ritual roots of society and culture. In M. Dillon (Ed.), *Handbook of the sociology of religion. Cambridge*, UK : Cambridge University Press.

Benski, T., & Fisher, E. (2014). *Internet and emotions*. New York, NY : Routledge.

Carey, James (2009). *Communication as culture* (Trans.by Ding Wei). Beijing : Huaxia Publishing House. Original work published 1989.

Chwe, M. S. Y. (2001). *Rational ritual : Culture, coordination, and common knowledge*. Princeton, NJ : Princeton University Press. [마이클 S. 최, 『사람들은 어떻게 광장에 모이는 것일까?』, 허석재 옮김, 후마니타스, 2014.]

Collins, R. (2009). *Interaction ritual chains* (Trans.). Beijing : The Commercial Press. (Original work published 2004.)

Collins, R. (2011). *The sociological eye : Interaction ritual and the new technology*. http://sociological-eye.blogspot.co.il/2011_01_01_archive.html.(접속일자 : 2016. 11. 6)

Collins, R., & Makovsky, M. (2006). *The discovery of society* (Trans.). Beijing : Zhong Hua Book Company.(Original work published 1993.)

Durkheim, E. (1965). *The elementary forms of religious life*. New York : Free Press. (Original work published 1912.)

Durkheim, E. (2011). *The elementary forms of the religious life* (Trans.). Beijing : The Commercial Press. (Original work published 1912.)

Goffman, E. (1956). *The nature of deference and demeanor*. American Anthropologist, 55(3), 473~502.

Goffman, E. (2008). *The presentation of self in every day life* (Trans.). Beijing : The Beijing University Press. (Original work published 1956.)

Heider, A., & Warner, S. (2010). Bodies in sync : Interaction ritual theory applied to sacred harp singing. *Sociology of Religion*, 77(1), 76~97.

Hogg, A. M., & Abrams, D. (2011). *Social identifications : A social psychology of intergroup relation and group processes* (Trans.). Beijing : China Renmin University Press. (Original work published 1998.)

Kertzer, D. (2015). *Ritual, politics and power* (Trans.). Nanjing : Jiangsu People's Publishing.

Lefebvre, H. (1976). *The survival of capitalism*. London : Allison & Busby.

Matheson, C. (2016). Identifying and explaining organizational cultures in the public sector : A study of the Australian public service using the interaction ritual theory of Randall Collins. Administration & Society, May 6, 1~34. https://doi.org/10.1177/0095399716647151 (접속일자 : 2016. 11. 18)

Mellor, P. A. (1998). Sacred contagion and social vitality : Collective effervescence in les formes elementaires de la vie religieuse. *Durkheimian Studies*, 4, 87~114.

Miller, V. (2008). New media, networking and phatic cnilture. *Convergence : The International Journal of Research into A New Media Technologies*, 14(4), 387~400.

Poster, M. (1997). Cyberdemocracy : The internet and the public sphere. In D. Pirter (Ed.), *Internet culture*. New York, NY : Routledge.

Rawls, A. W. (1996). Durkheim's epistemology : The neglected argument. *American Journal of Sociology*, 102, 430~482.

Schatz, R. T., & Lavine, H. (2007). Waving the flag : National symbolism, social identity, and political engagement. *Political Psychology*, 28(3), 329~355.

Snyder, M., & Svann, W. (1976). When action reflect attitudes : The politics of impression management. *Journal of Personality and Social Psychology*, 34(5), 1034~1042.

Svensson, J. (2014). Power, identity, and feelings in digital late modernity : The rationality of reflexive emotion displays online. In Tova Benski and Eran Fisher (Eds.), *Internet and Emotions*. New York, NY : Routledge.

Tajfel, H. (1972). Social categorization : English manuscript of "La catégorisation sociale". In S. Moscovici (Ed.), *Introduction a la psychologic sociale*. Paris : Larousse.

Turner, J., et al. (2011). *Rediscovering the social group : A self-categorization theory* (Trans.). Beijing : China Renmin University Press. (Original work published 1989.)

Turner, V. (1957). *Schism and continuity in an African society*. Manchester, UK : Manchester University Press.

7장 비주얼 액티비즘의 경합

중국어 문헌

陳子豊·林品(2016). 從"帝吧出征"事件看網絡粉絲社群的政治表達.『文化級橫』(06).

時嵩巍(2010). 中國網絡民族主義個案研究—以6.9聖戰爲例. http://media.people.com. cn/GB/22114/150608/150616/13451284.html. (접속일자 2018. 11. 18.)

王軍(2006). 試析當代中國的網絡民族主義.『世界經濟與政治』, (2), 22~29.

周海燕 (2013).『記憶的政治』. 中國發展出版社.

朱其 (2015). 毛時代的視覺文化和現代性. http://www.21ccom.net/articles/culture/yip-ing/20151013129633_all.html. (접속일자 2017. 12. 2.)

영어 문헌

Anderson, B. (2006). *Imagined communities : Reflections on the origin and spread of nationalism*. London : Verso Books. [베네딕트 앤더슨,『상상된 공동체』, 서지원 옮김, 길, 2018.]

Bamhurst, K. G., & Quinn, K. (2012). Political visions : Visual studies in political communication. In H. A. Semetko & M. Scammell (Eds.), *The SAGE handbook of political communication* (pp. 276~291). Thousand Oaks, CA : Sage.

Bamhurst, K. G., Vari, M., & Rodriguez, I. (2004). Mapping visual studies in communication. *Journal of Communication*, 54(4), 616~644.

Batuman, B. (2010). The shape of the nation : Visual production of nationalism through maps in Turkey. *Political Geography*, 29(4), 220~234.

Brass, P. R. (1991). *Ethnicity and nationalism : Theory and comparison*. Thousand Oaks, CA : Sage.

Breuilly, J. (1993). *Nationalism and the state*. Manchester, UK : Manchester University Press.

Delicath, J. W., & Deluca, K. M. (2003). Image events, the public sphere, and argumentative practice : The case of radical environmental groups. *Argumentation*, 77(3), 315~333.

Doerr, N., Mattoni, A., & Teune, S. (Eds.). (2013). *Research in social movements, conflicts and change*. Bingley : Emerald JAI.

Dominguez, V. R. (1993). Visual nationalism : On looking at "national symbols". *Public Culture*, 5(3), 451~455.

Du, S. (2014). Social media and the transformation of "Chinese nationalism" : "Igniting positive energy" in China since the 2012 London Olympics (Respond to this article at http://www.therai.org.uk/at/Dibate). *Anthropology Today*, 30(1), 5~8.

Edelman, M. (2001). *The politics of misinformation*. Cambridge, UK : Cambridge University Press.

Grabe, M. E., & Bucy, E. P. (2009). *Image bite politics : News and the visual framing of elections*. Oxford, UK : Oxford University Press.

Gries, P. H. (2005). Chinese nationalism : Challenging the state? *Current History*, 104(683), 251~263.

Griffin, M., Bamhust, K., & Craig, R. (2013). Visual communication. In P. Moy (Ed.), *Oxford bibliographies online : communication*. New York, NY : Oxford University 184~185.

Hargrove, J. E., & McWilliam, N. (Eds.). (2005). *Nationalism and French visual culture, 1870-1914*. Washington, DC : National Gallery of Art.

Kedourie, E. (1993). *Nationalism*, 4th expanded ed. Oxford, Cambridge : Blackwell, p. 1966.

Khatib, L. (2013). *Image politics in the Middle East : The role of the visual in political struggle*. London : I.B. Tauris.

Kui, Z. (2015). The misplaced "apology" : Rethinking China's internet patriotism. *positions : east asia cultures critique*, 23(1), 49~58.

Levy, J. S. (1989). The diversionary theory of war : A critique. *Handbook of War Studies*, 1, 259~288.

Liu, S. D. (2006). China's popular nationalism on the internet. Report on the 2005 anti-Japan network struggles. *Inter-Asia Cultural Studies*, 7(1), 144~155.

Ma, Y. (2014). The discursive construction of online Chinese nationalism. Unpublished doctoral dissertation, University of Leeds

Müller, M. G. (2007). What is visual communication? Past and future of an emerging field of communication research. *Studies in Communication Sciences*, 7(2), 7~34.

Naim, T. (2003). The break-up of Britain : crisis and neo-nationalism. *Common Ground* 185~204.

Qiu, J. L. (2015). Go Baobao! Image-driven nationalism, generation post-1980s, and Mainland students in Hong Kong, *positions : east asia cultures critique*, 23(1), 145~165.

Smith, A. D. (2001). *Nationalism : theory, ideology*. Hoboken, NJ : Wiley.

Yang, G. (2009). *The power of the Internet in China : Citizen activism online*. New York, NY : Columbia University Press.

Zhou, Y. M. (2005). Informed nationalism : Military websites in Chinese cyberspace. *Journal of Contemporary China*, 14(44), 543~562.

Zimmer, O. (2003). Boundary mechanisms and symbolic resources : towards a process-oriented approach to national identity. *Nations and Nationalism*, 9(2), 173~193.

8장 네 아이돌을 사랑하듯 네 나라를 사랑하라

중국어 문헌

安帛 (2016). 中國"限韓令"何以奏效? 粉絲文化重塑愛國主義, 端傳媒, https://theinitium.com/article/20160817-opinion-anbo-koreanstars/

fengshangyue(2016). 親自參加兩岸Facebook"表情包大戰"是一種什麼樣的體驗? 品玩, http://www.pingwest.com/fighting-with-fun

郭小安·楊紹婷 (2016). 網絡民族主義運動中的米姆式傳播與共意動員. 『國際新聞界』 (11), 54~74.

hansey (2016). 『兩岸Facebook "表情包大戰", 沒想到爆紅的竟然是另外一個神回複的台灣萌妹子?』, 品玩, http://www.pingwest.com/star-iset-is-not-setnews.

黃煜·李金銓 (2003). 90年代中國大陸民族主義的媒體建構. 『台灣社會研究季刊』(50), 49~79.

李慕瑾 (2003. 9. 23). 網絡民族主義掀開中國民族主義新篇章. 『國際先驅導報』.

林品(2016). 李毅吧的興起 : "帝吧亞文化"及其逆襲. 澎湃新聞, http://www.thepaper.cn/newsDetail_forward_1423625

劉海龍 (2008). 傳播遊戲理論再思考. 『新聞學論集』(20), 北京 : 中國人民大學出版社.

劉國強(2006). 作爲儀式互動的網絡空間集體行動. 『國際新聞界』(11), 114~128.

馬前卒(2016). 如何評價李毅吧2016年 1 月 20 日"出征"Facebook? 知乎, https://www.zhihu.com/question/39663757]

閔大洪 (2009). 對中國網絡民族主義的觀察, 分析—以中日, 中韓關系爲對象. 『中國網絡傳播研究』, 1, 131~143.

潘忠黨(2014). "玩轉我的iPhone,搞掂我的世界!"—探討新傳媒技術應用中的"中介化"和"馴化". 『蘇州大學學報』(哲學社會科學版), (04), 153~162.

王喆(2016). "今晚我們都是帝吧人" : 作爲情感遊戲的網絡民族主義. 『國際新聞界』, (11), 75~90.

王洪喆·李思閩·吳靖(2016). 從"迷妹"到"小粉紅" : 新媒介商業文化環境下的國族身份生產和動員機制研究. 『國際新聞界』(11), 33~53.

嚴薔(2016). 愛國小粉紅, 粉絲戰爭, 與天朝主義賽博格. 端傳媒, https://theinitium. com/article/20160722-opinion-yanqiang-pink-cyborg/

楊國斌(2016). 英雄的民族主義粉絲. 『國際新聞界』(11), 25~32.

영어 문헌

Anderson, B. (2006). *Imagined communities: Reflections on the origin and spread of nationalism.* New York, NY : Verso Books. [베네딕트 앤더슨, 『상상된 공동체』, 서지원 옮김, 길, 2018.]

Calhoun, C. (1997). *Nationalism.* Minneapolis, MN : University of Minnesota Press.

Duara, P. (1996). *Rescuing history from the nation: Questioning narratives of modern China.* Chicago, IL : University of Chicago Press. [프라센지트 두아라, 『민족으로부터 역사를 구출하기』, 손승회, 문명기 옮김, 삼인, 2004.]

Fitzgerald, J. (1996). *Awakening China: Politics, culture, and class in the nationalist revolution.* Stanford, CA : Stanford University Press.

Gellner, E. (2008). *Nations and nationalism.* Ithaca, NY : Cornell University Press.

Kedourie, E. (1993). *Nationalism* (4th expanded ed.). Cambridge, MA : Blackwell.

Kittier, F. A.(1992) *Discourse Networks, 1800/1900.* Stanford, CA : Stanford University Press.

McDermott, J. (2006). *A social history of the Chinese Book: Books and literati culture in Late Imperial China.* Hong Kong : Hong Kong University Press.

McGonigal, J. (2011). *Reality is broken: Why games make us better and how they can change the world.* New York, NY : Penguin. [제인 맥고니걸, 『누구나 게임을 한다』, 김고명 옮김, 랜덤하우스코리아, 2012.]

McLuhan, M. (1994). *Understanding media: The extensions of man.* Cambridge, MA : MIT Press. [허버트 마셜 매클루언, 『미디어의 이해』, 김상호 옮김, 커뮤니케이션북스, 2011.]

Meyrowitz, J. (1986). *No sense of place: The impact of electronic media on social behavior.* Oxford, UK : University Press. [조슈아 메이로위츠, 『장소감의 상실 1/2』, 김병선 옮김, 커뮤니케이션북스, 2018.]

Morley, D. (2003). *Television, audiences and cultural studies.* Abingdon, UK : Routledge.

Okada, H. (1987). Origins of the DörbenOyirad. *Ural-Altaische.Jahrbücher,* 7, 181~211.

Osnos, E. (2014). *Age of ambition: Chasing fortune, truth, and faith in the new China.* New York, NY : Farrar, Straus and Giroux. [에번 오스노스, 『야망의 시대』, 고기탁 옮김, 열

린책들, 2015.]

Özkirimli, U. (2010). *Theories of nationalism : A critical introduction* (2nd ed.). New York, NY : Palgrave Macmillan.

Pye, L. W. (1993). How China's nationalism was Shanghaied. *The Australian Journal of Chinese Affairs*, 29 (Jan.), 107~133.

Régis, D. (1991). *Cours de mediologie generate*. Paris : Gallimard.

Rheingold, H. (2002). *Smart mobs : The next social revolution*. Cambridge, MA : Basic Books. [하워드 라인골드, 『참여 군중』, 이운경 옮김, 황금가지, 2003.]

Salter, M. B. (2011). The geographical imaginations of video games : Diplomacy, civilization, America's army and Grand Theft Auto IV. *Geopolitics*, 16(2), 359~388.

Sandvoss, C. (2005). *Fans : The mirror of consumption*. Oxford, UK : Polity Press.

Shifman, L. (2014). Memes in digital culture. Cambridge, MA : MIT Press.

Shirky, C. (2008). *Here comes everybody : The power of organizing without organizations*. New York, NY : Allen Lane. [클레이 서키, 『끌리고 쏠리고 들끓다』, 송연석 옮김, 갤리온, 2008.]

Silverstone, R. (1994). *Television and everyday life*. New York, NY : Routledge.

Smith, A. D.(2013). *Nationalism : Theory, ideology, history*. New York, NY : Polity Press.

Stephenson, W. (1967). *The Play Theory of Mass Communication*. Chicago, IL : University of Chicago Press.

William, S. (1967). *The play theory of mass communication*. Chicago, IL : University of Chicago Press.

Williams, R. (1977). *Marxism and literature*. New York, NY : Oxford University Press.

Winnicott, D. W. (1953). Transitional Objects and Transitional Phenomena — A Study of the First Not-Me Possession. *The International Journal of Psycho-Analysis*, 34.

Xu, W. (2007). *Chinese cyber-nationalism : Evolution, characteristics, and implications*. New York, NY : Lexington Books.

Zhao S. S. (2000) Chinese nationalism and its international orientations. *Political Science Quarterly*, 115(1), 1~33.

Zheng, Y. N. (1999). *Discovering Chinese nationalism in China*. Cambridge, UK : Cambridge University Press.

Zhou, Y. (2006). *Historicizing Online Politics : Telegraphy, the Internet, and Political Participation in China*. Stanford, CA : Stanford University Press.